Os burocratas das organizações financeiras internacionais

Um estudo comparado entre o Banco Mundial e o FMI

Os burocratas das organizações financeiras internacionais

Um estudo comparado entre o Banco Mundial e o FMI

FELICIANO DE SÁ GUIMARÃES

Copyright © 2012 Feliciano de Sá Guimarães, alguns direitos reservados

Esta obra é licenciada por uma Licença Creative Commons
Atribuição — Uso Não Comercial — Compartilhamento pela mesma Licença, 2.5 Brasil.
"Você pode usar, copiar, compartilhar, distribuir e modificar esta obra, sob as seguintes condições:
1. Você deve dar crédito aos autores originais, da forma especificada pelos autores ou licenciante.
2. Você não pode utilizar esta obra com finalidades comerciais.
3. Se você alterar, transformar, ou criar outra obra com base nesta, você somente poderá distribuir a obra resultante sob uma licença idêntica a esta.
4. Qualquer outro uso, cópia, distribuição ou alteração desta obra que não obedeça os termos previstos nesta licença constituirá infração aos direitos autorais, passível de punição na esfera civil e criminal."
Os termos desta licença também estão disponíveis em: <http://creativecommons.org/licenses/by-nc-sa/2.5/br/>

Direitos desta edição reservados à EDITORA FGV,
conforme ressalva da licença Creative Commons aqui utilizada:
Rua Jornalista Orlando Dantas, 37
22231-010 | Rio de Janeiro, RJ | Brasil
Tels.: 0800-021-7777 | 21-3799-4427
Fax: 21-3799-4430
editora@fgv.br | pedidoseditora@fgv.br
www.fgv.br/editora

Impresso no Brasil | *Printed in Brazil*

Os conceitos emitidos neste livro são de inteira responsabilidade do autor.

Preparação de originais: Ronald Polito
Editoração eletrônica: Cristiana Ribas
Revisão: Fatima Caroni | Sandro Gomes dos Santos
Projeto gráfico de capa: 2abad

Ficha catalográfica elaborada pela
Biblioteca Mario Henrique Simonsen

Guimarães, Feliciano de Sá

Os burocratas das organizações financeiras internacionais: um estudo comparado entre o Banco Mundial e o FMI / Feliciano de Sá Guimarães. – Rio de Janeiro: Editora FGV, 2012.

228 p.

Originalmente apresentada como tese do autor (doutorado – Universidade de São Paulo), com o título: A autonomia burocrática das organizações financeiras internacionais: um estudo comparado entre FMI e Banco Mundial.

Inclui bibliografia.
ISBN: 978-85-225-0942-3

1. Organizações internacionais. 2. Burocracia. 3. Banco Mundial. 4. Fundo Monetário Internacional. I. Fundação Getulio Vargas. II. Título.

CDD — 327

Sumário

Agradecimentos	9
Prefácio. *Michelle Ratton Sanchez Badin*	11
Introdução	19
A autonomia burocrática das organizações internacionais	21
A abordagem de pesquisa	23
A hipótese	27
A abordagem teórica	29
Os capítulos	32
Capítulo 1. O marco teórico	35
A cooperação internacional e as instituições internacionais	38
A delegação e a teoria agente-principal	42
O *design* organizacional: a construção do *proximate principal* pelos Estados	46
A *expertise* e a construção de *constituency* (alianças com ONGs)	49
Capítulo 2. Os diferentes níveis de autonomia burocrática	55
A variável dependente: o conceito de autonomia burocrática	56
A variável independente: a diversificação da *expertise*	59

A questão da amplitude do mandato:
uma variável independente omitida? 69
O autofinanciamento de uma OI:
uma variável independente omitida? 71

Capítulo 3. A diversificação da *expertise* do Banco Mundial **77**
A estrutura do Banco Mundial: alta hierarquia e *principals* 78
A composição da burocracia e a diversificação das *expertises* 85
A criação das comunidades epistêmicas social e ambiental 102

Capítulo 4. A aliança do Banco Mundial com as ONGs **113**
A consolidação da parceria burocracia-ONGs:
Country Ownership e Annual Meetings 114
A aliança burocracia-ONGs: a estratégia bumerangue modificada 128

Capítulo 5. O FMI e o controle dos *principals* **151**
A estrutura do FMI: *principals* e Senior Management 152
O processo seletivo fechado e a coesão ideológica 162
A revisão das cotas e as críticas das ONGs 177

Conclusão **189**
Os resultados e uma agenda de pesquisa 190
As implicações teóricas 194
As implicações normativas 195

Referências **199**

For Terea Wooster, my little one.

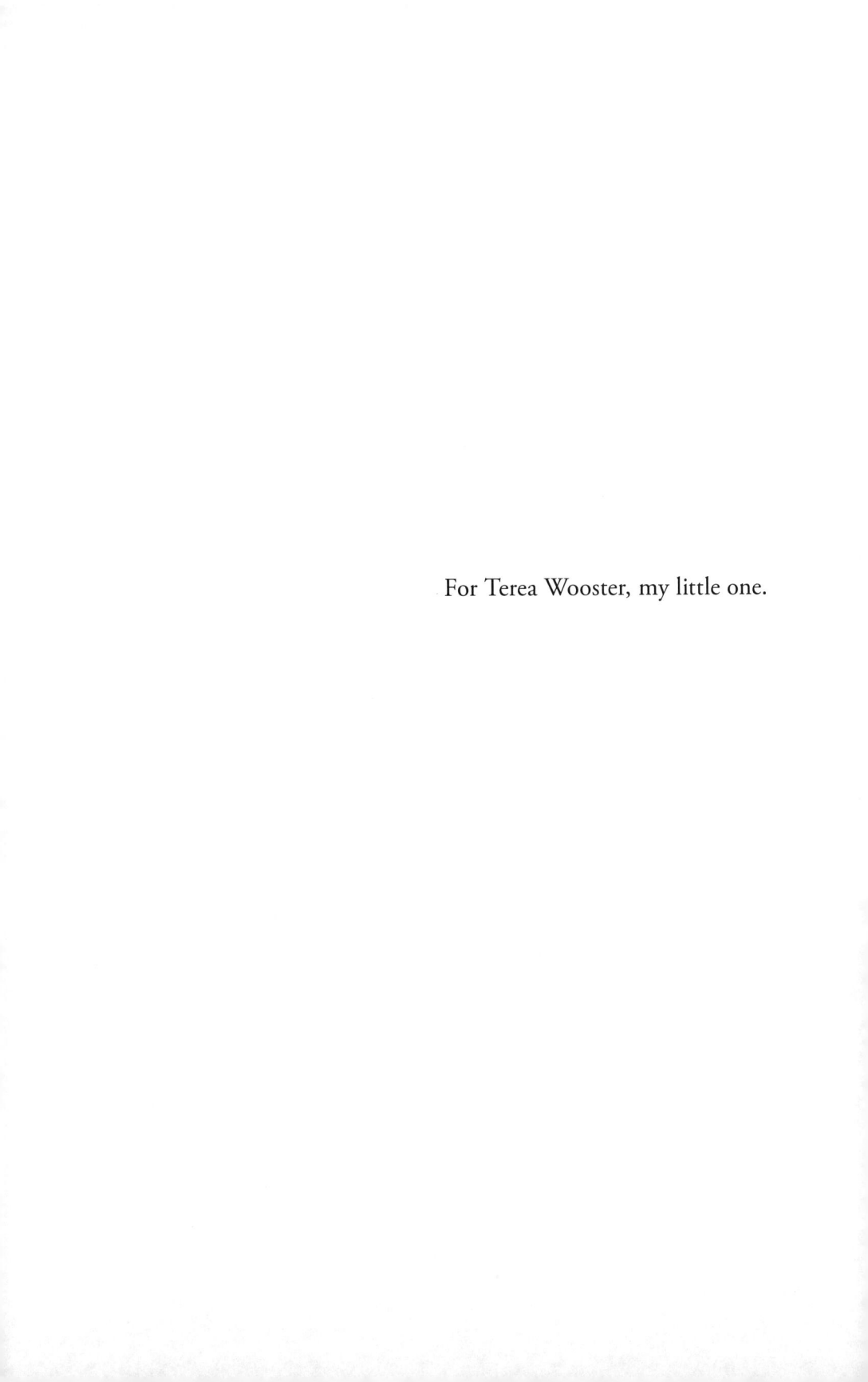

Agradecimentos

Gostaria de agradecer ao professor dr. Amâncio Jorge de Oliveira o apoio e a orientação. A importância dada pelo professor Amâncio à metodologia foi fundamental não apenas para a elaboração da tese, mas principalmente para minha formação como cientista político.

Agradeço também ao pessoal do Centro de Negociações Internacionais (Caeni) a ajuda e as discussões metodológicas dos últimos anos. Uma menção especial aos colegas Manoel Galdino, Pedro Feliú, Gustavo Araújo, Roberto Menezes, professora Janina Onuki e professora Christiane Carneiro.

Meus agradecimentos institucionais ao CNPq, que me financiou no Brasil e no exterior.

Meus sinceros agradecimentos aos professores do Departamento de Ciência Política da Universidade de São Paulo (USP) que contribuíram de alguma forma para meu doutoramento: professor Álvaro de Vita, professora Maria Hermínia Tavares de Almeida, professor Rafael Villa e professor Wagner Mancuso. Agradeço também a Maria Raimunda dos Santos por ter me ajudado com toda a parte burocrática da USP e do CNPq.

Um professor teve papel importante no doutoramento: Fernando Limongi. Meus estudos e projeto de pesquisa mudaram para melhor após sua disciplina de Seminários de Pesquisa. O rumo certo começou a ser trilhado com suas indicações.

Outra pessoa relevante para esta experiência foi o professor James Raymond Vreeland, da Universidade de Yale. Por motivos que ainda desconheço, o professor Vreeland me aceitou como pesquisador visitante no Departamento de Ciência Política daquela universidade. Essa experiência de quase dois anos mudou minha vida.

Vários colegas em Yale foram importantíssimos nesse período no estrangeiro. Um agradecimento especial a Luis Schiumerini, Paolo Spada, Brian Friend, Diego Werneck, Carolina Cooper, Andres del Rio, Andre Katz, André Cyrino, Rodrigo Ferreira e Kimberly Nucifora.

Um amigo em especial foi mais do que fundamental na empreitada: Gabriel Cepaluni. Sem seus conselhos e amizade sincera, dificilmente conseguiria finalizar este texto. O Gabriel franqueou sua casa em Washington (DC) em 2009 para minha pesquisa de campo, e por isso sou muito agradecido. Tenho certeza de que ele será um dos grandes cientistas políticos do Brasil.

Agradeço também a meu colega de mestrado Diego Bonomo. Ele abriu sua casa em Washington (DC) em 2010 quando precisei fazer várias entrevistas-chave para a tese.

Um agradecimento especial a meus colegas de São Paulo e da vida: Demetrius Pereira e Alberto Montoya. Estaremos sempre juntos neste mundo de RI e de baladas.

Minha família está sempre a meu lado nos momentos mais difíceis e solitários, como não poderia ser diferente — pai, mãe, Ana e Ricardo. Vocês são minha referência e sempre estarei perto de vocês, mesmo que a mil milhas de distância.

Agradeço à minha querida Taryn Mardegan. Nossos caminhos não se cruzaram de maneira definitiva. Mas esses anos ao seu lado e ao lado de sua família foram muito importantes para mim. Obrigado por tudo.

Este livro é dedicado à minha esposa: Terea Wooster.

Prefácio
Um gosto de literatura maldita: as entranhas das organizações financeiras internacionais

Se me olho no espelho, sinto-me parecido comigo.
Se me olho por dentro, não me reconheço.
Giacomo Balla, sobre seu autorretrato

Estudar e analisar as entranhas de uma organização internacional no campo da ciência política, do direito, da economia política ou das relações internacionais é certamente um tabu, dado que essas análises afrontam a principal autoridade sob a qual se baseiam essas disciplinas: os Estados. Por essa razão situo um estudo com tal objetivo próximo à literatura dos poetas malditos. A comparação vem do fato de ser um campo marginalizado pela literatura dominante, ao tratar dos temas tabus. Estimo que isso ocorra porque são estudos que anunciam fantasmas reais sobre o impacto da organização social e do trabalho cotidiano das organizações internacionais, que relativizam o papel dos Estados e de sua diplomacia no funcionamento das organizações internacionais e suas atividades. Feliciano de Sá Guimarães dá, assim, um passo ousado no meio acadêmico contemporâneo, e, a partir daqui, já se inicia uma importante contribuição para a literatura especializada nacional.

Ademais, reforço a contribuição do livro pela carência de material sobre o assunto no Brasil. Ainda que instituições sexagenárias, o grupo do Banco Mundial e o Fundo Monetário Internacional (FMI) sejam muito pouco analisados e estudados no país. O viés ideológico presente no trabalho dessas organizações – que, em alguma medida, afetaram os caminhos trilhados nas opções de políticas de desenvolvimento do Brasil – ocupa parte significativa da produção nacional, seja por associação às ideias, seja pelo movimento oposto, que é o da crítica. Este livro ajuda-nos, portanto, a inaugurar uma nova frente de análise no Brasil ao privilegiar outros elementos no funcionamento dessas organizações, sobretudo com o enfoque na relevância do perfil técnico e profissional do *staff* das instituições do grupo do Banco Mundial e do FMI.

***

Desde sua criação em Bretton Woods, as organizações financeiras internacionais passaram a compor um *locus* específico de acontecimentos, negociações, processos de regulação e composição de uma cultura institucional. Pontuo três perguntas que orientam algumas das principais reflexões sobre esse processo: quais são os elementos que podem favorecer a institucionalidade e a eventual autonomia de uma organização internacional? Como se traduz essa autonomia no ambiente internacional? Quais são os efeitos disso?

Se abordamos a autonomia sob a perspectiva da autonomia burocrática, foco deste livro, definida pelo autor nas situações em que a "burocracia faz valer sua agenda política e transforma a *policy* de seu interesse em uma realidade custosa para os políticos reverterem", entre os elementos que podem favorecê-la estão: as relações de poder entre seus membros e como ocupam esse espaço para exercê-las; as formas de financiamento dessas organizações e suas limitações econômicas; as estruturas organizacionais e operacionais, bem como as regulamentações que asseguram a estabilidade de determinados mecanismos de funcionamento da instituição. Feliciano optou pela análise comparativa entre o Banco Mundial e o FMI e focou as estruturas organizacionais e operacionais das organizações para aferir o grau de autonomia burocrática e o que a promove. A partir de um diálogo direto com a literatura dominante sobre a captura das organizações financeiras internacionais pelo grupo dos países centrais – seus principais acionistas, representados no âmbito do G-7 –, o autor recupera a teoria agente-principal, reformulando-a a partir de uma rica pesquisa na literatura norte-americana e complementando-a com leituras sobre o impacto de comunidades epistêmicas e do efeito bumerangue de suas ações, entremeando os espaços nacional e internacional.

De acordo com o autor, o envolvimento e o fortalecimento de comunidades epistêmicas em seu entorno favoreceram o Banco Mundial ao trilhar um caminho de maior autonomia em relação a seus acionistas. Neste sentido, a ampliação da agenda do Banco Mundial em temas relacionados ao desenvolvimento para além da perspectiva econômico-financeira – ao avançar em temas como meio ambiente, sustentabilidade e pobreza – favoreceu o engajamento de tais comunidades epistêmicas e a integração de certa diversidade de atores. Por seu turno, o isolacionismo institucional do FMI prejudica a autonomia de sua burocracia em relação à influência direta dos interesses definidos pela política externa dos Estados economicamente mais pujantes na organização. A agenda do FMI para a coordenação monetária, por seu turno, após seu baque na década de 1970, não conseguiu ser retomada diante da carência de qualquer consenso relevante para restabelecer base comuns para o sistema monetário internacional. Por conseguinte, pontos indicados como parte de um debate institucional premente no fundo, como o tema do aumento das cotas e a transparência de suas atividades, ainda ficam à mercê da conveniência política de alguns países, sem uma participação efetiva de sua burocracia.

Os discursos de posse mais recentes dos chefes dessas organizações, interessantemente, confirmam as conclusões do trabalho apresentado. Na conferência para a imprensa sobre sua posse como diretora-geral do FMI, em julho de 2011, Christine Lagarde comentou: "Nós não apenas espelhamos externamente o que construímos internamente, mas também o inverso é verdadeiro".¹ Acredito que esse trecho do discurso – que não destoa de suas demais partes – evidencia a introspecção do fundo e seu ponto de partida na concepção da relação com a comunidade externa (com enfoque na separação entre o interno e o externo). Tal percepção, aliada ao diagnóstico de Feliciano sobre o perfil dos funcionários do FMI e seus critérios de seleção, priorizando um tipo de formação profissional (economistas) e o viés ideológico, aponta para um caminho bastante reducionista da coordenação da burocracia do FMI com seu entorno.

Por sua vez, Robert B. Zoellick, em seu discurso de posse em 2007, vincula os resultados dos trabalhos do Banco Mundial a um grupo mais amplo de agentes: "O conselho do banco, seus funcionários e muitos de seus *stakeholders* sabem que enfrentaremos grandes desafios. Nós devemos nos aproximar deles com a humildade que aprendemos com o passar dos anos".² A referência explícita aos diferentes perfis de atores envolvidos no processo decisório do Banco Mundial, nesse discurso, responde, certamente, a um conjunto de expectativas dos interlocutores do banco, que vai bem além de seus acionistas ou mesmo de sua própria burocracia.

***

Relevância e inovação estão presentes neste livro, que nos ampara em muitas outras frentes de questionamento sobre o papel das organizações financeiras internacionais, seu funcionamento e responsabilidade na governança financeira internacional – ponto este central para a estabilidade mundial neste início da segunda década do século XXI.

---

¹ Tradução livre de IMF, *Transcript of a press conference by International Monetary Fund Managing Director Christine Lagarde with First Deputy Managing Director John Lipsky and External Relations Director Caroline Atkinson*, Washington, D.C., July 6, 2011. No original, em inglês: "*What we do externally reflects on how we're built internally, and vice versa*". Disponível em: <www.imf.org>. Acesso em: out. 2011.
² Tradução livre de World Bank, *Statement of Robert B. Zoellick*, June 25, 2007. No original, em inglês: "*The Bank's Board, staff, and many stakeholders know we face large challenges. We should approach them with a humility gained through years of experience*". Disponível em: <www.worldbank.org>. Acesso em: out. 2011.

Prefácio

Observo, neste ponto, que no exercício da defesa de sua tese Feliciano proporciona, além de uma requintada capacidade analítica de prazerosa leitura para acadêmicos e estudantes em geral, a identificação de elementos relevantes para a definição de estratégias por atores estatais e não estatais com interesse e capacidade de envolvimento na estrutura das organizações financeiras internacionais aqui estudadas. Esses atores, a partir da descrição de elementos empíricos trazidos pelo autor, podem trabalhar em mapeamentos mais detalhados sobre a frequência de participação dos atores mais influentes, como se dá a articulação das redes, sobretudo no processo bumerangue e como se estabelecem as relações de poder e qual o papel de determinados profissionais nessas articulações.

Ademais, do ponto de vista dos formuladores de políticas públicas, o diagnóstico apresentado neste livro torna-se essencial para a definição das estratégias mais adequadas na definição de uma política externa; permite também a melhor identificação das formas de implementação dos programas financiados por essas organizações (Belo Monte poderia ser um exemplo aqui), assim como a identificação de determinados limites para a atuação dessas organizações financeiras internacionais.

***

O texto centra-se na área de ciência política, mas abre uma série de janelas para um diálogo com outras áreas especializadas – que espero que possam ser exploradas em um futuro próximo por outros estudos.

Se autonomia burocrática das organizações internacionais sempre foi um tema tabu para as relações internacionais, eu diria ainda mais para o direito internacional. Feliciano nos aponta neste livro o avanço de um debate sobre a autonomia burocrática com potenciais efeitos para a autonomia política das organizações, que possa compreender o papel desses agentes no sistema de governança global. No campo do direito internacional, o pressuposto de um sistema ou sociedade de Estados, com fortes laços com as teorias realistas e neorrealistas das relações internacionais, marginaliza o debate da autonomia como um tema maldito. Isso porque a autonomia dos sujeitos derivados gera uma incoerência com a definição de um sistema de Estados, identificados como únicos capazes de criar regras e comportamentos para a definição das fontes de direito internacional.

Contudo, a literatura sobre a autonomia das organizações internacionais, em geral, é apenas uma literatura maldita e marginalizada por aquela dominante – que ainda são os manuais de direito internacional. Curiosamente, muitos trabalhos sobre o tema estão registrados desde a criação das organizações internacionais de caráter universal ao final do século XIX. Nesse aspecto, a literatura sobre o direito administrativo internacional, do qual Paul Reinsch e Paul Négulesco[3] são importantes referências, é hoje importante fonte para novos avanços do debate do direito internacional, sob uma perspectiva global.[4] Outra referência importante foi a emissão da opinião consultiva da Corte Internacional de Justiça (CIJ) ainda em 1949,[5] que reconhece a personalidade internacional da ONU e sua capacidade de postular perante a CIJ para defender seus funcionários em face das ações de um Estado. Essas referências nos fazem questionar por que esse tema é tão marginal. Por que foi tão necessário reafirmar outras autoridades no contexto internacional, sem que se reconhecesse retórica e politicamente o papel das organizações derivadas? Quais as razões para que suas atividades internas e junto a outros atores, sobretudo aqueles de caráter não estatal, sejam reiteradamente marginalizadas? Por que à sua atividade regulatória e ao seu impacto no sistema internacional, inclusive na estrutura burocrática dessas organizações, não é dada a devida atenção e sistematização? Que seja em razão dos contextos políticos vivenciados

---

[3] Paul S. Reinsch, "International administrative law and national sovereignty", *American Journal of International Law*, v. 3, n. 1, p. 1-45, 1909; Paul Négulesco, "Principes du droit international administrative", *Recueil des Cours*, v. 51, p. 579-691, 1935-I.

[4] Como o exemplo do diálogo direto que estabelece a linha do direito administrativo global, Benedict Kingsbury, Nico Krisch, Richard Stewart, Jonathan Wiener, "The emergence of global administrative Law", *Law and Contemporary Problems*, v. 68, n. 3-4, p. 15-62, 2005.

[5] International Court Of Justice (ICJ), *Advisory Opinion, Reparation for Injuries suffered in the service of the United Nations*: ICJ Reports 1949, p. 174. Documento datado de 11 de abril de 1949. Disponível em: <www.icj-cij.org/docket/files/4/1835.pdf>. Acesso em: out. 2011.

Prefácio

ao longo do século XX é sempre uma resposta salutar, mas não se deve ignorar que a carência de um debate interdisciplinar entre direito e relações internacionais a partir da própria academia é um dos fatores. Um claro exemplo deu-se com o debate institucionalista ao final da década de 1970, que por sua vez em suas provocações passaram a aproximar a partir de meados dos anos 1990, no debate acadêmico estadunidense, as reflexões sobre a quase "vital" relação entre as disciplinas.[6]

É sob essas linhas da interdisciplinaridade que provoco o leitor desta obra e que estabeleço um debate mais próximo dos trabalhos de Feliciano de Sá Guimarães hoje que se estendem no âmbito da Fundação Getulio Vargas. Manifesto aqui meu prazer em redigir estas palavras prefaciais ao livro, com a expectativa de continuidade do diálogo com o autor e outros interessados nas relações aqui traçadas.

São Paulo, 22 de outubro de 2011
Michelle Ratton Sanchez Badin

---

[6] Destaco aqui o debate levantado neste primeiro texto sobre o tema de Anne-Marie Slaughter, "International Law and International Relations Theory: a Dual Agenda", *The American Journal of International Law*, v. 87, n. 2, p. 205-239, 1993.

Introdução

Em abril de 1968, Robert McNamara, presidente do Banco Mundial, presidia uma reunião dos diretores executivos do Banco Mundial. Cada um dos 24 diretores representava países-membros da organização. Um após outro, os diretores atacaram um documento produzido pela burocracia acerca dos efeitos das desvalorizações cambiais realizadas por diversos países sobre os ativos financeiros do banco. Ao sair da reunião com semblante abatido, McNamara confessou sua mais nova convicção a William Clark, vice-presidente de relações exteriores. Segundo Clark, McNamara não gostou de debater por três horas e nada definir. Além disso, reclamou que os diretores sequer mencionaram a palavra "desenvolvimento". Ele havia se tornado presidente para lidar com problemas de desenvolvimento e não para participar de uma sociedade de debates. Para McNamara, no futuro nenhuma outra proposta deveria ser levada ao Executive Board, instância de decisão do banco que reúne os representantes dos países, sem que tivesse sido previamente acordada pela maioria dos votantes. O presidente sabia que era seu dever prestar contas aos principais membros da organização e fazia questão de que um fluxo crescente de *papers* e análises preparadas pelo *staff* chegassem às mãos dos diretores. Mas essa atenção especial tinha um segundo objetivo: sobrecarregá-los. O objetivo era mantê-los ocupados enquanto ele administrava o banco (Kraske, 1996:205).

Em outubro de 2007, quase 40 anos depois da reunião improdutiva de McNamara, o *The New York Times* publicou extenso artigo acerca das novas responsabilidades do Banco Mundial. Liderados pelo recém--empossado presidente, Robert Zoellick, a instituição financeira administrava US$ 55 bilhões em reservas internacionais de diversos governos de renda média e baixa. Esses países adquiriam os serviços financeiros do banco porque a instituição cobrava baixas taxas administrativas e tinha reputada confiança. Imediatamente, os críticos de esquerda apontaram: como um banco construído para lutar contra a pobreza começou a administrar reservas internacionais e ativos dos países receptores de seus empréstimos? A direita não deixou por menos: com taxas tão baixas era impossível os bancos comerciais competirem com o Banco Mundial na administração dos recursos.[7] É certo que não houve debates acalorados a respeito das novas responsabilidades do banco no Executive Board. Pelo contrário, houve apoio total.

Em junho de 1992, o governo dos EUA começou a pressionar o alto escalão do Fundo Monetário Internacional (FMI) para aprovar um empréstimo multibilionário à Rússia de Boris Yeltsin, sob o argumento de que se os recursos não chegassem logo a Moscou as reformas pró-mercado iniciadas pelo novo presidente estariam ameaçadas. A alta cúpula burocrática do fundo também desejava realizar o empréstimo, porém exigia condicionalidades tidas como inaceitáveis por Moscou, tais como reduzir o déficit público a zero e liberalizar os controles sobre os preços do petróleo. A administração estadunidense estava preocupada com a posição dos economistas linha-dura do fundo e com a possibilidade de o empréstimo não acontecer. A Casa Branca começou a exigir mudanças nos termos do acordo com o objetivo de facilitar a aceitação por Moscou, a despeito da resistência dos burocratas.[8] No mês seguinte um pequeno empréstimo de US$ 1 bilhão foi anunciado, seguido por uma declaração de apenas um parágrafo assinada por Michael Camdessus, diretor-geral do FMI, e Yegor T. Gaidar, primeiro-ministro russo. A sucinta declaração falou

---

[7] "The World Bank, the little-noticed big money manager", *NYT*, 17-10-2009.
[8] "U.S. backs easier terms for Russian aid", *NYT*, 19-6-1992; "Russia and I.M.F. fail at an accord", *NYT*, 20-6-1992; "I.M.F. hopes to lend Russians a quick $1 billion", *NYT*, 25-6-1992.

vagamente de novas medidas pró-mercado, limite de gastos e reformas liberais que Moscou deveria tomar dali em diante. Um pouco antes da reunião, o presidente Yeltsin declarou à imprensa que as exigências do fundo foram dirimidas porque a Rússia era um país único e suas reformas eram únicas. Nos próximos seis meses um acordo multibilionário seria renegociado gradativamente, mas a administração de George Bush declarou estar satisfeita com o acordo encontrado entre as partes.[9]

Qual é o maior contraste entre os dois casos? Como o alto escalão do Banco Mundial conseguiu transformar o banco em administrador das reservas internacionais de diversos países, algo muito diferente daquilo para o qual havia sido criado há 50 anos, ao passo que o FMI ainda se vê às voltas com a forte interferência dos EUA em seus assuntos? Como esta diferença é possível se ambas as organizações foram fundadas no mesmo espírito do pós-guerra e com estruturas de governança semelhantes? Este trabalho pretende dar respostas a estas perguntas.

A autonomia burocrática das organizações internacionais

A ideia de autonomia burocrática das organizações internacionais (OIs) está geralmente ligada à discussão acerca de seu papel na ordem global. Há um intenso debate sobre as formas como as OIs exercem influência nas relações internacionais. Alguns trabalhos classificam as OIs como atores pouco relevantes ou meros epifenômenos do cenário global (Mearsheimer, 1995; Grieco, 1988; Waltz, 2002). Outros afirmam que as organizações são atores importantes, porém ainda dependentes dos interesses e poder dos Estados.[10] Há aqueles que procuram entender como elas funcionam e exercem influência, mas não atentam para o fato de que algumas delas podem ser compreendidas como atores internacionais autônomos (Haas, 1964). Certos estudos veem as organizações internacionais como atores relativamente autônomos, porém sustentam que isso ocorre apenas pela

---

[9] "I.M.F. and Russia reach accord on loan aid and spending limits", NYT, 6-7-1992.
[10] Keohane (1984); Axelrod e Keohane (1985); Cox e Jacobson (1974).

via cognitiva — as organizações internacionais redefinem os significados das normas e legitimam ações — e não dão conta dos interesses e poder material das OIs (Barnett e Finnemore, 1999, 2004.). Por fim, alguns autores até levam em consideração a ideia de autonomia, porém não a analisam de maneira comparada.[11] Tendo em vista as diferentes abordagens, nosso trabalho tem como *objetivo geral* preencher uma lacuna da literatura de relações internacionais, qual seja, compreender por que algumas organizações internacionais podem ser entendidas como atores autônomos e outras não.

Mas o que significa ser uma organização internacional autônoma? Em nossa abordagem, significa ter autonomia burocrática. A autonomia burocrática prevalece quando a burocracia faz valer sua agenda política e transforma a *policy* de seu interesse em uma realidade custosa para os políticos reverterem.[12] Isto é, as estratégias e ações da burocracia mudam o *status quo* de tal maneira que os Estados têm dificuldades para alterá-lo, pois os custos políticos para a mudança são muito altos.

É certo que nem todas as OIs possuem autonomia burocrática. Como observamos nos exemplos colocados anteriormente, algumas organizações conseguem alcançar certo grau de autonomia a partir do qual os Estados se tornam reativos à agenda colocada pela alta burocracia, ao passo que outras sofrem com a interferência decisiva dos Estados em suas atividades diárias. Como veremos adiante, a chave explicativa desta diferença reside no grau de diversificação da *expertise* da OI.

---

[11] Lake e Mccubbins (2006); Barnett e Coleman (2005); Reinalda e Verbeek (1998, 2004); Reinalda (1998).

[12] Esta definição derivou de Carpenter. Contudo, o autor tem uma definição mais ampla para o fenômeno. Segundo Carpenter, autonomia burocrática é a capacidade de os burocratas construírem *policies* de acordo com seus interesses e que se tornam custosas para os políticos (Estados) reverterem. A autonomia prevalece quando a burocracia estabelece legitimidade política para suas ações — fruto de uma reputação baseada na *expertise*, na eficiência e em uma rede de contatos com o terceiro setor (ONGs e grupos de interesse). Essa legitimidade induz os políticos a aceitarem as propostas das organizações mesmo quando se sentem contrariados. Carpenter (2001a:4-5 e 14-15). Faremos uma discussão mais aprofundada do conceito no capítulo 2.

Introdução

A abordagem de pesquisa

Como selecionar os casos de estudo? Entre as inúmeras organizações internacionais existentes quais são aquelas que poderiam trazer mais indícios de autonomia burocrática e quais são as menos autônomas? Uma forma de analisar o problema seria selecionar uma ampla amostra de casos a fim de encontrar maior variação nos graus de autonomia e, consequentemente, construir hipóteses mais generalizantes a partir dos dados coletados. Acreditamos, contudo, que dada a enorme variedade de finalidades, estruturas e composições (*memberships*) das organizações internacionais, uma análise deste tipo perderia especificidade e dificultaria a compreensão de possíveis razões inéditas pelas quais algumas OIs alcançam mais autonomia burocrática do que outras.[13] Assim, neste trabalho pretendemos analisar as razões que levam à autonomia burocrática das OIs a partir de um número menor de casos.[14]

Além disso, acreditamos que para compreender o fenômeno da autonomia burocrática em qualquer contexto político (doméstico ou internacional) é necessário comparar organizações, uma vez que a autonomia burocrática só pode ser entendida dentro de uma ideia de gradação. Assim, algumas organizações são mais autônomas do que outras e isso muda conforme variação em algumas de suas características-chave.[15]

---

[13] Sobre a enorme variedade de funções, modos de criação, estruturas etc. das organizações internacionais, ver Shanks, Jacobson e Kaplan (1996).
[14] De acordo com Bennett e George (2005:37-59), é necessário combinar estudos de casos com métodos quantitativos no intuito de desenvolver perspectivas teóricas mais gerais. Nesse sentido, os estudos de casos têm o objetivo de promover o desenvolvimento teórico a partir do acúmulo de hipóteses testáveis. Este é o objetivo deste trabalho: criar uma hipótese testável para a autonomia burocrática.
[15] É importante frisarmos, contudo, que este trabalho enfrenta um problema de seleção pela variável dependente (autonomia burocrática das OIs), embora demonstremos ao longo do texto mudanças nos valores desta variável (uma organização é mais autônoma do que a outra). Segundo Keohane, King e Verba (1994:129-131), uma forma de diminuir um problema de seleção pela variável dependente é mostrar que alterações nas variáveis independentes levam a diferentes valores na variável dependente e que, a despeito da seleção, o pesquisador consegue demonstrar as razões desta diferença. É isso que pretendemos fazer neste trabalho.

Existem três maneiras de analisar o grau de autonomia de organizações burocráticas. Primeiro, podem-se levar em consideração diferentes graus de autonomia entre organizações distintas (*across institutions*). Segundo, podem-se analisar diferentes níveis de autonomia entre os departamentos e órgãos do mesmo corpo burocrático (*within institution*). E, terceiro, podem-se identificar distintos níveis de autonomia da mesma organização através do tempo (*over time*). Este trabalho foca a análise na primeira possibilidade porque entende que variações de autonomia entre organizações podem trazer indícios mais sólidos sobre o fenômeno da autonomia burocrática das OIs em geral do que os outros dois casos. Análises centradas em variações internas — departamento a departamento — e em variações através do tempo — a OI nos anos 1950 e a OI nos anos 1990 — permitem compreender o fenômeno de uma forma circunscrita à organização em questão, ao passo que uma análise comparativa entre organizações abre espaço para estudos mais amplos sobre a autonomia das OIs.

Assim, uma forma de realizar esta análise é encontrar um par comparável de OIs. Isto é, escolher duas organizações que possuam finalidades (*issue-area*), estruturas (governança institucional) e composições (*membership*) semelhantes, mas que tenham diferenças marcantes nos conteúdos de alguns de seus aspectos básicos que levem a um grau maior ou menor de autonomia.[16,17]

Neste contexto, acreditamos que um par profícuo de análise seriam duas organizações financeiras globais: o FMI e o Banco Mundial. A literatura indica que os Estados mais poderosos têm uma maior capacidade

---

[16] Para uma boa visão sobre o método comparativo em ciência política, ver Geddes (1990) e Przeworski (2007).
[17] Baseamos esta análise no "método da diferença" de John Stuart Mill (1843). A questão-chave nesse método é encontrar os casos mais similares pela variável independente, mas que diferem nos resultados (variável dependente). Como nunca é possível encontrar casos desse tipo, o desafio é demonstrar que a diferença no valor da variável independente entre os casos explica a diferença na variável dependente. O instrumento central para fazer esta última tarefa é o *process tracing*. As melhores práticas de *process tracing* são aquelas que utilizam uma variedade de pesquisas empíricas: arquivos históricos, material secundário, entrevistas e análise de dados sobre a organização.

de intervenção nos assuntos do FMI do que nos do Banco Mundial.[18] Para alguns autores, durante a Guerra Fria os EUA tinham forte capacidade de induzir empréstimos do fundo para punir adversários e ajudar aliados (Payer, 1974; Hayter, 1971). Outros indicam que este padrão se intensificou após o período (Thacker, 1999). Para outros, ainda, o fim do conflito ideológico liberou os países a votarem conforme suas preferências, mas isso não diminuiu a força dos EUA em induzir os empréstimos para países que votassem a favor dos interesses americanos em outras organizações (p. ex. Conselho de Segurança da ONU) (Dreher, Sturm e Vreeland, 2009b).

Já no caso do Banco Mundial a literatura indica que esta influência tem um grau menor. Embora alguns autores indiquem uma correlação entre o assento de determinado país em desenvolvimento no Conselho de Segurança da ONU e um maior direcionamento dos empréstimos do Banco Mundial para este país, o valor dos empréstimos não é afetado. A organização tem um controle maior sobre os valores e a periodicidade dos empréstimos a serem realizados. A especulação sobre a razão desta diferença seria a forte capacidade de autofinanciamento (capitalização no mercado privado) do Banco Mundial e sua menor dependência dos aportes dos países ricos (Dreher, Sturm e Vreeland, 2009a). Outros trabalhos indicam que o fluxo contínuo de empréstimos do Banco Mundial diminui até a influência daquele país que se vê representado no Executive Board da organização, lembrando que nem todos os países-membros do banco têm assento constante nas decisões do organismo.[19,20] Acreditamos

---

[18] A literatura que indica a capacidade de influência dos EUA e demais países do G-7 dentro do FMI é extensa. Nossa análise revisou as seguintes contribuições: Payter (1974); Hayter (1971); Dreher, Sturm e Vreeland (2009a, 2009b); Kaja e Werker (2009); Thacker (1999); Bhagwati (1998); Gould (2003a); Khaler (1992); Momani (2004); Oatley e Yackee (2004); Stone (2002); Swedberg (1986).

[19] Segundo Kaja e Werner (2009), o assento no Executive Board de um país em desenvolvimento — quando este é eleito pelo grupo de países — assegura mais empréstimos no IBRD e não na IDA. Exatamente porque na IDA os recursos são despendidos conforme regras estatutárias fixas e no IBRD não. Veremos no detalhe estas diferenças no decorrer do trabalho.

[20] Todas as organizações internacionais possuem um órgão decisor centralizado composto pelos países-membros. No caso das organizações financeiras estudadas há dois órgãos máximos: o Board of Governors (compostos pelos ministros de Finanças dos países-membros e que define

que esta diferença seja possivelmente resultado dos diferentes níveis de autonomia burocrática destas organizações, embora estes trabalhos não apontem as razões mais precisas das diferenças de capacidade de intervenção dos países, principalmente dos EUA.

A literatura e os *policymakers* indicam que o Banco Mundial possui um corpo de economistas e técnicos altamente qualificado (Stern e Ferreira, 1997). Não há nenhuma universidade, instituição de pesquisa ou secretaria de Tesouro que possua um número tão elevado de técnicos totalmente dedicados à construção de políticas públicas para o desenvolvimento.[21] O mesmo se pode dizer do FMI na questão de políticas macroeconômicas (Boughton, 2001, cap. 20). A capacidade dessas organizações em gerar conhecimento técnico é fundamental para que a burocracia consiga construir e influenciar *policies*.[22] No entanto, a despeito de o Banco Mundial e o FMI guardarem muitas semelhanças nesta área, seus níveis de autonomia são aparentemente distintos.

Como veremos adiante, é mais custoso para os EUA e países do G-7 intervirem constantemente nas decisões do Banco Mundial do que no FMI. Neste trabalho, intervir nas *policies* da organização significa ir contra os interesses da burocracia ou tentar controlá-la. Como estas organizações são conhecidas por seu alto padrão técnico, qualquer iniciativa dos países poderosos no sentido de mudar algo liderado pelo corpo burocrático normalmente é acompanhada de complexas discussões técnicas. Convencer burocratas especializados em questões macroeconômicas e de desenvolvimento sempre é tarefa árdua. Ir contra as posições destes funcionários pode ser bastante custoso. No caso do Banco Mundial a intervenção ou

---

as linhas gerais de atuação dos bancos) e o Executive Board (composto por representantes dos ministérios de Finanças dos países e responsável pelas decisões cotidianas das organizações). O Executive Board é responsável pelas operações diárias do Banco do Fundo. O órgão é composto por cinco diretores fixos (EUA, Reino Unido, França, Japão e Alemanha) e outros 19 que são eleitos periodicamente por grupo de países.

[21] Sobre o impacto da produção científica do Banco Mundial no meio econômico, ver "WB 2005 Report on the World Bank Group Research Program, Fiscal Years 2005-2005, and Future Directions".

[22] Isso não significa que outras organizações internacionais não são capazes de gerar conhecimento técnico. Os casos da Agência Internacional de Energia Atômica (Aiea) e da Organização para Proibição de Armas Químicas (Opaq) mostram que diversas OIs baseiam seus serviços na variável *expertise*.

Introdução

o controle é ainda mais caro. Acreditamos que a forma como a *expertise* dessas organizações foi construída e a maneira pela qual a burocracia criou alianças com ONGs em torno de *policies* de interesse comum têm influência nesta diferença entre o FMI e o Banco Mundial.

A hipótese

Argumentamos que o Banco Mundial alcançou um grau maior de autonomia burocrática que o FMI devido a diferentes valores em um aspecto fundamental: a *expertise* mais diversificada do Banco Mundial em contraposição a uma *expertise* razoavelmente rígida do FMI. Uma *expertise* mais diversificada é resultado da origem profissional, técnica e ideológica diversa dos burocratas, ao passo que uma *expertise* mais rígida ou coesa é consequência de um corpo burocrático composto majoritariamente por um único tipo de profissão ou perspectiva ideológica.

Em outras palavras, sustentamos que a burocracia com *expertise* mais diversificada do Banco Mundial é resultado do processo de recrutamento mais aberto em comparação ao recrutamento do FMI. Este processo do Banco Mundial é resultante, de um lado, da forma de seleção diferenciada dos burocratas realizada pela burocracia média (chefes de áreas) e, de outro, da pouca interferência do Senior Management[23] e dos países do G-7 no processo de contratação em geral. Esse tipo mais aberto de recrutamento permitiu que o Banco Mundial criasse um corpo burocrático não apenas maior do que do FMI, mas fundamentalmente mais diverso em sua *expertise*.

Ato contínuo, estes profissionais de *expertise* mais diversa deram início a uma estratégia fundamental para o aumento da autonomização da

---

[23] O Senior Management é composto por burocratas de alta hierarquia indicados pelos países e/ou por burocratas de carreira, tendo como responsabilidade a condução técnica das organizações. Uma estrutura institucional tripartite (Board of Governors, Executive Board e Senior Management) em si já diferencia o FMI e o Banco Mundial das demais organizações internacionais.

organização, qual seja, a construção de alianças com ONGs em torno de *policies* de seu interesse. Isto é, tais burocratas abriram o processo decisório da organização a um número maior de ONGs no intuito de criar alianças que influenciassem favoravelmente a opinião pública dos países do G-7 em relação às *policies* de sua preferência. Estas alianças com ONGs se tornaram amplas redes de apoio às *policies* construídas ou lideradas pelos burocratas. Por conseguinte, a existência das redes aumentou os custos para os Estados reverterem as decisões da burocracia. Mudar uma *policy* liderada por uma burocracia aliada às ONGs significava ir contra parte da opinião pública internacional e/ou local, aumentando os custos de intervenção ou controle.

Já o processo de recrutamento do FMI sempre foi bastante centralizado nas mãos do G-7 e do Senior Management, o que não permitiu a criação de uma burocracia com *expertise* diversificada nas mesmas proporções que a do Banco Mundial. Pelo contrário, o forte controle exercido na escolha dos burocratas de baixo e médio escalão pelo G-7 e pelo Senior Management criou uma organização bastante coesa ideologicamente. Esta coesão fez com que as redes de apoio junto ao terceiro setor se tornassem mais limitadas. Desta forma, não é tão custoso para os Estados do G-7, notadamente os EUA, interferirem nos assuntos do FMI quanto é custoso no caso do Banco Mundial. Poucas redes de apoio são acionadas quando determinado país deseja mudar uma *policy* de interesse da burocracia ou controlá-la.

Desta forma nossa hipótese é a seguinte:

Quanto maior o grau de diversificação da expertise da organização internacional maior será a possibilidade de a burocracia construir coalizões com ONGs a fim de apoiar policies *de interesse comum. A existência destas coalizões aumenta os custos de intervenção e controle dos Estados nas* policies *lideradas pelos burocratas e defendidas por ONGs, incrementando assim a autonomia burocrática da organização.*

Resumindo, o processo de recrutamento mais aberto do Banco Mundial em contraposição a um processo mais fechado do FMI criou uma burocracia com *expertise* mais diversificada do primeiro em relação ao segundo. No entanto, ter uma maior diversificação de *expertise* não é condição suficiente para se ter mais autonomia. A burocracia precisa agir no sentido de criar uma rede de apoio junto às ONGs em torno de *policies* de interesse comum. No caso do Banco Mundial, a maior diversificação permitiu a construção de redes de apoio mais sólidas e amplas. No FMI esta estratégia ficou mais limitada. Assim, a criação de *constituency* de apoio à burocracia aumentou os custos de intervenção e controle dos Estados nas decisões do Banco Mundial, influenciando positivamente sua autonomia, enquanto no FMI os custos de intervenção para os países do G-7 se mantiveram baixos.

A abordagem teórica

Durante muito tempo o debate sobre as instituições internacionais esteve centrado na tentativa de explicar sua relevância. Enquanto realistas e neorrealistas buscavam demonstrar que as instituições internacionais nada mais eram que extensões das estruturas internas de poder dos Estados mais poderosos, a agenda funcionalista argumentava que as instituições internacionais deveriam ser consideradas variáveis intervenientes entre poder e interesses dos Estados e comportamento estatal. Passado o debate, a agenda funcionalista foi ampliada em duas direções. Primeiro, alguns autores voltaram seus olhares para os efeitos reais das instituições internacionais. Se as instituições internacionais eram importantes, era preciso provar empiricamente seus impactos.[24] Segundo, houve um crescimento de estudos voltados para o problema da burocratização das instituições internacionais. Isto é, alguns autores argumentaram que nem todas as instituições internacionais deveriam ser consideradas apenas um conjunto de regras, normas e procedimentos de tomadas de decisão cujo objetivo era

---

[24] A agenda de pesquisa voltada aos efeitos das instituições internacionais é extensa. Temas como *compliance* e eficiência das instituições são amplamente debatidos. Sobre *compliance*, ver Slaugther e Raustiala (2002); Simmons (2000); Chayes e Chayes (1993). Sobre eficiência, ver Young et al. (2006).

solucionar problemas de determinada área das relações internacionais.[25] Algumas instituições internacionais deveriam ser consideradas organizações internacionais com corpo burocrático capaz de gerar interesses próprios. Mais do que isso, algumas organizações internacionais poderiam ser consideradas burocracias razoavelmente autônomas.

Entre as diferentes abordagens teóricas utilizadas para dar conta do fenômeno das burocracias internacionais, uma em especial chamou nossa atenção: a teoria agente-principal. Os autores desta corrente consideram que, se os funcionalistas desejavam compreender os impactos reais das instituições internacionais, eles deveriam levar em consideração a influência das burocracias internacionais nesses impactos (Hawkins et al., 2006:5). Assim, se o pressuposto segundo o qual as burocracias internacionais geram interesses próprios e muitas vezes distintos dos Estados for assumido, o comportamento estatal se altera de uma maneira distinta daquela alteração prevista pelos funcionalistas na existência de uma instituição sem burocracia. Da mesma maneira, as formas de os Estados solucionarem os problemas de ordem internacional não podem ser exatamente as mesmas de um ambiente onde existe apenas um contrato jurídico sem burocratas. Instituições internacionais com burocracias são distintas de instituições internacionais estritamente legais e que dependem exclusivamente da vontade e coordenação dos Estados para ter impacto na ordem global. Nesse contexto, a teoria agente-principal tem os instrumentos para se analisar uma instituição internacional como uma burocracia internacional.

A teoria agente-principal passa pela compreensão de como os políticos delegam autoridade para as burocracias. O objetivo é entender como um indivíduo (*principal*) desenha um sistema de compensações (contrato) que motiva outro indivíduo (*agente*) a agir no interesse do primeiro (Stiglitz, 1989:966). Segundo Hawkins e colaboradores (2006:7), a relação entre agente e principal é sempre governada por contratos formais ou informais limitados no espaço e no tempo, cabendo ao principal o direito de revogá-lo. Os políticos se beneficiam da delegação porque não possuem o

---

[25] Este seria o conceito de regimes internacionais. Ver Krasner (1983) e Keohane e Martin (2003).

conhecimento que o burocrata adquire ao conduzir a implementação da *policy* cotidianamente e porque preferem que a burocracia faça o serviço que eles não estão dispostos a fazer. No entanto, a própria *expertise* que os burocratas possuem cria a oportunidade para que a burocracia trabalhe contra os interesses dos políticos (Huber e Shipan, 2002:2). Assim, o contrato estabelecido entre agente e principal permite que a burocracia exerça aquilo que a literatura chama de comportamento oportunista, ou seja, a ação independente do agente que não é desejada pelo principal (Kiewiet e Mccubbins, 1991:25).[26,27]

A utilização da teoria agente-principal não é algo novo nas relações internacionais. Há uma crescente literatura que busca entender a delegação de autoridade para as burocracias internacionais e muitos destes trabalhos trabalham com o tema da autonomia.[28] No entanto, acreditamos que esses estudos pecam em pelo menos três aspectos. Primeiro, raramente utilizam o método comparativo para avaliar a autonomia burocrática.[29] Segundo, se concentram no processo de delegação e controle do principal sobre o agente e dão menos importância às formas como as burocracias agem para fugir aos controles.[30] Terceiro, não dialogam com certas abordagens teóricas em relações internacionais e de burocracias nacionais que podem contribuir para a compreensão do comportamento da burocracia internacional, notadamente seus aspectos epistêmicos e de relacionamento com o terceiro setor.

Nossa abordagem teórica consiste exatamente em tentar remediar as limitações desta literatura. Primeiro, utilizamos o método comparativo ao analisar o Banco Mundial e o FMI. Como autonomia é uma questão

---

[26] Para excelentes abordagens sobre a teoria agente-principal, ver Sappington (1991) e Stiglitz (1989).
[27] Para uma boa revisão sobre as diferentes teorias de delegação, ver Bendor et al. (2001).
[28] Em recente trabalho, Hawkins e colaboradores (2006) reuniram diversos artigos que analisam as OIs a partir da abordagem agente-principal. Outros trabalhos com a mesma abordagem: Nielson e Tierney (2003); Gutner (2005); Pollack (1997); Elsig (2009).
[29] Pollack (2006:167) chama a atenção que os estudos de RI que utilizam a teoria agente-principal estão focados em entender a autonomia por dentro das organizações (*within IO*) e que é preciso ampliar as análises entre diferentes OIs (*across IO's*).
[30] Notado por Elsig (2009:5). Contudo, há uma exceção; ver Hawkins e Jacoby (2006).

de gradação, estudar um caso não permite variação mínima para se compreender os fundamentos do fenômeno. Segundo, resgatamos abordagens mais recentes na análise das burocracias nacionais que ajudam a entender o papel mais relevante do agente na construção estratégica da autonomia. Terceiro, adicionamos algumas perspectivas teóricas de relações internacionais (comunidade epistêmica e efeito bumerangue) que podem dar conta da especificidade das burocracias internacionais em contraposição às burocracias nacionais.

Assim, nosso trabalho tem três *objetivos teóricos* principais: (a) apontar as limitações da literatura em relações internacionais que utilizam a teoria agente-principal; (b) resgatar parte da literatura sobre autonomia das burocracias nacionais que ainda não foi utilizada por este grupo de autores; (c) adicionar outras abordagens temáticas em relações internacionais a fim de compreender a atuação do agente no processo de autonomização burocrática das OIs. Com isso pretendemos dar continuidade à agenda funcionalista no trato das OIs, centrando as atenções na ação independente da burocracia internacional rumo à autonomia burocrática.

Os capítulos

O trabalho é dividido em cinco capítulos, além da conclusão. No primeiro capítulo desenhamos o marco teórico. Nesta parte, o objetivo é demonstrarmos quais os instrumentos analíticos da teoria agente-principal, das abordagens teóricas em relações internacionais e dos estudos sobre burocracias nacionais são úteis para compreender o fenômeno da autonomia burocrática das OIs financeiras.

O segundo capítulo é dedicado à construção da hipótese. Nesta parte demonstramos como a diversificação da *expertise* é fundamental para a compreensão dos diferentes graus de autonomia burocrática entre as duas organizações estudadas.

No terceiro capítulo discorremos sobre como o Banco Mundial diversificou a *expertise* a partir de reformas internas promovidas nos anos

1980 e 1990. Mostramos como estas reformas permitiram a criação de duas comunidades epistêmicas internas — a ambiental e a social — importantes para a busca pela autonomia burocrática.

O quarto capítulo detalha a estratégia de aliança da burocracia do Banco Mundial com as ONGs em torno de *policies* de interesse mútuo, permitindo o aumento de autonomia burocrática da organização.

O quinto capítulo é dedicado à análise do FMI. Nesta parte demonstramos o inverso. Isto é, como os Estados conseguiram manter o controle sobre a burocracia. O estudo do FMI mostra como o G-7, principalmente os EUA, soube usar os mecanismos de controle da burocracia a seu favor.

Por fim, a conclusão discute os resultados alcançados no trabalho com suas implicações teóricas e normativas.

Capítulo 1
O marco teórico

Delegata potestas non potesta delegari.
Um poder delegado não pode ser (re)delegado.
Princípio de direito administrativo

O estudo das organizações internacionais não é, obviamente, algo novo na literatura em relações internacionais. Segundo Verbeek (1998:12-14), há três grandes esforços teóricos que buscam explicar o funcionamento e influência das OIs: o funcionalismo dos anos 1960 e 1970, a escola de regimes dos anos 1980 e os estudos de governança global nos anos 1990.

O primeiro são os estudos de integração regional inspirados nos funcionalistas dos anos 1960 e 1970 (Haas, 1964). Naquele momento o objetivo era explicar a cooperação por intermédio das organizações internacionais, em vez de entender seu funcionamento específico. Impulsionados pela criação da Comunidade Europeia, os primeiros funcionalistas previram que os burocratas (técnicos e *experts*) produziriam soluções para a comunidade global de maneira cada vez menos politizada. O que esse grupo de autores não captou foi como o interesse gerado pela burocracia poderia mudar a forma como a integração aconteceria.

O segundo esforço foi a escola de regimes e o funcionalismo dos anos 1980 (Krasner, 1983; Keohane, 1984). Os conceitos de interdependência complexa e de regimes tomaram conta dos estudos sobre as OIs. As organizações eram apenas uma das formas de cooperação possíveis. Entretanto, centradas na forma como os regimes são criados e mantidos, estas teorias não deram conta dos efeitos das instituições sobre os Estados e da possibilidade de algumas OIs caminharem conforme seus interesses e não de acordo com os interesses dos estados. Assim, a questão do poder de ação da burocracia foi subestimada.

Por fim, o terceiro esforço trouxe abordagens mais sociológicas e amplas que incorporaram a noção de governança global (Ruggie, 1993; Young, 1994). Essas abordagens procuraram entender como algumas normas e papéis criados pelas organizações foram internalizados pelos Estados, constrangendo assim seus comportamentos. Mais uma vez não foi dada a devida atenção ao fato de que as burocracias geram interesses diferenciados que influenciam a construção de normas e o processo de internalização pelos Estados.[31]

---

[31] Os esforços elencados acima não foram os únicos a tentar entender o papel das OIs. Existem três importantes obras que precisam ser observadas. A primeira delas é o trabalho behaviorista seminal dos anos 1970 de Cox e Jacobson (1974:423-428). Os autores buscam entender a estrutura e os processos da influência das OIs no cenário internacional. Especificamente sobre o tema da autonomia, os autores argumentam que quanto mais importante for para os Estados a área tema da organização, menor será a autonomia da OI. Contrariamente, quanto menor a importância da área tema para os Estados menor será a autonomia. Além disso, quanto maior for o grau de tecnicidade da questão mais provável que os Estados transmitam à organização mais autonomia, por conta da vantagem comparativa das OIs nas áreas técnicas para as quais foram criadas. A noção de autonomia para Cox e Jacobson está ligada quase exclusivamente a concessões feitas pelos Estados mais poderosos. Não questionamos essa noção. Apenas argumentamos que ela não é suficiente para dar conta do fenômeno da autonomia burocrática. As estratégias dos agentes também devem ser levadas em conta. Outra obra a ser citada é a de Ernst Haas (1990:4-8). No início dos anos 1990 Haas estava preocupado com a capacidade de adaptção das OIs. Para o autor, as OIs são fundadas para resolver um problema das relações internacionais, mas a definição do que é este problema muda com o tempo e as OIs têm de se adaptar. Seu foco é a forma como o conhecimento muda o entendimento do problema. Utilizamos algumas de suas proposições em nossa pesquisa, embora seu foco esteja em outro nível de análise: as ideias e os valores. Essas variáveis são importantes, mas não respondem a tudo. Em recente e influente trabalho, Barnett e Finnemore (2004:1-44) buscam compreender o comportamento das organizações a partir de uma abordagem construtivista focada no agente. O tema central da obra é a questão da autoridade. Isto é, como as OIs adquirem autoridade e a partir dela conseguem alterar o comportamento dos Estados e, sobretudo, alcançar autonomia. A autoridade das OIs reside

O marco teórico

A ação estratégica da agência não era ainda um tema de pesquisa relevante.

O tema da autonomia burocrática ou mesmo estudos centrados na capacidade de ação da agência não faziam parte da agenda de pesquisa em OI até pouco tempo. Mais recentemente, alguns trabalhos em relações internacionais ligados à agenda funcionalista dos anos 1980 e 1990 que utilizam a teoria agente-principal têm feito este esforço.[32] No entanto, estes trabalhos pecam em alguns aspectos que precisam ser solucionados. Primeiro, é preciso ampliar o esforço de análise da autonomia burocrática trazendo à baila novos estudos sobre as burocracias nacionais. Segundo, é necessário adicionar abordagens periféricas em relações internacionais que passaram despercebidas nestes estudos mais recentes de autonomia burocrática das OIs.

Dessa forma, neste capítulo demonstramos quais as limitações dos funcionalistas tradicionais (anos 1980 e 1990) e da literatura em relações internacionais mais recente que utiliza a teoria agente-principal para entender as burocracias internacionais. Com isso pretendemos incrementar a agenda de pesquisa funcionalista sobre as OIs, dando ênfase à ação da agência rumo à autonomia burocrática, conceito pouco trabalhado por este grupo de autores.

Este capítulo é dividido em quatro partes. Na primeira mostramos as limitações do funcionalismo dos anos 1980 e 1990 no trato das burocracias internacionais. Na segunda discorremos sobre a teoria agente--principal. Na terceira abordamos a construção dos mecanismos de to-

---

na habilidade de se apresentarem como impessoais e neutras, além de não exercerem poder e sim se colocarem a serviço dos outros. O problema dos autores reside exatamente neste ponto. Há sobreposição dos conceitos de autoridade e autonomia, não ficando claro se é a autoridade que se transforma em autonomia ou se é a autonomia que constrói a autoridade. Além disso, ao criarem uma tipologia de diferentes tipos de autonomia, confundem estrutura (o arranjo institucional que abre espaço para a autonomia) com comportamento (a ação da burocracia no sentido da autonomia). Não fica claro também quando a autonomia é possível porque o arranjo institucional permite à agência agir neste sentido e se a agência efetivamente consegue executar as tarefas.

[32] Ver Hawkins et al. (2006); Nielson e Tierney (2003); Elsig (2009); Pollack (1997); Vaubel (2006).

mada de decisões pelos Estados. E na quarta tratamos das estratégias do agente para evitar os controles e interferência dos *principals*. Nestas duas últimas partes demonstramos as limitações da literatura mais recente em relações internacionais que utiliza a teoria agente-principal para analisar as burocracias internacionais.

A cooperação internacional e as instituições internacionais

A ideia de cooperação está sempre ligada à coordenação das *policies* entre Estados para resolver problemas do sistema internacional e não envolve necessariamente a criação de instituições internacionais.[33,34] Já a construção de instituições internacionais atende a propósitos mais específicos. De acordo com Keohane (1984:87-94), as instituições são criadas para reduzir os custos de transação das barganhas legítimas — dentro das regras — e aumentar os custos das ilegítimas — fora das regras. Ato contínuo, as instituições resolvem problemas de informação assimétrica entre os Estados porque criam ambientes informacionais propícios ao aumento dos ganhos via cooperação. Além disso, favorecem a reciprocidade entre as partes, abrindo espaços para as barganhas dentro de um ambiente estável de regras, o que no limite favorece os países menos poderosos. Assim, a teoria funcionalista diz que *todos* os Estados estão em uma situação melhor com as instituições do que o contrário (Milner, 2005:14-26).

---

[33] O conceito de cooperação internacional é central para a literatura funcionalista. Segundo Keohane (1984:51-52), a cooperação internacional ocorre quando atores ajustam seus comportamentos de acordo com as preferências atuais ou antecipadas dos demais por meio da coordenação de suas *policies*.

[34] Para Milner (1992:469), a cooperação pode ocorrer de três maneiras. Primeiro, pode ser tácita, ou seja, o comportamento cooperativo ocorre naturalmente na medida em que as expectativas acerca dos interesses das partes convergem. Segundo, a cooperação pode ser negociada por meio de barganhas explícitas. E, terceiro, a cooperação pode ser imposta pelo ator mais forte do processo de negociação.

A profícua bibliografia sobre regimes internacionais caminha na mesma direção. De modo geral, os regimes têm as seguintes funções: estabelecer padrões legais de credibilidade, prover informação relativamente simétrica e organizar os custos da barganha de maneira a facilitar a formação de acordos. A antecipação dos efeitos positivos das instituições faz com que os Estados facilitem a cooperação.[35] Assim, os efeitos das instituições internacionais sobre o comportamento dos Estados são a causa da própria existência das instituições. Os Estados as criam porque antecipam os efeitos positivos que elas provavelmente proporcionarão no futuro (Keohane, 1984, 2002; Keohane e Martin 2003).

É certo que a agenda funcionalista analisa com propriedade a questão da cooperação internacional e as razões da formação das instituições internacionais. O que essa agenda não deu conta de forma sistematizada foi o problema da burocratização das instituições internacionais. De fato, algumas instituições internacionais podem ser vistas apenas como um conjunto de regras e normas que coordena a ação dos Estados em determinada área das relações internacionais. No entanto, existem certas instituições que detêm corpo burocrático forte o suficiente para alterar os efeitos que os Estados anteciparam ao criar a instituição.

Toda instituição representa um equilíbrio de ganhos e um ambiente informacional entre Estados.[36] A literatura indica que ambos podem ser

---

[35] Neste trabalho optamos por tratar regimes internacionais e instituições internacionais como sinônimos, embora o conceito de regime internacional tenha mais precisão analítica. Sobre regimes, ver Krasner (1983); Stein (1983); Hasenclever, Mayer e Rittberger (1997).

[36] A teoria funcionalista e a bibliografia de regimes sugerem dois modelos complementares para se analisar as instituições: o modelo informacional e o modelo distributivo. O primeiro tem a ver com procedimentos e regras institucionais que criam estruturas informacionais que permitem aos Estados alcançar mais facilmente a cooperação. Esse modelo tem a informação como variável explicativa: sem ela os Estados podem agir sob a percepção de que os ganhos dos demais são prejudiciais aos seus (ganhos relativos) — antítese da ideia de cooperação. O segundo modelo sugere que as instituições criam uma estrutura de ganhos que tem a ver com os benefícios individuais dos atores. Os Estados entram em cooperação tendo em vista ganhos mais altos do que aqueles eventualmente obtidos sem a instituição. De modo geral, as instituições têm mais sucesso em promover ganhos e acordos entre questões (*cross-issue*) e, portanto, apontam para resultados mais expressivos. Assim, os modelos enfatizam duas variáveis como fundamentais: informação e ganhos. Keohane (2002:34); Milner (1992).

alterados ao longo do tempo. Para Martin e Simmons (2002:203), estas mudanças podem ocorrer de duas maneiras, sendo uma exógena e outra endógena. A primeira tem a ver com mudanças sistêmicas (fim da paridade ouro-dólar, choques do petróleo e mudanças na distribuição de poder entre as grandes potências). Essa visão de cunho mais realista entende as instituições como meras extensões da estrutura distributiva — não de ganhos, mas de poder — do sistema internacional. Mudando a diferença de poder entre os Estados, mudam os ganhos. A segunda tem a ver com mudanças nas regras secundárias da instituição. Isto é, se alguma regra do procedimento de tomada de decisões for alterada acaba ocorrendo, consequentemente, uma alteração nos ganhos das partes. Esta alteração está relacionada a um tipo de reforma institucional de cunho funcionalista *stricto sensu*, segundo a qual os Estados mudam as regras tendo em vista uma nova antecipação de resultados. Assim, uma mudança nas regras secundárias ainda mantém a análise dentro dos pressupostos funcionalistas (antecipação de efeitos positivos por parte dos Estados).

Neste trabalho observamos a existência de uma terceira possibilidade de alteração institucional. Trata-se de uma mudança endógena relacionada ao incremento burocrático. Isso ocorre quando a instituição deixa de ser apenas um conjunto de princípios, regras e normas e se torna uma organização internacional com corpo burocrático. Como veremos, esses burocratas geram consenso ideológico, técnico e de procedimentos dentro da instituição que não tem a ver necessariamente com o equilíbrio de ganhos e a distribuição de informação acordados entre os Estados. A burocracia pode alterar o equilíbrio de ganhos a favor de determinados países e contra outros ou mesmo contra todos e a favor de si.[37] Assim, argumentamos que a burocratização de uma instituição internacional é o processo pelo qual uma instituição, formada a partir de processos cooperativos, se torna uma organização internacional com corpo burocrático capaz de alterar os ganhos dos Estados e o ambiente informacional de negociação.

---

[37] Dado determinado grau de autonomia, é possível imaginar o comportamento patológico das OIs. Barnett e Finnemore (1999) mostram como as OIs podem agir de maneira negativa para os Estados.

O marco teórico

Do ponto de vista teórico, o processo de burocratização das instituições internacionais questiona o pressuposto inicial da antecipação dos resultados dos funcionalistas. Instituições burocratizadas podem não mais responder ao arranjo inicial de ganhos e informação firmado entre Estados que as criaram. Assim, acreditamos ser possível analisar algumas instituições internacionais como um corpo de regras cujos efeitos podem ser alterados não apenas pela ação dos Estados, mas também pela ação autônoma de seus burocratas. Desta forma, o pressuposto de antecipação dos efeitos institucionais sustentado pela teoria funcionalista consegue explicar a criação e a manutenção das instituições, mas não explica satisfatoriamente como essas mesmas instituições evoluem e geram resultados diferentes do previsto pelos Estados graças à ação de seus burocratas.

Keohane e Martin argumentam que a teoria institucionalista vê as instituições internacionais como endógenas aos interesses e estratégias dos Estados, mas isso não significa que suas características organizacionais sejam irrelevantes. Para os autores, o foco da análise funcionalista deveria ser transferido das instituições (convenções de regras e normas) para as organizações, pois estas sim conseguiriam agir a despeito da vontade de seus fundadores. Isso ocorreria devido a um processo crescente de delegação de autoridade dos Estados para as organizações internacionais (Keohane e Martin, 2003:98-100). Contudo, o que nos parece claro é que o funcionalismo não possui aparato teórico suficiente para lidar com as burocracias das OIs (Nielson e Tierney, 2003:244).

Uma forma de dar conta desta carência é utilizar a teoria agente-principal. Assim, a abordagem teórica mais importante deste trabalho é exatamente o processo de delegação de autoridade para as burocracias. A teoria agente-principal se preocupa com um ator que recebe uma autoridade delegada, algo não enfatizado pela agenda funcionalista e de regimes, mais preocupados em provar a própria importância das OIs. O olhar da teoria agente-principal permite uma análise mais detida sobre a burocracia. Acreditamos que essa teoria complementa os esforços funcionalistas e da escola de regimes porque diferencia com clareza as ações dos Estados das ações da burocracia.

A delegação e a teoria agente-principal

A relação agente-principal é baseada na ideia de delegação. Conforme já salientamos, delegação significa uma concessão condicionada de autoridade de um principal para um agente para que este aja no interesse do primeiro. Esta concessão é limitada no tempo e espaço e deve ser revogável pelo principal (Hawkins et al., 2006:7). Segundo Keohane e Martin (2003:100), a delegação ocorre por dois motivos: (a) os Estados não conseguem alterar ganhos percebidos como negativos e delegam aos burocratas mecanismos para que estes resolvam o problema; (b) os estados enxergam na delegação a possibilidade de gerar ganhos ainda mais positivos do que aqueles alcançados em uma instituição sem burocracia. Pollack (1997:103-104) indica três outros motivos para a delegação: (c) a necessidade de monitorar contratos incompletos; (d) a necessidade de monitorar o *compliance* dos Estados na arena global; (e) a incapacidade dos Estados de lidar constantemente com questões complexas e técnicas.[38]

De acordo com Milgrom e Roberts (1990:62), os *principals* dificilmente constroem contratos completos e precisos que contemplem ou antecipem todas as possíveis contingências da ação do agente. Pelo contrário, geralmente preferem fixar expectativas gerais de desempenho, prover mecanismos de tomada de decisão para situações nas quais o contrato não é explícito e definir como solucionar disputas quando estas surgirem. Conforme argumentam Huber e Shipan (2002:9), a discricionariedade dada ao agente é deliberada. Os políticos permitem uma margem de manobra para os agentes porque pensam ser esta a melhor maneira de alcançar seus próprios objetivos.

Contratos vagos não significam falta de controle. Existem duas formas de controlar a burocracia. A primeira são os mecanismos de controle *ex ante*. Trata-se da estruturação da administração (*statutory controls*) e

---

[38] Soma-se a isso o fato de que, quanto maiores forem as externalidades da *policy* em questão, mais propensos estarão os estados em delegarem autoridade a agentes que possam coordenar ações satisfatoriamente e resolver problemas tradicionais do sistema internacional (problemas de coordenação e colaboração). Sobre problemas de coordenação e colaboração, ver Stein (1983).

dos procedimentos de tomada de decisões da organização. Seu objetivo é antecipar possíveis comportamentos desviantes do agente e criar uma estrutura de incentivos para que isto não aconteça. A segunda são os mecanismos de controles *ex post*. Sua execução acontece após a constatação do comportamento desviante e visa penalizar o agente.

No entanto, os Estados geralmente antecipam a possibilidade de os mecanismos *ex post* serem ineficientes e buscam aperfeiçoar o *design* organizacional. Isto é, eles procuram criar procedimentos administrativos — os mecanismos *ex ante* — que previnam comportamentos desviantes da burocracia. Estes controles servem como guias de ação para que as agências ajam de acordo com os interesses dos políticos e não de acordo com os caprichos de seus burocratas. Para McCubbins e colaboradores (1987:257-258) existem três procedimentos administrativos fundamentais: (a) a agência não pode anunciar uma nova *policy* sem a anuência dos *principals*; (b) a agência deve solicitar comentários públicos (das partes interessadas) para cada *policy* em discussão antes de aprovação; (c) as agências devem permitir a participação dos *constituencies* nos procedimentos de tomada de decisões como forma de monitorar e bloquear medidas arbitrárias da burocracia. Estas medidas pretendem assegurar que as agências não conspirem contra os *principals* ao apresentar uma nova *policy* como *fait accompli*.[39]

Já os mecanismos *ex post* são divididos em três tipos. Primeiro, o *principal* pode controlar o recrutamento dos burocratas (*screening*), contratando pessoal que tenha interesses similares aos seus. Segundo, pode monitorar as ações dos agentes por meio de mecanismos de controle direto (*police patrol oversight*), tais como auditoria e inspeções surpresa. Terceiro, pode utilizar mecanismos de controle indiretos (*fire alarm oversight*), induzindo terceiras partes a fiscalizar o agente (Kiewiet e McCubbins, 1991:29-33). Tais procedimentos são utilizados após a constatação pelos

---

[39] McCubbins e colaboradores (1987:273-274) argumentam que controles *ex ante* funcionam melhor do que controles *ex post* porque um comportamento caprichoso ou arbitrário da burocracia pode servir ao interesse de alguns *principals*. Assim, os políticos favorecidos por este comportamento bloqueiam qualquer iniciativa de controle *ex post* liderada pelos políticos prejudicados. Sobre revisão dos mecanismos *ex ante*, ver Bendor et al. (2001:246).

principals de que a burocracia agiu contra seus interesses. Sua aplicação tenta corrigir o comportamento do agente.

Todos estes mecanismos (*ex ante* e *ex post*) geram custos para o *principal*. De acordo com Alchian (1950:31), executar medidas fiscalizadoras tem custos porque os arranjos institucionais de controle são sempre desenhados de maneira imperfeita, dados as incertezas e os custos das informações para os *principals*. Estes mecanismos envolvem um processo constante de tentativa, erro, adaptação e sobrevivência. Assim, o Estado delega porque acredita que a ação da burocracia lhe trará mais ganhos, mas entende que sempre haverá perdas no processo. Segundo Kiewiet e McCubbins (1991:35), o alto custo da aplicação dos procedimentos de controle somente se justifica quando o *principal* consegue prever uma redução considerável das perdas resultantes da delegação.

O comportamento desviante da agência ocorre porque os burocratas utilizam a assimetria de informação e/ou a assimetria de conhecimentos a seu favor. O agente pode agir secretamente em seu benefício (*moral hazard*)[40] ou pode utilizar informação privilegiada e ignorada pelo *principal* em seu benefício (*adverse selection*).[41] Ambos os casos dão à burocracia capacidade de agir conforme seus interesses e não necessariamente conforme o interesse dos Estados, embora muitas vezes estes dois possam convergir. Segundo Hawkins e colaboradores (2006:8), os problemas endêmicos de *moral hazard* e *adverse selection* permitem à burocracia agir

---

[40] O problema endêmico de *moral hazard* é um dos tipos de falhas de mercado identificados pela literatura. Trata-se de um tipo de ação individual que gera externalidades negativas sobre os demais sem que eles se deem conta. Segundo Kotowitz (2008), "*moral hazard may be defined as actions of economic agents in maximizing their own utility to the detriment of others, in situations where they do not bear the full consequences or, equivalently, do not enjoy the full benefits of their actions due to uncertainty and incomplete information or restricted contracts which prevent the assignment of full damages (benefits) to the agent responsible. It is immediately apparent that this definition includes a wide variety of externalities, and thus may lead to nonexistence of equilibria or to inefficiencies of equilibria when they exist*". Para mais informações sobre *moral hazard*, ver Stiglitz (1997, cap. 3).
[41] O conceito de *adverse selection* é outro tipo de falha de mercado. Segundo Wilson (2008), "*adverse selection refers to a negative bias in the quality of goods or services offered for exchange when variations in the quality of individual goods can be observed by only one side of the market*". Para mais informações sobre *moral hazard*, ver Stiglitz (1997, cap. 3).

oportunisticamente de duas maneiras: (a) o agente evita o trabalho exigido pelos Estados (*shirking*); (b) o agente aproxima a *policy* de seu ponto ideal e a distancia do ponto ideal do *principal* (*slippage*).

Resumindo, o *principal* delega porque depende da *expertise* e da informação privilegiada do agente, sem a qual acredita que não alcançaria sucesso na implementação da *policy*. Entende que a ação da burocracia lhe trará mais ganhos porque percebe que os custos de criar e manter uma burocracia são menores que os ganhos esperados da ação dos burocratas. No entanto, os Estados têm consciência das perdas potenciais dos processos de delegação. Como o agente pode utilizar essa *expertise* e informação a seu favor, os *principals* desenvolvem mecanismos de controle para tentar minimizar as perdas. Segundo Hawkins e colaboradores (2006:8), são a interação das formas de controle dos *principals* e a capacidade da burocracia em agir secretamente e controlar a informação privilegiada que darão à organização maior ou menor grau de autonomia. Se a discricionariedade dada pelos Estados é intencional, a autonomia é produto inevitável do controle imperfeito dos agentes.

No entanto, há diferentes maneiras de se delegar e distintas formas de ação burocrática. Dividimos a análise teórica em duas partes para facilitar o entendimento dos processos de delegação relacionados aos nossos casos de estudo. Chamamos a primeira parte de *design* organizacional. Seu objetivo é discorrer sobre a construção do *proximate principal*[42] pelos Estados. A segunda parte trata da formação da *expertise* e da aliança burocracia-ONGs. Isto é, discorremos sobre as estratégias dos burocratas para aumentar a autonomia em face das tentativas de controle dos *principals*. Em ambas mostramos as limitações da literatura mais recente em relações internacionais que analisa as burocracias internacionais a partir da teoria agente-principal.

---

[42] O *proximate principal* é termo utilizado pela literatura para designar o órgão de decisão dentro da OI no qual os *principals* estão representados por suas delegações. No caso do Banco Mundial e do FMI, os *proximate principals* seriam os Executive Boards. Uma diferença importante entre burocracias domésticas e burocracias internacionais é a existência dos *proximate principals* nas últimas, o que intuitivamente dá a impressão de que os Estados têm um controle maior sobre as burocracias internacionais por acompanharem diariamente a operação da administração. Veremos que esta noção é equivocada.

O *design* organizacional: a construção do *proximate principal* pelos Estados

O ponto central do *design* organizacional é a construção do *proximate principal*. A literatura identifica dois tipos de *proximate principals* nas OIs: o múltiplo e o coletivo. Segundo Hawkins e colaboradores (2006:44-45), a forma de delegação chamada de "delegação com *principal* múltiplo" ocorre quando um único agente tem mais de um contrato com vários *principals*. A delegação chamada de "delegação com *principal* coletivo" ocorre quando diversos *principals* têm apenas um contrato com o agente. Nas relações internacionais a maioria dos processos de delegação se dá sob a segunda categoria. O dado importante deste tipo de delegação é que os mecanismos de controle são também coletivos e não individualizados. Isto é, os controles são executados a partir de decisões coletivas do *proximate principal*. Um Estado em separado não pode exercer controle legal sobre a burocracia porque o contrato de delegação é coletivo e não permite ações deste tipo.

O fato de os mecanismos de controle precisarem de anuência geral para terem efeito gera um problema óbvio de ação coletiva. Os Estados representados no *proximate principal* necessitam coordenar suas ações para levar adiante qualquer iniciativa de controle ou punição. Segundo Martin, a dificuldade de realizar a coordenação está relacionada à heterogeneidade das preferências dos Estados, a qual é resultante, por sua vez, de conflitos distributivos e informacionais das relações internacionais. Neste contexto, a estratégia fundamental da burocracia para evitar controles e defender *policies* de seu interesse é manipular as divergências entre os Estados.[43,44]

---

[43] Para Martin (2006:142-144), quanto maior a divergência de preferências entre os *principals*, maior será a autonomia burocrática, assim como quanto maior a convergência entre os Estados, menor será a autonomia da burocracia.

[44] Nielson e Tirney (2003:249) têm argumento semelhante. Para os autores, se houver desarcordo entre as preferências dos *principals* o agente poderá jogar um *principal* contra o outro. Hawkins e colaboradores (2006:21) vão na mesma direção ao afirmar que, quanto maior a heterogeneidade das preferências entre os *principals*, menor a possibilidade de revisão da delegação. Lyne e colaboradores (2006:50) também afirmam que conflitos entre os *principlas* de *proximate* coletivos permitem que o agente tenha mais espaço para perseguir seus interesses.

Assim, a burocracia pode jogar com as preferências heterogêneas dos Estados por meio da manipulação daquilo que lhe caracteriza: a alta *expertise* e a informação privilegiada. Mas esta manipulação tem suas limitações.

A literatura argumenta que o limite do jogo depende de dois fatores: do número de Estados representados no *proximate principal* e das regras de votação (voto por consenso, voto por peso ou voto por maioria). Segundo Cortell e Peterson (2006:257-262), o empoderamento de poucos *principals* significa menos autonomia, ao passo que o empoderamento de vários significa maior autonomia. Um número reduzido de Estados diminui a possibilidade de manobra do agente, o qual dependerá de alguns poucos Estados para ver suas iniciativas serem implementadas. Em contraste, em um *proximate principal* com diversos Estados, os agentes observam que os *principals* dificilmente alcançarão consenso para controlá-los ou puni-los, diminuindo ainda mais a eficiência dos mecanismos de controle.

Em relação aos sistemas de votação, Cortell e Peterson sustentam que os *proximate principals* seguem um padrão gradativo de controle. Isto é, em um extremo estão as estruturas altamente dispersas caracterizadas por sistemas de votação por unanimidade ou consenso. Nestes casos, os controles sobre a burocracia são mais custosos para os *principals* porque a burocracia joga com a possibilidade de apenas um Estado vetar as discussões e frustrar o controle. Para a burocracia, convencer um membro evita o controle. No meio se encontram as votações por supermaioria e as votações por comitês de supervisão. Os agentes encontram dificuldades em manipular as preferências dos *principals* porque se restringe a negociação a um número menor de Estados com poder real de decisão. No outro extremo está o voto por peso. A forte capacidade de um país diminui a margem para manipulação das preferências porque tudo depende da preferência deste Estado em particular (Cortell e Peterson, 2006:261).[45]

---

[45] De acordo com Lake e McCubbins (2006:344), a diferença central entre a delegação doméstica e a delegação internacional é o sistema de votação. Enquanto no nível doméstico as votações são por maioria simples ou ocasionalmente supermaiorias, na arena internacional as votações são geralmente caracterizadas pelo voto com peso e por consenso. Para os autores, os processos de delegação são mais raros nas relações internacionais porque é mais fácil para um Estado vetar mudanças, assim como é mais difícil controlar ou punir o agente porque este manipula o poder de veto dos Estados,

No entanto, se o sistema de votação e o número de países fossem variáveis realmente importantes, as OIs baseadas em votação de maioria simples e com grande número de países seriam tendencialmente autônomas, ao passo que OIs com voto por peso seriam mais dependentes da vontade dos Estados poderosos. A nosso ver há dois problemas nesta visão. Primeiro, diversas OIs utilizam simultaneamente distintos tipos de votação para resolver suas questões.[46] Segundo, pares de OIs que têm o mesmo número de países representados no *proximate principal* e possuem as mesmas regras de votação alcançam diferentes níveis de autonomia. Desta forma, a literatura em relações internacionais que utiliza a teoria agente-principal comete equívocos ao sustentar que as votações e o número de países são variáveis decisivas para a capacidade de manipulação da burocracia e, consequentemente, para seus níveis de autonomia.[47] Obviamente são variáveis importantes, mas não são suficientes. Como veremos, nossa hipótese prefere olhar para a diversificação da *expertise*.

---

principalmente nos sistemas de votação por consenso. No entanto, é polêmica a ideia de que o voto por consenso dá mais margem de manobra à burocracia porque abre espaço para a formação de alianças com um número menor de Estados quando deseja bloquear medidas. Barry Buzan (1981:327) afirma que o sistema de consenso garante que a tomada de decisões na negociação multilateral de um tratado não seja dominada pela superioridade numérica de nenhum grupo de nações, como nos sistemas de maioria. Assim, para Steinberg (2002:345), o voto por consenso permite a cada país opinar sobre todas as decisões que passam pelo órgão decisor a despeito de seu reduzido número de votos. Contudo, como é muito custoso para um país pequeno vetar alguma decisão dada a pressão exercida pelos demais, fica claro que a regra de consenso acaba diminuindo o poder de barganha dos países em desenvolvimento e aumentando o poder dos países ricos. Somente alguns países têm força suficiente para dizer "não". O fato de que um país tem poder de veto não significa que ele tenha capacidade de usá-lo. A burocracia acompanha estas diferenças.
[46] O caso das OIs financeiras é o mais patente (FMI, Banco Mundial, BID, BIS, ADB, AfDB e EDB). Nestas organizações há diferentes regras de votação para cada matéria. Os votos por peso e por supermaioria ocorrem geralmente em mudanças estatutárias. O voto por maioria simples para aprovar empréstimos. E há práticas que se tornaram normas: nos casos do FMI e do Banco Mundial a maioria das decisões, a despeito das regras específicas, acontece por consenso.
[47] Outra questão não abordada a contento pela literatura é o efeito das diferenças de poder nos sistemas de poder das OIs. Enquanto nas burocracias nacionais as diferenças de poder entre os políticos são menos acentuadas, nas relações internacionais o diferencial de poder entre os EUA e o Uruguai é bastante óbvio. Para Pollack (2006:195), a teoria agente-principal não lida bem com o problema da diferença de poder, principalmente com a existência de um possível *hegemon*.

A *expertise* e a construção de *constituency* (alianças com ONGs)

Segundo Hawkins e Jacoby, a teoria funcionalista foca mais nas preferências e estratégias dos Estados e no *design* institucional do que nas preferências e ações das burocracias (Hawkins e Jacoby, 2006:200). Por ser uma extensão teórica dos princípios teóricos do funcionalismo, a teoria agente-principal padece do mesmo problema. Para Carpenter (2001a:11), estudar somente o lado da delegação na teoria agente-principal é negligenciar a transformação institucional propiciada pela agência. Mais do que isso, a teoria agente-principal pode mostrar como o agente tira vantagem das divergências entre os Estados no processo de *design* organizacional, mas não explica se o agente irá efetivamente agir no sentido da autonomia.[48] É exatamente por conta desta lacuna que adicionamos em nossa análise abordagens que enfatizam a ação do agente.

Neste contexto, duas hipóteses construídas nas análises de burocracias nacionais chamam nossa atenção: a hipótese da liderança burocrática de Carpenter e a hipótese da criação de *constituency* de Rourke.[49] Nestes

---

[48] Este ponto foi lembrado por Cortell e Peterson (2006:283).
[49] Existem outras hipóteses baseadas na relação agente-principal que também foram construídas nas análises de burocracias nacionais. Lowi (1979) critica a delegação de autoridade para a burocracia porque invariavelmente favorecerá grupos de interesse (hipótese da captura por grupos de interesses). Já Dodd e Schott (1979) argumentam que os políticos não se engajam em *police patrol* porque o Congresso controla a burocracia por meio do *design* institucional (hipótese da abdicação). McCubbins e colaboradores (1987) mostram que as burocracias domésticas têm menos autonomia do que se imagina, uma vez que os políticos (os poderosos comitês do Congresso dos EUA) usam procedimentos administrativos para induzir a agência a agir conforme seus interesses (hipótese do controle dos comitês). Moe (1987) mostra que o *design* institucional promovido pelos políticos afeta diretamente o escopo da autonomia, porém, como se trata de uma luta incessante por resultados, tanto burocratas quanto políticos não conseguem controlar a implementação da *policy* na sua totalidade (hipótese da falta de controle). Já Huber (2007) argumenta que o poder da burocracia depende da construção de uma estratégia de neutralidade por parte dos líderes burocráticos de alto escalão. Isto é, os chefes burocráticos criam uma estratégia de implementação imparcial da *policy* como forma de limitar os constrangimentos e controles por parte dos políticos e controlar possíveis desperdícios dos burocratas medianos na implementação. A forma ideal de alcançar a eficiência é se engajar em uma estratégia política de neutralidade na implementação da lei. Assim, os líderes abraçam a linguagem da justiça enquanto manejam a política no intuito de

casos o objetivo é saber como as burocracias conseguiram vencer suas dificuldades internas de organização e se impor em face dos controles estabelecidos pelos políticos. Estas hipóteses estão relacionadas a duas variáveis importantes para nossa análise: a *expertise* criada pela burocracia e a capacidade da burocracia em criar *constituency* (alianças com atores externos em torno de *policies* de seu interesse).[50] Como veremos adiante, as burocracias internacionais emulam as burocracias domésticas nestes dois aspectos. Acreditamos que tais hipóteses devem ser resgatadas dado que a bibliografia mais recente de relações internacionais baseada na teoria agente-principal não dá conta devidamente destes dois aspectos da ação burocrática.[51]

Em obra influente, Carpenter sustenta que o fundamento da autonomia burocrática reside na noção de legitimidade. A legitimidade é construída quando a burocracia alcança certa capacidade administrativa que permite analisar, criar e administrar novas *policies*. A capacidade de inovação, por sua vez, é fruto do incremento gradual da *expertise* gerado entre os burocratas de nível médio, os quais são responsáveis pela operação diária da organização. Contudo, essa *expertise* não é suficiente para dar autonomia à burocracia. É preciso uma rede de apoio à *policy* defendida pelos burocratas. Os líderes burocráticos de alta hierarquia utilizam a *expertise* gerada pela burocracia mediana para criar uma coalizão de apoio junto ao terceiro setor (ONGs, mídia etc.). Essa coalizão faz com que a *policy* de interesse da burocracia tenha apoiadores fora da relação agente-

---

alcançar seus objetivos (hipótese da neutralidade). Por fim, Huber e Shipan (2002) sustentam que o grau de autonomia é resultado de uma atitude deliberada dos políticos que procuram controlar os burocratas. Isso pode acontecer de duas maneiras: por meio da construção de mandatos precisos que resultam em forte controle, ou por meio de mandatos vagos, ocasionando alta discricionariedade da burocracia (hipótese de controle pelo contrato).

[50] O tema da influência das ONGs na política internacional é vasto. Além do clássico de Keck e Sikkink de 1998 que utilizamos neste trabalho recomendamos: Clark, A. (1995); Clark, J. (1992, 1995); Villa (1999), Price (2003), Higgott et al. (2000); Betsill e Corell (2001).

[51] O fato de as teorias agente-principal preverem que a autonomia da burocracia somente acontece dentro do espaço de discricionariedade permitido pelos *principals* (discricionariedade vinda de cima) já foi notado por Chwieroth (2008:132-133) em uma análise sobre como a burocracia média do FMI conseguiu ver suas normas serem adotadas pela organização.

-principal. Em um ambiente democrático, os políticos que se insurgem contra a *policy* em questão podem ser punidos pela rede criada pelos burocratas junto às ONGs. A junção de coalizões de apoio e *expertise* leva o corpo burocrático a ser mais independente (Carpenter, 2001a:13-36 e 2001b:113-114).⁵²

Dois pontos devem ser destacados da hipótese acima. O primeiro é a questão da *expertise*. O fato de que as burocracias criam conhecimentos próprios e inovam as *policies* inicialmente propostas pelos *principals* permite à burocracia se mover antes dos políticos, fazendo com que os Estados ajustem suas preferências após o posicionamento da burocracia. Isso fará com que os políticos sejam mais reativos do que propositivos nos órgãos de decisão. O segundo é a criação de *constituency* de apoio. Dado que os *principals* podem controlar a burocracia, os líderes burocráticos tratam de aumentar a base de apoio de suas *policies* com o objetivo de aumentar os custos de intervenção dos *principals* nos assuntos da burocracia. A conjunção destes dois aspectos favorece os interesses da burocracia em detrimento da capacidade de controle dos *principals*.

No entanto, estes aspectos foram pensados no contexto das burocracias domésticas. Seria possível pensarmos o mesmo para as burocracias internacionais? Acreditamos que sim. A formação da *expertise* e a criação de *constituency* precisam ser incorporadas nos estudos sobre burocracias internacionais. Entre as diversas perspectivas em relações internacionais que analisam as OIs existem duas abordagens que podem ajudar a inserir estes pontos na discussão: o conceito de comunidade epistêmica de Haas e o efeito bumerangue de Sikkink e Keck.

De acordo com Haas (1992a:3), uma comunidade epistêmica é uma rede de profissionais com *expertise* e competência reconhecida em deter-

---

⁵² Rourke (1984:48-81) argumenta no mesmo sentido ao sustentar que o poder da burocracia é fruto, entre diversos fatores, da criação de *constituency*. Esta ação é importante porque faz com que a opinião pública mais ampla tenha uma visão positiva da burocracia e porque constrói uma coalizão de apoio junto aos grupos de interesse que apoiem a *policy* em questão. Para o autor, qualquer agência pública pode achar necessário transferir poder a determinados grupos de interesse durante o processo de definição da *policy* como maneira de comprar apoio e, consequentemente, maior autonomia dos políticos.

Os burocratas das organizações financeiras internacionais

minada área de conhecimento e que tem autoridade sobre a construção de *policies* relacionadas a esta área. Embora uma comunidade epistêmica possa ser constituída de profissionais oriundos de diversos segmentos profissionais, eles (1) compartilham certas crenças normativas, as quais permitem uma ação racional baseada em valores comuns; (2) compartilham crenças causais, as quais são derivadas de suas análises de procedimentos e práticas relacionadas a determinados problemas da área de trabalho; (3) compartilham as mesmas noções de validação do conhecimento daquele domínio; (4) compartilham objetivos comuns para as *policies*.[53,54] Comunidade epistêmica não é sinônimo de burocracia. Os membros de uma comunidade epistêmica não são apenas *policy entrepreneurs* como os burocratas. Segundo Haas (1992a:19-20), as crenças e objetivos das comunidades epistêmicas diferem daquelas da burocracia porque as primeiras agem exclusivamente conforme suas crenças normativas e não estão necessariamente sujeitas aos constrangimentos do contexto agente-principal.

Veremos no capítulo 3 que o Banco Mundial é mais capaz de construir pontes com comunidades epistêmicas fora da área financeira (áreas social e ambiental) do que o FMI. Isso ocorre porque profissionais-chave desta burocracia fazem parte de comunidades epistêmicas mais amplas, as quais envolvem diversas entidades do terceiro setor. O FMI tem comunidades epistêmicas mais restritas ao setor financeiro.

Outro aspecto importante das comunidades epistêmicas salientado por Hass é sua forte transnacionalidade. As comunidades são construídas por profissionais localizados em diversos níveis e países, espalhados por universidades, burocracias domésticas e internacionais, grupos de

---

[53] Os casos mais citados de comunidades epistêmicas são de cientistas relacionados ao controle de armas nucleares, proteção da camada de ozônio e controle da pesca de baleias. Ver Adler (1992); Haas (1992b); Peterson (1992).

[54] As comunidades epistêmicas oferecem informações vitais aos Estados em um ambiente de incertezas. Em situações de crise os políticos têm incentivos para procurar as comunidades epistêmicas porque elas (1) elucidam relações de causa e efeito, (2) esclarecem cadeias complexas de eventos, (3) ajudam a definir interesses que aparecem difusos e (4) ajudam a formular *policies*. Assim, para diminuir as incertezas os Estados demandam conselhos e informações especializadas produzidas pelas comunidades epistêmicas. Ver Haas (1992a:4-15).

interesses e ONGs. É exatamente neste ponto que o conceito de efeito bumerangue de Sikkink e Keck tem importância para nossa análise.

Segundo as autoras, se um Estado "A" bloqueia a iniciativa de determinada ONG que procura influenciar uma *policy* em discussão, essa ONG pode acionar uma rede de contatos com outras ONGs nacionais e internacionais a fim de pressionar o Estado "A" a mudar de posição. A rede tem duas opções. Pode pressionar internamente o Estado "A" (Congresso e Executivo) ou pode convencer um Estado "B" a pressionar o Estado "A" (Keck e Sikkink, 1998:13). Assim, a pressão inicialmente bloqueada pelo Estado "A" pode voltar com ainda mais força porque está inserida em uma ampla rede de apoio, dando forma ao efeito bumerangue.

No capítulo 4 mostraremos que no momento em que uma *policy* defendida pela burocracia do Banco Mundial é ameaçada pelos *principals* ou quando os Estados mais poderosos tentam controlá-la, os burocratas acionam as diversas comunidades epistêmicas internas à organização. Estas comunidades entram em contato com ONGs para construir uma rede de apoio à *policy*, aumentando os custos de intervenção para os Estados.

Assim, a criação de *constituency* por meio de alianças com ONGs é uma estratégia fundamental para dar às OIs mais autonomia burocrática. O apoio acontece porque a burocracia, as comunidades epistêmicas e as ONGs têm interesse em comum na *policy* em questão. No capítulo seguinte veremos que diferentes maneiras de construir a *expertise* da organização permitiram ao Banco Mundial acionar um número maior de comunidades epistêmicas, as quais acionaram redes mais amplas de apoio junto às ONGs. No caso do FMI a *expertise* mais restrita dos burocratas não permitiu a construção de redes de apoio tão amplas, diminuindo assim sua autonomia burocrática. O tamanho e força das *constituencies* e, consequentemente, um grau maior ou menor de autonomia burocrática, são resultados diretos das diferentes formas de construção da *expertise* pelas OIs.

***

Neste capítulo pudemos observar três limitações da literatura interessada nas OIs. Primeiro, a incapacidade do funcionalismo em compreender a importância da burocracia nos processos de cooperação. Centrada nas estratégias dos Estados, esta corrente acabou por descurar das ações da agência. Segundo, as falhas da literatura em relações internacionais que utiliza a teoria agente-principal ao não observar que os níveis de autonomia dependem mais da diversificação da *expertise* do que das regras de votação ou do número de países representados no *proximate principal*. Terceiro, o fato de a mesma literatura não ter utilizado outras abordagens teóricas importantes centradas na ação do agente (hipótese da *expertise* diversificada e hipótese da construção de *constituency*) e conceitos importantes de relações internacionais (comunidade epistêmica e efeito bumerangue), lembrando que nenhum destes estudos utilizou métodos comparativos de análise. No próximo capítulo discorreremos sobre os diferentes níveis de autonomia burocrática, dando ênfase à definição das variáveis independente e dependente.

Capítulo 2
Os diferentes níveis de autonomia burocrática

Once it is fully established, bureaucracy is among those social structures which are the hardest to destroy.

Gerth e Mills (1946:228)

A autonomia burocrática é uma questão de gradação. Algumas burocracias são mais autônomas que outras. Conforme já salientamos, a autonomia prevalece quando a burocracia impõe sua agenda política e transforma sua *policy* em uma realidade custosa para os políticos reverterem. Neste capítulo, demonstramos como os diferentes níveis de autonomia burocrática do Banco Mundial e do FMI são resultantes de uma variável decisiva: a diversificação da *expertise* da burocracia e, consequentemente, de sua capacidade e disposição de criar alianças com o terceiro setor.

Como vimos, nossa hipótese de pesquisa é simples. Sustentamos que variações na diversificação da *expertise* potencialmente afetam o nível de autonomia da burocracia. Isto é, quanto maior o nível de diversificação da *expertise*, maior será a possibilidade de formação de coalizões com ONGs em torno de *policies* de interesse da burocracia. A existência de alianças aumenta os custos de intervenção dos *principals* nas *policies* em questão e, consequentemente, aumenta-se a autonomia burocrática.

Verificamos no capítulo anterior que os níveis de autonomia também são afetados pelos mecanismos de controle à disposição dos *principals*. Como veremos neste capítulo, os casos estudados indicam a importância de pelo menos dois mecanismos *ex post* de controle razoavelmente eficientes e utilizados pelos Estados mais poderosos: o processo de recrutamento dos burocratas (*screening*) e a indução de terceiras partes para fiscalizar os burocratas (*fire alarm oversight*). O *screening* tem feito com que burocracias, principalmente do FMI, não precisem ser fiscalizadas constantemente pelos *principals*, exatamente porque suas preferências são próximas ao ponto ideal dos Estados mais poderosos. Já o uso constante do *fire alarm oversight* levou o Banco Mundial a realizar reformas organizacionais que, indiretamente, conduziram a uma maior autonomia burocrática.

O capítulo é dividido em três partes. Na primeira discutimos o conceito de autonomia burocrática e suas implicações para a tese. Na segunda discorremos sobre a diversificação da *expertise* e a criação de alianças com o terceiro setor. Por fim, discutimos possíveis variáveis omitidas que podem afetar a autonomia: a amplitude do mandato e o autofinanciamento.

A variável dependente:
o conceito de autonomia burocrática

O conceito de autonomia burocrática não é um conceito sistematizado pela literatura espcializada.[55] Atualmente há um debate na literatura em ciência política sobre os significados e consequências do significado da autonomia burocrática.[56] Ainda não há um entendimento para o conceito que possa ser utilizado realisticamente em diversos contextos históricos

---

[55] Na visão de Adcock e Collier (2001:532), alguns conceitos da ciência política são considerados "conceitos sistematizados", ou seja, conceitos com formulação específica e clara o suficiente para serem utilizados sistematicamente por um *scholar* ou um grupo de *scholars*. Contudo, Adcock e Collier alertam para um aspecto: é importante reconhecer a limitação de um conceito e observar que há outras interpretações.
[56] Sobre o debate do conceito em ciência política, ver Caughey et al. (2009) e Kim (2008).

e espaciais, contribuindo assim para o acúmulo de evidências empíricas (Caughey et al., 2009:2).[57]

Conforme observamos no capítulo anterior, este trabalho é inspirado, de um lado, nas teorias agente-principal e, de outro, nos trabalhos que enfatizam as ações independentes do agente. Nesse sentido, nossa hipótese se localiza na intersecção destas duas correntes, tendo como base o conceito de autonomia criado por Carpenter. Além disso, como se trata de uma análise de organismos internacionais e não de uma burocracia nacional, contexto para o qual Carpenter criou o conceito, utilizamos alguns outros conceitos de relações internacionais (comunidade epistêmica e estratégia bumerangue) que ajudam a compreender a especificidade das OIs.[58]

Nesse sentido, é importante lembrarmos que para Carpenter (2001a:14) a autonomia burocrática existe quando uma agência mantém padrões de ações consistentes com seus desejos, padrões estes que não são fiscalizados ou revertidos pelos políticos, interesses organizados ou cortes. Carpenter (2001a:25) argumenta ainda que uma das condições para a prevalência de autonomia burocrática é a diferenciação política (*political differentiation*). Isto é, as preferências da agência devem ser distintas das preferências dos demais atores (*principals* e ONGs) para que se possa observar a ação independente da burocracia.

---

[57] Há pelo menos três correntes distintas que utilizam o conceito em ciência política. A primeira adota as definições das teorias agente-principal. Como já observamos, esta teoria busca modelar a interação entre *principals* e agentes com foco nas formas de controle disponíveis aos *principals*. A segunda está vinculada à ideia de que o agente pode definir ou mudar as preferências dos *principals*. O foco desta corrente está exatamente na capacidade de ação da agência. A terceira busca entender a natureza multidimensional da autonomia burocrática por meio da análise da interação entre agências burocráticas e sistemas parlamentares europeus. Sobre as três correntes e seus principais expoentes, ver Caughey et al. (2009).

[58] Em relações internacionais ainda não há um debate sistemático em torno do conceito de autonomia burocrática. Apenas diferentes interpretações. Acreditamos que isto tem a ver com o fato de a literatura sobre OIs ainda estar centrada nos efeitos das organizações sobre os Estados (*compliance*, eficiência etc.) e mesmo na tentativa de provar a própria importância das organizações internacionais. Para diferentes interpretações nas relações internacionais, ver Hawkins et al. (2006); Lake e McCubbins (2006) e Keohane (1989).

Neste ponto discordamos do autor. Em nossa opinião, a autonomia não acontece apenas quando a burocracia tem uma *policy* antagônica ou diferente dos interesses dos *principals*. A agência pode agir autonomamente mesmo quando há congruência de interesses e preferências com os Estados.[59] Do ponto de vista metodológico, identificar os momentos em que a agenda da burocracia prevalece parece mais fácil quando há discordância entre agente e *principal*. Mas, como autonomia tem a ver com *policymaking*, também é possível identificar as estratégias da burocracia na construção e condução da *policy* mesmo quando esta for convergente com os interesses dos *principals*, até porque, como veremos, é a ação da aliança estratégica burocracia-ONGs que marca a existência de uma organização autônoma nos casos estudados e não exatamente o grau de antagonismo Estados-burocracia.

Com efeito, o conceito de autonomia utilizado neste livro está ligado à capacidade da agência de mover *policies* de acordo com seus interesses e de evitar o controle pelos *principals*. Aqui, *policies* significam tanto os *outputs* da organização, ou seja, os empréstimos e suas regras relacionadas, quanto os *inputs* dos burocratas, ou seja, as regras concernentes a cargos, recursos financeiros e hierarquia interna de funções.[60]

Mas como medir a autonomia burocrática? Segundo Lake e McCubbins (2006:342), é difícil mensurar numericamente graus maiores ou menores de autonomia. Uma das razões desta dificuldade é o fato de que, se a medição de autonomia fosse precisa, os Estados a utilizariam para controlar uma burocracia recalcitrante. Assim, nossa proposta é classificar os diferentes graus a partir de tipos conceituais dentro de uma ideia simples: maior ou menor autonomia.

---

[59] Este ponto foi lembrado por Caughey e colaboradores (2009:10).
[60] A divisão entre *outputs* e *inputs* de autonomia burocrática vem de Verhoest e colaboradores (2004:104-106). Segundo os autores, há dois níveis de autonomia burocrática: a autonomia no nível do *decision-making* e a autonomia no nível das exceções aos constrangimentos do uso do *decision-making* pela burocracia. O primeiro tem a ver com falta de restrições *ex ante* ao comportamento da agência. O segundo está ligado à falta de constrangimentos *ex post* ao comportamento da burocracia. A falta de contrangimentos *ex ante* é dividida em *managerial autonomy* e *policy autonomy*, conforme utilizamos acima.

Outro ponto relevante desta discussão tem a ver com o conceito de *rent seeking*.[61] Pode-se argumentar que a aliança burocracia-ONGs diminui a autonomia burocrática da primeira em favor do aumento de influência da segunda nos processos decisórios da OI. Com a abertura às ONGs a organização estaria cedendo parte de sua capacidade decisória a grupos de interesses que buscariam capturar a formulação das *policies*. Se observarmos desde um ponto de vista unilateral — ONG/burocracia —, é possível afirmar que de fato as ONGs aumentam sua influência interna com a abertura dos processos decisórios. No entanto, acreditar que há uma captura da *policy* por conta desse processo é exagerado. Na verdade, o ator que busca e consegue capturar as *policies* não são as ONGs, mas exatamente o Estado mais poderoso, os EUA. Ademais, como são inúmeras as ONGs incluídas, é muito difícil detectar a captura por um grupo de ONGs ou uma ONG em especial. Soma-a isso o fato de que o conceito de autonomia utilizado neste trabalho tem a ver com a relação *principals*-burocracia e não burocracia-ONGs. Neste caso, como demonstraremos nos capítulos seguintes, a autonomia da burocracia aumenta em relação aos *principals* exatamente por conta da inserção das ONGs no processo decisório.

A variável independente: a diversificação da *expertise*

Um tema importante do capítulo anterior tem a ver com as estratégias do agente para evitar a intervenção e controle dos *principals*. As estratégias de maior êxito são aquelas que aumentam os custos da intervenção para os Estados. Sugerimos que a maneira mais eficiente de aumentar os custos é criar uma rede de apoio junto às ONGs que vocalize cada vez que os *principals* ajam contra os interesses da burocracia. Esta rede de apoio depende de um fator central: a diversificação da *expertise* do agente.

Em nossa abordagem, a diversificação da *expertise* tem como indicador a forma pela qual os Estados e o Senior Management recrutam o corpo

---

[61] Sobre o conceito de *rent-seeking*, ver Krueger (1974) e Tullock et al. (1980).

burocrático. O recrutamento pode acontecer de duas maneiras: pode ser aberto a um número razoável de profissões (economistas, sociólogos, engenheiros, ambientalistas etc.) ou pode ser fechado a um número reduzido de profissões (economistas). O primeiro cria uma *expertise* mais diversificada, ao passo que o segundo, uma *expertise* mais restrita. O nível de diversificação afeta a forma de o agente se relacionar com as comunidades epistêmicas e ONGs. *Expertise* menos diversificada significa uma rede de apoio externa mais restrita. O agente tem mais dificuldades em trazer a *policy* em questão para perto de seu ponto ideal (*slippage*). Deste modo, se a burocracia tiver uma *expertise* limitada a poucas áreas técnicas, os Estados podem controlá-la com mais facilidade porque sua rede de apoio também será limitada. Neste caso, os custos de controle são mais baixos para os Estados. Por outro lado, se a burocracia for diversificada tecnicamente, ela pode ativar um número maior de comunidades epistêmicas que, por sua vez, acionam um número maior de ONGs. Com uma rede ampla de apoio construída o agente pode trazer com mais facilidade a *policy* para perto de seu ponto ideal. Neste cenário, os custos de controle e intervenção sobem para os *principals*.

O recrutamento e o controle dos principals

O FMI tem um processo de recrutamento fechado. Os economistas de países industrializados são predominantes na organização.[62,63] Não há

---

[62] Em 2006 o FMI tinha 2.693 funcionários, entre os quais 1.999 faziam parte da categoria "profissionais". Segundo o Relatório Anual daquele ano, cerca de 2/3 destes profissionais eram economistas. Ver "IMF 2006 Annual Report FY2006", p. 115.

[63] Neste trabalho optamos por analisar os economistas como uma profissão mais ou menos homogênea ideológica e metodologicamente. Os modelos neoclássicos que tiveram início no final dos anos 1970 são atualmente hegemônicos no meio. É claro que há divergências e a heterodoxia tem modelos alternativos. Contudo, como ambas as organizações promovem a seleção de seus economistas nas melhores escolas estadunidenses e britânicas e nestas escolas os modelos neoclássicos são definitivamente dominantes, optamos por analisar os economistas do FMI e do Banco Mundial como um grupo profissional imbuído de um modelo único de análise, ainda que divergências internas a esse modelo sejam consideráveis. Em nossa análise, a diversificação de *expertise* significa a contratação

outras *expertises* (sociólogos, ambientalistas etc.) fortes o suficiente que possam competir em importância com os economistas. A escolha dos burocratas está centralizada nas mãos do Senior Management que acompanha de perto todo o processo de escolha. O alto escalão recruta os economistas da organização de duas maneiras: pelo programa "Economistas Experientes" (Experienced Economists) ou pelo "Programa Economistas" (Economists Program). O primeiro é uma seleção direta no mercado para função específica dentro da organização. O segundo é um programa para jovens economistas que pretendem fazer carreira no FMI. No capítulo 5 veremos que o Senior Management acompanha de perto a escolha dos economistas em ambos os programas de recrutamento, o que reflete o controle dos EUA sobre os funcionários da organização na medida em que os membros do Senior Management também são escolhidos pelos EUA.[64]

No entanto, o fato de a burocracia ser composta em sua maioria por economistas não significa que o comportamento dos burocratas seja previsível. Pelo contrário, um problema central para os líderes burocráticos é como controlar seus subordinados.[65] A obediência e a coerência dos funcionários são fundamentais para atuar nos cenários de crise a que o FMI está acostumado. Como veremos no capítulo 5, o objetivo do Senior Management em acompanhar de perto a seleção dos quadros tem a ver com a necessidade de controlar os subalternos por meio do componente

---

de outros profissionais que não economistas e não economistas heterodoxos. Sobre os consensos entre os economistas, ver Frey (1984) e Markoff e Montecinos (1993). Sobre as brandas divisões epistêmicas entre os economistas (*freshwaters* e *saltwaters*) dos últimos 30 anos, ver o brilhante artigo de Paul Krugman, "How did economists get it so wrong?", *NYT*, 2-9-2009.

[64] A escolha dos cargos para o Senior Management do FMI segue a linha daquilo que Kahler (2002:14-16) chama de "*The best leader is one of us*". Os governos nacionais não definem a escolha dos candidatos baseando-se apenas na agenda política e no desempenho profissional do escolhido, mas também no princípio da nacionalidade. Isso não significa dizer que o escolhido sempre irá promover os interesses dos EUA, por exemplo, na organização. Algumas vezes, para mostrar independência o escolhido age contra.

[65] Para Huber (2007:25), o controle dos subordinados pode ser uma barreira para que os líderes burocráticos alcancem seus objetivos políticos. A procupação com a administração interna elimina certas opções de *policies* que, na ausência do comportamento imprevisível dos subordinados, poderiam servir aos interesses políticos dos líderes burocráticos.

ideológico. O alto escalão tem uma forte tendência a escolher burocratas que tenham preferências parecidas às suas, o que diminui os custos de controle para os *principals* no longo prazo.

Em contraste, o Banco Mundial tem um recrutamento aberto. O processo de seleção de quadros é menos centralizado que no FMI. O acompanhamento feito pelo Senior Management é menos rigoroso e criterioso, determinado apenas por linhas gerais e objetivos sazonais de contratação. A própria contratação dos funcionários do Senior Management não é tão rigidamente controlada pelo G-7 e pelos EUA. Por conta da maior autonomia fiscal e operacional do banco, o recrutamento acaba sendo dirigido pelas áreas e departamentos mais próximos às necessidades sem a interferência constante do Senior Management. Além disso, há uma menor concentração de uma *expertise* profissional nas áreas técnicas, inclusive no Senior Management, embora os economistas sejam o grupo profissional mais importante dentro da organização. Como veremos no capítulo III, nos últimos 15 anos houve um esforço para aumentar a contratação de não economistas na organização.

A criação de constituency

Conforme observamos no capítulo anterior, as comunidades epistêmicas são um fator importante nos processos de cooperação internacional entre Estados. Contudo, neste trabalho não utilizamos o conceito pelo viés cooperativo, mas sim por seu sentido estratégico para a burocracia. Argumentamos que as comunidades epistêmicas servem como pontes para construção das alianças com as ONGs. Os burocratas acionam seus contatos com os membros das comunidades epistêmicas das quais fazem parte no intuito de ampliar a repercussão de suas *policies*. Com os contatos acionados, a burocracia dá início à estratégia de constranger os Estados contrários a seus interesses. Se a burocracia for diversificada tecnicamente, mais comunidades epistêmicas podem ser acionadas e mais ONGs podem ser inseridas na rede.

Os diferentes níveis de autonomia burocrática

A estratégia de constrangimento dos *principals* é o que chamamos de *efeito bumerangue modificado*. É modificado porque o efeito bumerangue proposto por Keck e Sikkink tem como ponto de partida o terceiro setor: ONGs que não veem seus interesses serem atendidos no nível doméstico criam uma estratégia visando pressionar o Estado em questão a partir do nível internacional e doméstico. Nossa hipótese desloca o ponto inicial de ação para a burocracia. Isto é, ao ver suas iniciativas bloqueadas ou ameaçadas pelos *principals*, a burocracia aciona as comunidades epistêmicas das quais faz parte visando criar uma rede de apoio a sua *policy* junto às ONGs. Assim, é por meio das comunidades epistêmicas que os burocratas contatam as ONGs.

A aliança com o terceiro setor permite à burocracia aproximar a *policy* de seu ponto ideal (*slippage*). Com a rede construída, a pressão sobre os Estados contrários à *policy* de interesse da burocracia se dá tanto pelo nível doméstico quanto pelo nível internacional. No primeiro caso, ocorre uma coalizão entre a burocracia e as ONGs nacionais visando mudar a opinião pública doméstica. Os Estados contrários sentem a mudança de humor da opinião pública interna. No segundo, a burocracia se alia a ONGs globais a fim de mudar a opinião pública internacional. Os demais Estados são afetados pela mudança da opinião pública internacional e começam a pressionar os Estados contrários a mudarem de posição.

Neste livro mostramos que a estratégia de bumerangue modificada é utilizada pelo Banco Mundial. A organização é mais aberta às ONGs do que o FMI. O mais interessante é que esta abertura não é algo devidamente programado pela alta hierarquia da organização, mas sim fruto do efeito indireto de um instrumento de controle dos *principals*: o *fire alarm oversight*. Durante os anos 1980 e 1990 os EUA tentaram promover mudanças no Banco Mundial por meio da aliança com ONGs críticas à organização. Isto é, as ONGs eram convocadas pelo Executivo americano para prestar depoimentos críticos ao banco no Congresso durante os reabastecimentos de recursos para a organização, cuja autorização depende do Legislativo daquele país. O objetivo da administração estadunidense era fiscalizar e controlar a organização.

No entanto, isso acabou levando o banco a promover reformas internas que resultaram por solidificar a aliança burocracia-ONGs. As críticas à organização estavam relacionadas a um financiamento feito pelo Banco Mundial para a construção de dois enormes projetos de desenvolvimento em países de renda média: uma estrada no estado brasileiro de Rondônia (Polonoroeste Project) e a represa Sardar Sarovar na Índia (Narmada Project). As construções foram desastres ambientais que acionaram movimentos ambientalistas contrários. Estes grupos criaram uma feroz campanha na mídia e com apoio do Congresso dos EUA contra os programas.[66] De um lado, as ONGs pressionavam os EUA a não renovar a transferência anual de recursos financeiros à organização e, de outro, o governo dos EUA utilizavam as ONGs para fiscalizar as atividades do banco.

Na esteira destas críticas dois processos abriram o processo decisório do Banco Mundial à sociedade civil global. Primeiro, a organização promoveu no início dos anos 1990 uma avaliação independente de suas atividades: o chamado *Inspection panel*. A avaliação foi instigada pelo Congresso dos EUA. O *Inspection panel* visava mostrar ao Senior Management em quais pontos a organização pecava na implementação de seus projetos. O estudo mostrou que sem a participação ativa do terceiro setor o Banco Mundial perdia em eficiência.[67] Segundo, o Senior Management encomendou um relatório específico sobre o desempenho dos empréstimos. O *Wapenhans Report* de 1992 demonstrou que a "cultura da aprovação" dos projetos como forma de promoção na carreira dos burocratas encarregados de seu planejamento e execução diminuía a eficiência dos programas. Era preciso reformar a cultura organizacional, ou seja, a

---

[66] Sobre as críticas ao projeto brasileiro, ver Keck (1998); Wade (1997); Gutner (2005) e Rich (1994). Sobre críticas ao projeto indiano, ver "WB 1992 Morse, Sardar Sarovar: report of the independent review (Morse Report)"; "WB 1994 Shihata, The World Bank Inspection Panel".

[67] Os resultados do *Inspection panel* foram publicados em 1994. No capítulo introdutório do estudo ficam claras as dificuldades do Senior Management em identificar as fontes dos problemas na implementação dos projetos. Ver "WB 1994 Shihata, The World Bank inspection panel", p. 5-8.

atuação e a composição dos burocratas.[68,69] À época o Banco Mundial se tornou reativo às críticas da sociedade civil. No entanto, a cúpula notou que tais críticas isolavam a organização nos debates sobre desenvolvimento e fragilizava as posições da burocracia diante dos Estados.

Nesse sentido, o Senior Management decidiu promover em 1995 uma reforma profunda na organização e suas estratégias: o *Strategic compact*. Este documento visava reformular o conceito de desenvolvimento, descentralizar as atividades, ampliar as *expertises* do banco para outras áreas do conhecimento (questões sociais e ambientais) e abrir a organização ao terceiro setor.[70] Assim, a cúpula decidiu mudar a estratégia de relações públicas: reagir *a posteriori* às críticas era menos inteligente do que trazer os críticos para debater os projetos. Como veremos no capítulo seguinte, a partir dos meados dos anos 1990 reuniões exclusivas entre o Senior Management e ONGs globais foram inseridas nos Annual Meetings da organização.[71] As ONGs que antes eram críticas ferozes começaram a discutir e apoiar determinadas medidas lideradas pela burocracia.

Além disso, a experiência com os projetos no Brasil e na Índia foram tão traumáticas que o banco mudou a forma de implementar os projetos

---

[68] O *Wapenhans report* publicado em 1992 tinha como ênfase não apenas o diagnóstico dos problemas internos do desenvolvimento e desembolso de empréstimos, mas também uma recomendação de que a abertura à sociedade civil organizada dos países receptores melhoraria a eficiência dos programas porque diminuiria o poder dos burocratas na concepção dos projetos. Ver "WB 1992 Effective implementation: key to development impact, report of the Portfolio Management Task Force" (Wappenhans Report).

[69] Além disso, a campanha criada em 1994 por mais de 200 ONGs globais chamada de "*50 years is enough*" colocou o banco na defensiva na mídia internacional. A iniciativa criticava com veemência as políticas de desenvolvimento do Banco Mundial e do FMI, pedindo até a extinção das organizações. A demanda central do movimento era a democratização dos processos decisórios. A campanha "*50 years is enough*" tem demandas bastante amplas. Por exemplo, demanda maior *accountability* em todos os níveis das organizações, maior participação de mulheres nos processos decisórios, alívio da dívida dos países pobres, fim dos projetos com impacto ambiental negativo etc. Disponível em: <www.50years.org>.

[70] Ver "WB 1996 The Strategic Compact: renewing the Bank's effectiveness to fight poverty".

[71] O FMI e o Banco Mundial realizam em todo outono uma reunião anual para debater temas gerais das organizações. Na primavera o Comitê de Desenvolvimento FMI-Banco Mundial realiza outra reunião anual para debater o progresso dos trabalhos das organizações.

de desenvolvimento. O *Strategic compact* reforçou a ideia segundo a qual a implementação dos projetos deveria ser comandada pelo Estado receptor dos recursos e não mais pela organização. Um dos pontos centrais da nova estratégia era incluir no processo decisório a sociedade civil organizada afetada pelo projeto. Desde então, o Banco Mundial desenvolve o projeto, desembolsa os recursos e fiscaliza as obras. O sucesso depende do Estado receptor e de sua lógica de relacionamento com o terceiro setor. Assim, o Country Ownership aproximou a organização das ONGs locais impactadas pelos programas.[72]

Como veremos no capítulo seguinte, a inclusão paulatina de diferentes profissionais (ambientalistas e sociólogos) em seus quadros possibilitou que as críticas diminuíssem. Tais profissionais trouxeram as ONGs para dentro do processo decisório dos projetos. As ONGs locais começaram a fazer parte das decisões sobre como e quando executar os projetos e as ONGs internacionais começaram a discutir o futuro da organização com a burocracia. Neste sentido, o Senior Management soube manipular a *expertise* diversificada da organização a seu favor. Os custos políticos do controle aumentaram para aqueles Estados que se opunham à aliança burocracia-ONGs.

A burocracia do FMI não constrói redes de apoio tão amplas. A composição profissional dos burocratas é um limitador. Como a organização não possui um corpo burocrático tão diversificado, o número de comunidades epistêmicas que podem ser acionadas é menor. Também não há na organização qualquer iniciativa de abrir o processo decisório ao terceiro setor. Não existem fóruns tão institucionalizados de relacionamento com as ONGs. A principal interação dos burocratas com o exterior se dá com o mercado financeiro ou com as agências governamentais. Os economistas contratados pelo programa Experienced Economists normalmente vêm de instituições financeiras, universidades ou agências de governo. Desta

---

[72] Os Country Ownership e Country-led Partnership fazem parte de um programa mais amplo chamado de Comprehensive Development Framework. Este programa visa capacitar tecnicamente os Estados a promoverem autonomamente programas eficientes de combate à pobreza. A abordagem passa pela inclusão das populações locais nas decisões dos projetos cuja origem está no Banco Mundial. Ver "WB 1999 CDF Progress Report to the Executive Board".

forma, as comunidades epistêmicas do FMI são limitadas ao mundo das finanças públicas e da academia econômica.

Como veremos em detalhes no capítulo 5, existem apenas duas ONGs com certa influência dentro do FMI: o The Peterson Institute for International Economics e o The Institute of International Finance (IIF). De um modo geral, são *think tanks* da área financeira que endossam a maioria das posições do fundo. Trata-se de institutos de pesquisa que promovem discussões vinculadas aos temas financeiros e que constantemente convidam altos funcionários do FMI para debates. Muitos de seus membros são ex-funcionários de alto escalão do fundo.[73,74] No entanto, sua capacidade de mobilização da opinião pública a favor da burocracia do FMI é limitada. Na verdade, sua força vem da capacidade de influenciar os burocratas de alto nível do fundo a mudarem de posição. Dificilmente o burocrata usa os institutos para criar uma rede de apoio nos mesmos moldes do Banco Mundial. E, mesmo se desejasse criar uma rede, a baixa diversificação da *expertise* seria um impeditivo. Provavelmente a rede ficaria restrita aos círculos financeiros.

Enfim, a burocracia do FMI é bastante fechada e pouco interage com outras áreas que não sejam estritamente pertencentes ao sistema financeiro. A limitação da *expertise* não possibilita à burocracia a construção de redes de apoio para eventualmente serem utilizadas contra aqueles Estados que desejam controlá-la. Conscientes das limitações dos burocratas, os países mais poderosos continuam a ter forte controle sobre os destinos do FMI. O recrutamento é o instrumento-chave deste poder.

---

[73] O Peterson Institute for International Economics é composto por dezenas de figuras de peso da área econômica e financeira. Alguns deles foram funcionários do FMI e do Banco Mundial: Kenneth S. Rogoff (ex-diretor do departamento de pesquisa do FMI), Nicholas H. Stern (ex-economista-chefe do Banco Mundial), Anne O. Krueger (ex-economista-chefe do Banco Mundial), Stanley Fischer (ex-economista-chefe do Banco Mundial e ex-First Deputy do FMI) e Jacob A. Frenkel (ex-diretor de pesquisas do FMI). Disponível em: <www.iie.com>. O Peterson Institute for International Economics está entre os 20 mais influentes think tanks dos EUA. "Foreign Policy, The Think Tank Index", 2009.

[74] O IIF é composto por 320 instituições financeiras de mais de 60 países. O IIF visa acompanhar as negociações dos pacotes financeiros do FMI. É constante a participação de altos funcionários do FMI em eventos exclusivos do IIF.

Resumindo, o nível de diversificação da *expertise* é avaliado neste trabalho tanto por sua composição (recrutamento) quanto por suas consequências (criação de comunidades epistêmicas e estratégia bumerangue modificada). Como observamos, a maneira pela qual os *principals* e os líderes burocráticos preenchem os cargos tem influência direta no nível de diversificação da *expertise* e, por conseguinte, na forma de construção da rede de apoio junto às ONGs, o que acaba afetando o nível de autonomia da burocracia. Nos casos estudados veremos que o recrutamento fechado restringiu a *expertise* do FMI a uma única comunidade epistêmica, ao passo que o recrutamento aberto do Banco Mundial diversificou a *expertise*, abrindo espaço para que mais comunidades epistêmicas fossem acionadas e redes de apoio junto às ONGs fossem criadas. Assim, é a diversificação da *expertise* que permite a criação das redes e, por conseguinte, aumenta os custos de intervenção para os *principals*. A figura 1 visa esclarecer o processo:

Figura 1
A formação da *expertise* e a aliança com ONGs

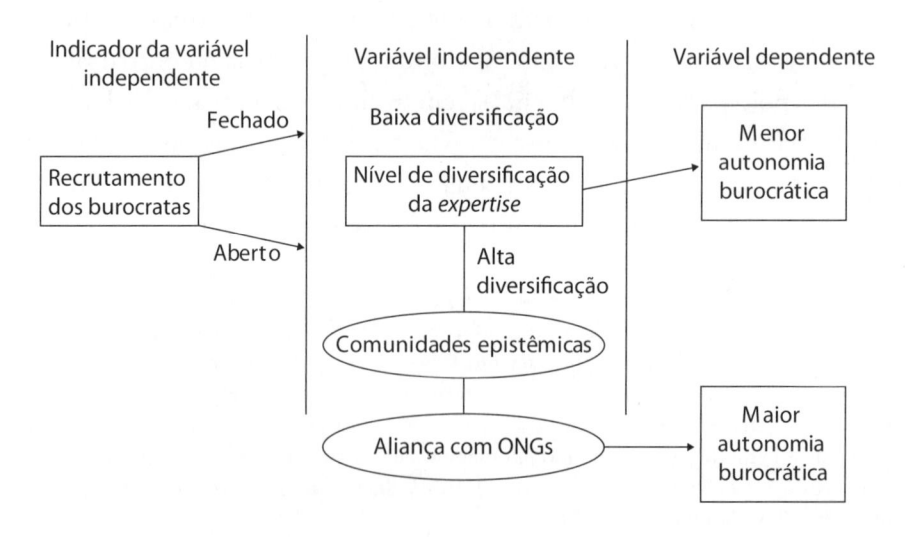

Indicador da variável independente	Variável independente	Variável dependente
Recrutamento dos burocratas → Fechado →	Baixa diversificação → Nível de diversificação da *expertise*	→ Menor autonomia burocrática
→ Aberto →	Alta diversificação → Comunidades epistêmicas → Aliança com ONGs	→ Maior autonomia burocrática

A questão da amplitude do mandato: uma variável independente omitida?

Uma possível fonte de autonomia burocrática trabalhada pela ciência política americana é a amplitude do mandato.[75] Isto é, o grau de precisão do mandato fundante da organização pode determinar a capacidade dos burocratas de agirem conforme seus interesses. De acordo com Huber e Shipan (2002:10-13), a discricionariedade dos burocratas é resultado de uma atitude deliberada dos políticos de controlar a burocracia por meio de mandatos precisos, que resultam em forte controle, ou seja, por meio de mandatos vagos que abrem espaço para a ação autônoma da agência. É o grau de precisão dos deveres da burocracia estipulados pelo contrato que define sua capacidade de manobra.

Nesse contexto, poderia se afirmar que um mandato cujo objetivo é "livrar o mundo da pobreza" por meio de ações em diversas áreas econômicas e sociais — Banco Mundial — daria mais margem de manobra para ação da burocracia do que um mandato restrito às políticas macroeconômicas — FMI.[76] Seria dizer também que os fundadores das organizações não tinham certeza quanto às ações dos burocratas do banco no futuro, deixando-os mais à vontade, enquanto tinham certeza sobre os deveres dos burocratas do FMI, controlando-os mais de perto.[77]

---

[75] Esta hipótese tem origem no trabalho seminal de Huber e Shipan (2002). Como vimos no capítulo anterior, as demais hipóteses da literatura seriam: a hipótese da captura (Lowi, 1979), a hipótese da abdicação (Dodd e Schott, 1979), a hipótese de controle dos comitês (McCubbins et al., 1987), a hipótese da falta de controle (Moe, 1987), a hipótese de construção de *constituency* (Carpenter, 2001a) e, por fim, a hipótese da neutralidade (Huber, 2007).

[76] Segundo Naim (1994:2), não há consenso entre *policymakers* e burocratas acerca dos objetivos do banco. Há pelo menos quatro diferentes interpretações. Primeiro, trata-se de uma instituição financeira intermediária destinada a emprestar dinheiro para projetos. Segundo, trata-se de um agente evangélico destinado a mudar o comportamento dos países. Terceiro, trata-se de uma instituição que serve aos interesses dos países ricos. E, quarto, trata-se de uma instituição que serve apenas para transferir dinheiro dos países ricos para os pobres.

[77] Willet (2001:322-323) argumenta que é mais difícil para os países monitorarem o Banco Mundial porque sua agenda possui muitas *micro-level policies* de difícil acompanhamento por parte dos membros do Executive Board, ao passo que no FMI as *policies* são mais restritas a políticas macroeconômicas e, portanto, mais fáceis de monitorar.

No entanto, isso não se verifica na prática. Primeiro, porque a literatura indica que o mandato do fundo é também bastante amplo, sofrendo diversas alterações ao longo do tempo sempre no intuito de se adaptar às necessidades macroeconômicas do momento.[78] Segundo, porque são inúmeros os casos de sobreposição de responsabilidades das duas organizações, seja por conta da expansão do mandato do fundo ou por ampliação das atividades do Banco Mundial.[79,80] O que podemos afirmar é que ambos os mandatos são vagos o suficiente a ponto de as *policies* se chocarem, gerando crises de responsabilidades entre as organizações. Além disso, como se trata de OIs, o grau de precisão dos mandatos sempre será baixo graças à dificuldade de coordenação

---

[78] Segundo Babb e Buria (2004:7-17), o mandato fundante do fundo é propositadamente vago o suficiente para que os países e o *staff* o reinterpretem de acordo com as necessidades da hora. Segundo Babb (2003:11-14), há pelo menos três fases distintas do FMI que são marcadas por readaptações e reformas do mandato. De 1950 a 1960 o fundo está centrado nas condições fiscais e monetárias ligadas às crises no balanço de pagamentos. Com o fim do Sistema de Bretton Woods no início de 1970 o FMI se voltou às crises de dívida externa e excesso de liquidez do sistema. A partir dos anos 1980 a organização deu início às reformas liberalizantes via condicionalidades dos empréstimos.

[79] Identificamos na mídia diversas ocasiões em que houve sobreposição de responsabilidades das duas organizações. O chamado *overlapping* de funções levou as duas organizações a acordos formais em torno de suas responsabilidades para que não houvesse mais conflitos. A respeito de sobreposição, ver "IMF and WB seen swapping roles", *NYT*, 9-4-1987. No final dos anos 1980 houve um entendimento entre as cúpulas para evitar piores consequências. Ver "Camdessus speaks out", *WPost*, 2-10-1988; "New agendas for the IMF and WB", *WPost*, 24-9-1989; "WB and IMF in a conflict over roles", *NYT*, 28-2-1989; "IMF and WB harmony sought", *NYT*, 11-3-1989; "Accord seems near on roles of IMF and WB", *NYT*, 30-3-1989; "IMF and WB reach a truce", *WPost*, 1-4-1989. Mas novamente no final dos anos 1990 os problemas de extensão de mandatos voltaram a aparecer: "WB to expand crisis role", *WPost*, 6-10-1988; "WB Turns up criticism of the IMF", *WPost*, 3-12-1988 e "Loan agencies under storm", *NYT*, 16-4-2000. Este conflito levou os críticos a pedirem a fusão de ambas para que houvesse mais eficiência. Ver "New agendas for the IMF and WB", *WPost*, 24-11-1989; "Shultz urges IMF and WB merger", *WPost*, 7-1-1995. Em todos os casos eram os burocratas que pressionavam por mudanças nas *policies* e invariavelmente se chocavam com a organização vizinha.

[80] Gould (2003a) mostra que o Banco Mundial tentou diversas vezes influenciar as condicionalidades dos empréstimos do fundo. Isso se dava por conta do interesse do banco em certas *policies* de microfinanças que seriam mais amplamente utilizadas pelos países se fossem adotadas como condicionalidades exigidas pelo fundo. Isso seria um exemplo de sobreposição de responsabilidades e mandatos vagos.

das preferências entre os Estados tanto no processo de fundação da organização quanto no processo de monitoramento das atividades.[81] Enfim, a natureza da agenda de cada organização não parece ser relevante para influenciar tanto a variável dependente quanto a variável independente.

O autofinanciamento de uma OI: uma variável independente omitida?

Há uma tendência na literatura de identificar como uma das fontes de autonomia do Banco Mundial sua capacidade de se autofinanciar. Os recursos obtidos no mercado privado e na venda de serviços financeiros diminuiriam a influência dos países na organização.[82] Acreditamos que este aspecto pode contribuir para a autonomia, porém não se trata de um fator decisivo por conta de pelo menos duas razões. Primeiro, porque o FMI também tem capacidade de autofinanciamento e nem por isso é tão ou mais autônomo que o Banco Mundial. Segundo, porque apenas uma das diversas instituições internas do Banco Mundial consegue se autofinanciar — o IBRD —, enquanto as outras — IDA, Miga etc. — são dependentes do aporte dos países ricos e, portanto, de sua manipulação.

Existem dois tipos de autofinanciamento das organizações financeiras internacionais: os lucros obtidos com as operações financeiras e a captação de recursos nos mercados financeiros privados. No que diz respeito ao primeiro, a atividade fim do FMI e do Banco Mundial facilita a obtenção de lucros. Prestadores de empréstimos tendem a lucrar com a atividade. Por conseguinte, ambas as organizações acumularam

---

[81] Este último aspecto tem a ver com o argumento de Vaubel (1996) segundo o qual as OIs financeiras têm alto grau de autonomia graças a fracos incentivos de monitoramento dos governos nacionais.
[82] Weaver (2008:71); Nielson e Tierney (2003:252); Kapur et al. (1997:5).

reservas consideráveis ao longo do tempo.[83,84,85] O acúmulo histórico destes recursos permite às burocracias pagarem parte da manutenção da máquina burocrática e, muitas vezes, sua expansão. Neste aspecto as duas organizações se assemelham.

Já em relação ao segundo ponto há diferenças. O Banco Mundial consegue captar parte importante dos recursos que serão emprestados aos países no mercado financeiro privado por meio de emissão de *bonds*.[86] A venda dos *bonds* capitaliza a organização que repassa os recursos para os tomadores de empréstimos. Isso não significa que os Estados não têm participação no aporte total de recursos do banco. Como afirmamos, existem diferenças entre o IBRD e a IDA. Enquanto o primeiro se capitaliza vendendo *bonds*, a segunda ainda recebe maior parte dos recursos por meio do reabastecimento dos países-membros.[87]

---

[83] Em 2006 o Banco Mundial teve lucro bruto US$ 5,5 bilhões com empréstimos e investimentos. Gastou US$ 3 bilhões com despesas de empréstimos e US$ 1,2 bilhão com manutenção da máquina. O lucro da organização naquele ano foi de US$ 815 milhões. O IBRD tem um lucro acumulado ao longo do tempo de US$ 24,8 bilhões. Sobre valores, ver "WB 2006 IBRD financial statement FY2006".

[84] O orçamento administrativo do FMI em 2006 previa um gasto total de US$ 937 milhões. Os ganhos com serviços financeiros foram de apenas US$ 60 milhões. A diferença de US$ 876 milhões foi coberta pelo acumulado sobre valores. Ver "IMF 2007 FY2007-FY2008 medium-term administrative and capital budget". O FMI possui um fundo de caixa na ordem de US$10 bilhões, fruto dos empréstimos ao longo dos anos. Antes da crise global, a organização tinha prejuízos constantes e utilizava parte destes recursos para manter a máquina. Informação revelada em entrevista com alto funcionário do Senior Management do FMI realizada em 4 de maio de 2009.

[85] Já em 2010 a expectativa é de o FMI obter U$1 bilhão de lucro com os novos empréstimos pós-crise. Ver "IMF may profit from bailout", *NYT*, 10-3-2009.

[86] Os *bonds* são adquiridos por investidores internacionais graças a sua alta liquidez e segurança (*Triple-A status*). O volume máximo já alcançado pela instituição pela venda de *bonds* foi de US$ 28 bilhões na crise da Ásia no final dos anos 1990 e atualmente está na casa dos US$ 15 bilhões. O volume de recursos é mais do que suficiente para cobrir os empréstimos do IBRD, ao ponto de recursos serem repassados constantemente à IDA. Desde 1946 os Estados só reabasteceram o IBRD com US$ 11 bilhões dos mais de US$ 400 bilhões emprestados. Sobre as diferentes formas de financiamento do IBRD e os valores, ver "How IBRD is financed". Disponível em: <www.worldbank.org>. Acesso em: jul. 2009.

[87] O reabastecimento (*replenishment*) é um mecanismo de aporte financeiro que acontece a cada três ou quatro anos. Os Estados do G-7 aportam capitais para que a organização o empreste aos países tomadores. Os EUA são os únicos que aprovam o reabastecimento anualmente.

Os diferentes níveis de autonomia burocrática

A criação da IDA em 1960 mudou o processo de capitalização do banco. Fundada para dar conta da pobreza nos países mais pobres do mundo — a chamada Parte II (137 países) —, a IDA depende dos mecanismos de reabastecimento dos países da Parte I (27 países) para operar. Como veremos no capítulo seguinte, é comum pressionar o banco a mudar de posição ou alterar uma *policy* por meio de ameaças ao não cumprimento do reabastecimento realizado pelos *principals*, notadamente no caso dos EUA. Como o reabastecimento depende da anuência do Congresso, as negociações estão sempre sujeitas às mais diversas pressões e ameaças.[88]

No entanto, há um mecanismo técnico que controla o dispêndio e direcionamento dos recursos da IDA, limitando a força de manipulação dos Estados nos processos de reabastecimento. Este mecanismo se chama *IDA resource allocation index*. Os recursos da instituição somente podem ser direcionados a determinado país se o relatório que inclui o país na *IDA resource allocation index* permitir. Em última instância, são os Estados reunidos no Executive Board que decidem qual país vai receber os recursos e quando, mas é a burocracia que controla o filtro daqueles que podem ou não receber por meio da realização da *IDA resource allocation index*. O mecanismo é definido por avaliações técnicas realizadas periodicamente pela burocracia chamadas de Country Policy and Institutional Assessment (CPIA).[89] Nesse sentido, a burocracia controla o conteúdo técnico a partir do qual um país pode ou não receber os recursos. Nesse caso, embora o reabastecimento seja o principal mecanismo de financiamento da IDA, a *IDA resource allocation index* ainda dá à burocracia alguma margem de manobra.

O Banco Mundial tem ainda dois outros mecanismos de autofinanciamento. O primeiro são os chamados Trust Funds. O segundo é a administração das reservas internacionais dos países em desenvolvimento. Os Trust Funds são fundos receptores de recursos de investidores inter-

---

[88] Sobre a influência dos EUA via ameaças de reabastecimento da IDA, ver Weaver (2008:50-54); Wade (1997:668-681).
[89] Ver "WB 2008 IDA articles of agreement" e "WB 2008 IDA resource allocation index". Disponível em: <www.worldbank.org>. Acesso em: jul. 2009.

nacionais normalmente associados a áreas técnicas (clima, infraestrutura etc.) ou a países específicos (Afeganistão, Iraque etc.).[90] Ao adquirir as ações do fundo, o comprador destina os recursos a projetos específicos de desenvolvimento. Mais recentemente, o banco administra reservas internacionais de países em desenvolvimento. A organização vende serviços financeiros a custos mais baixos que os bancos privados para os países em dificuldades. Como sua *expertise* financeira não está aquém daquilo que o mercado pode oferecer, vários países têm migrado os recursos de suas reservas para o controle do banco. Isso obviamente gera divisas à organização.[91] Assim, estas novas formas de financiamento — Trust Funds e administração de reservas — podem ajudar a organização a se tornar mais autônoma na medida em que ela dispõe de recursos próprios, mas daí afirmar que o banco é autônomo por conta disso é esquecer a força dos países-membros e a ação independente e política da burocracia.

O FMI não emite *bonds*, não possui Trust Funds e não administra as reservas internacionais dos países. A organização é proibida pelo estatuto de emprestar do mercado financeiro privado recursos para sua capitalização, sendo totalmente dependente do reabastecimento dos Estados. Caso os recursos disponíveis para empréstimos não sejam suficientes para os países em crise, a organização somente pode pedir emprestado recurso adicional aos Estados e não ao mercado.[92]

---

[90] No orçamento de 2008 (FY2008) o banco administrava 527 Trust Funds que receberam US$ 460 milhões em novos investimentos ao longo do ano. O total de desembolsos no ano de 2009 para IBRD foi de US$ 26 bilhões e US$ 32,2 para a IDA. Os recursos desembolsados pelos Trust Funds em 2009, incluídos nos valores totais desembolsados pelas duas instituições, foram de US$ 9,6 bilhões. Sobre os valores, ver "WB 2008 The World Bank's budget: trends and recommendation for FY09", p. 5-6, 45-46.

[91] A venda de serviços aos países tem despertado críticas dos bancos privados. Os bancos afirmam que o Banco Mundial tem prática desleal por se tratar de uma organização custeada pelos cidadãos. O total administrado já chega a US$ 55 bilhões. Ver "The World Bank, the little-noticed big money manager", *NYT*, 17-10-2007; "Report seeks big changes in IMF and WB", *NYT*, 8-3-2000) e "World Bank nears rate reduction", *WSJ*, 25-9-2007.

[92] Estes empréstimos adicionais podem ocorrer por meio de dois instrumentos: o General Arrengement to Borrow (GAB) e o New Arrengement to Borrow (NAB). O GAB foi utilizado algumas vezes pela organização, principalmente nos anos 1970, quando chegou a compor 60% dos recursos disponíveis. Em 2009 o governo japonês emprestou US$ 100 bilhões ao FMI via

Os diferentes níveis de autonomia burocrática

Outra forma de o FMI obter recursos é a emissão do Special Drawing Rights (SDR). O SDR não é um *bond* ou moeda, mas sim um ativo de reserva.[93] Isto é, os Estados compram o SDR com o intuito de capitalizar a organização, embora caso necessitem dos recursos no futuro possam revendê-los ao FMI ou aos demais membros. Em última instância, comprar e vender SDR são decisões dos Estados. Os países representados no FMI decidiram criar o SDR em 1969 para dar apoio ao sistema fixo de câmbio de Bretton Woods. Um país integrante do sistema precisava de reservas oficiais de liquidez (ouro ou dólares americanos) para comprar moeda doméstica nos mercados de câmbio globais como forma de manter sua taxa de câmbio. Como o ouro e o dólar se mostraram insuficientes, o FMI decidiu criar o SDR. O problema é que o sistema de câmbio fixo foi demolido alguns anos depois e as moedas começaram a flutuar. Além disso, o aumento dos mercados de capitais permitiu aos Estados emprestar dos bancos privados. Como resultado, o SDR foi emitido poucas vezes (1970-1972 e 1979-1981), totalizando apenas US$ 21 bilhões.[94] Recentemente, os SDRs voltaram a ser emitidos nos esforços contra a crise global.[95]

Em resumo, existem diferenças importantes nas formas de autofinanciamento entre Banco Mundial e FMI. Os quatro mecanismos do Banco Mundial (administração de reservas dos países em desenvolvimento, lucros com as operações de crédito, emissão de *bonds* e Trust Funds) se reduzem a apenas um no caso do FMI (lucro com as operações de crédito). Aparentemente, a maior disponibilidade de recursos do Banco Mundial facilitaria a ação de seus burocratas na consecução de suas *policies*. Este é um fator a ser considerado, porém não chega a ser suficiente para assegurar autonomia. A estratégia política de ação dos burocratas com *expertise* mais diversificada junto às ONGs de apoio parece ser mais convincente.

NAB com vistas a fortalecer a organização em face da crise global. Ver "IMF press report, IMF signs $ 100 billions borrowing agreement with Japan", 13-2-2009.

[93] O valor de cada unidade de SDR é composto por uma cesta de moedas (dólares americanos, iene, libras esterlinas, euro etc). Cada país pode comprar DES de acordo com sua cota na organização. Disponível em: <www.imf.org>. Acesso em: jul. 2009.

[94] Disponível em: <www.imf.org>. Acesso em: jul. 2009.

[95] Ver, de Paulo Nogueira Batista, "A emissão de notas pelo FMI", *FSP*, 9-7-2009.

Os burocratas das organizações financeiras internacionais

***

Neste capítulo discorremos sobre três aspectos. Primeiro, o conceito adotado para a variável dependente — a autonomia burocrática. Segundo, como a variável "diversificação da *expertise*" abre a possibilidade para um tipo de estratégia — a aliança com ONGs — que afeta o nível de autonomia burocrática. Por fim, como possíveis variáveis omitidas afetam a autonomia (a amplitude do mandato e a questão do autofinanciamento). Nos capítulos seguintes abordamos detidamente como o Banco Mundial e o FMI alcançaram diferentes níveis de autonomia burocrática.

Capítulo 3
A diversificação da *expertise* do Banco Mundial

> *In framing a government to be administered by men over men, the great difficulty lies in this: you must enable the government to control the governed; and in the next place oblige it to control itself.*
>
> James Madison, *Federalist papers*, 51

Neste capítulo demonstramos como o Banco Mundial realizou reformas importantes nos anos 1980 e 1990 que abriram a organização para a sociedade civil organizada. Foi a partir dos impactos das reformas em torno do Strategic Compact que a organização pôde galgar níveis mais altos de autonomia burocrática. O capítulo é dividido em três partes. A primeira parte trata da estrutura do Banco Mundial. Especifica a força da alta hierarquia e o papel dos *principals* no processo decisório. A segunda trata da recomposição do corpo burocrático e as reformas promovidas pela alta hierarquia que permitiram a diversificação da *expertise*. Por fim, a terceira parte discorre sobre a formação das comunidades epistêmicas da área ambiental e social dentro da organização, fundamentais para a formação de alianças com ONGs.

A estrutura do Banco Mundial: alta hierarquia e *principals*

Fundado em 1944 no *resort* de inverno em Bretton Woods, EUA, em meio aos sentimentos de reconstrução da Europa do pós-guerra, o Banco Internacional de Reconstrução e Desenvolvimento (Bird) mudou de foco e aumentou de tamanho com o tempo. Da participação discreta na reconstrução do Velho Continente, a organização passou a entoar um *slogan* ambicioso nas últimas décadas: "*Our dream is a world free of poverty*". Originalmente desenhada para investir em projetos físicos, tais como pontes, estradas e represas, atualmente a organização tem uma ampla agenda que vai de assistência técnica em infraestrutura, desenvolvimento rural, desenvolvimento sustentado, educação e saúde a ajustes institucionais para países com problemas macroeconômicos. Mais recentemente o banco tem promovido temas como a boa governança, o crescimento do setor privado, o desenvolvimento institucional, a reconstrução de áreas de conflito e o empoderamento dos pobres (Kapur et al., 1997:7-49; Weaver, 2008:44-45).

Quando abriu para os negócios em 1946 o Bird tinha apenas 72 funcionários e um orçamento administrativo — recursos utilizados para a manutenção do corpo burocrático — de US$ 21,8 milhões, com apenas uma operação de crédito realizada em 1948 de US$ 300 milhões. Os valores se tornaram relevantes a partir dos anos 1960 e não pararam mais de crescer. Em 1962 o banco operava US$ 1,1 bilhão de orçamento administrativo e 47 operações de crédito com US$ 1,1 bilhão empenhado. Em 2000 os gastos administrativos já eram da ordem de US$ 1,4 bilhão, com 290 operações de crédito e US$ 27,5 bilhões emprestados.[96] Em 2006 o World Bank Group representava uma organização multilateral com 187 países-membros e um portfólio acumulado de empréstimos na casa dos US$ 600 bilhões.[97] O corpo burocrático se expandiu na medida em que novas atribuições e responsabilidades foram

---

[96] Valores em dólares americanos correntes e anualizados. Ver "WB 2001 planning on change: world bank strategy and resource management FY2000", p. 37
[97] Ver "WB 2006 World Bank annual report".

criadas. De pouco mais de 100 funcionários nos anos 1940 para 1.500 no início da era McNamara (1968-1981), chegando aos anos Zoellick (2007-presente) com 8.500.[98,99]

Do final dos anos 1940 até meados dos anos 1960 a organização era pequena e centralizada nas mãos do presidente. A produtividade era considerada baixa (relação nº de *staff* e operações de crédito) e os impactos dos empréstimos, duvidosos. O período de inflexão só ocorreu nos anos McNamara (1967-1981). A expansão da organização imprimida pelo ex-presidente da Ford Motors foi considerável. Nos últimos quatro anos de sua presidência, comparada aos quatro anos anteriores a sua chegada, os empréstimos do banco aumentaram três vezes em termos reais, o *staff*, quatro vezes, e o orçamento, 3,5 vezes. Diversos escritórios regionais foram abertos nos países tomadores de empréstimos, dando início a um contato mais direto com os governos locais. Além disso, McNamara iniciou a capitalização da organização nos mercados financeiros por meio da emissão dos *bonds*. No entanto, a literatura aponta como seu principal legado a expansão do departamento de pesquisa, hoje chamado de Development Economics Department (DEC) e dirigido pelo economista-chefe. Este departamento é o responsável pela transformação da organização em um poderoso *think tank* em temas econômicos e de desenvolvimento.[100] Atualmente, o DEC tem

---

[98] Sobre a evolução do tamanho da organização, ver "WB 2001 Planning on Change: World Bank strategy and resources management FY2000 e WB 2008 World Bank annual report", p. 61.
[99] Acreditamos que o fato de uma organização ter grande número de funcionários não se traduz automaticamente em autonomia. Ao contrário de Vaubel (1996), acreditamos que o grande número de funcionários é mais resultado da autonomia burocrática do que causa dela.
[100] A figura do economista-chefe do departamento de pesquisa somente foi criada nos anos 1970 por McNamara. Os economistas-chefes deveriam ser "os melhores das melhores universidades" segundo o próprio presidente. O histórico dos economistas é o seguinte: Hollis B. Chenery (PhD Harvard — 1972-1982), Anne Osborn Krueger (PhD University of Wisconsin-Madison — 1982-1986), Stanley Fischer (PhD MIT — 1988-1990), Lawrence Summers (PhD Harvard — 1991-1993), Michael Bruno (PhD Stanford — 1993-1996), Joseph E. Stiglitz (PhD MIT — 1997-2000), Nicholas Stern (PhD Oxford — 2000-2003), François Bourguignon (PhD University of Orleans, França — 2003-2007) e Justin Yifu Lin (PhD University of Chicago — 2008-presente). Disponível em: <www.worldbank.org.br>. Acesso em: jun. 2009.

um orçamento de US$ 100 milhões voltado exclusivamente à pesquisa, maior que qualquer centro de pesquisa ou universidade.[101] McNamara criou também o Operations Evaluation Department, hoje chamado de Independent Evaluation Group. O órgão é financeiramente independente da Presidência e do Executive Board. Seu papel é fiscalizar as atividades do banco e propor soluções. Recentemente, o órgão tem crescido em importância dada a premência dos temas da transparência institucional e da anticorrupção.[102] Outro ponto relevante promovido por McNamara foi a mudança de foco da organização. De um banco centrado em projetos pontuais de desenvolvimento físico, a organização passou a focar seus esforços em redução da pobreza (*poverty alleviation*) em suas mais diversas manifestações. Desde então a organização multiplicou objetivos e conhecimentos.[103]

O atual Banco Mundial não é uma única organização internacional. O banco é um caso típico de *irradiação*, ou seja, uma OI que cria novas OIs.[104] Com o passar do tempo a organização se dividiu em

---

[101] Em entrevista, um diretor do departamento econômico do Banco Mundial afirmou que não há nenhuma universidade ou instituto de pesquisa no mundo com tantos pesquisadores dedicados exclusivamente às questões do desenvolvimento (Entrevista realizada em 12-5-2009). No entanto, há controvérsias na literatura a respeito da capacidade real de o Banco Mundial gerar conhecimento próprio nos temas econômicos. Alguns autores argumentam que o banco é mais um operacionalizador de conceitos e teorias originadas na universidade do que exatamente um inovador (Easterly, 2001). Outros avaliam a produção científica do Banco Mundial como de alta qualidade ("WB 2005 Banerjee et al., An evaluation of World Bank research").

[102] Sobre o tema da transparência institucional do banco, ver Woods (2001). Sobre a agenda anticorrupção, ver Weaver (2008).

[103] Kapur et al. (1997:16-21); Weaver (2008:66 e 72); "WB 2001 planning on change: World Bank strategy and resources management FY2000", p. 11-13.

[104] Segundo Shanks e colaboradores (1996:599-600), a maioria das OIs não é criada exclusivamente pelos Estados. Na verdade, aquelas OIs criadas por meio de um tratado internacional tradicional são minoria desde o fim da II Guerra. Atualmente, a maioria das OIs é criada por outras OIs. Isto é, as novas organizações são fruto das decisões dos Estados representados dentro dos mecanismos de decisão de outra OI. Este fenômeno é chamado pela literatura de irradiação (*emanation*). Para os autores, as irradiações trazem consequências para os Estados. Primeiro, o fato de a nova OI ser resultado da decisão coletiva significa que os Estados mais poderosos tiveram menos influência no processo de criação se comparado à criação de organizações por meios tradicionais. Segundo, embora a decisão pela criação de uma nova OI seja oriunda das deliberações de Estados

A diversificação da *expertise* do Banco Mundial

cinco instituições internas: IBRD, IDA, IFC, Miga e ICSD. A mais antiga instituição e origem da organização é o International Bank for Reconstruction and Development (IBRD). Inicialmente voltado a investimentos no continente europeu, atualmente o IBRD financia projetos de desenvolvimento em países de renda *per capita* média. É a maior instituição em termos financeiros, com um orçamento total para o ano fiscal de 2006 (FY2006) de US$ 14,1 bilhões e um acumulado de empréstimos na ordem de US$ 420 bilhões. A segunda instituição em recursos é a International Development Association (IDA). Criada em 1960, a instituição visa financiar projetos nos 79 países mais pobres do planeta. Seu orçamento é US$ 9,5 bilhões (FY2006) e um acumulado de empréstimos ronda a casa de US$ 170 bilhões. A terceira instituição é o International Finance Corporation (IFC). Constituído em 1956 para ampliar e fortalecer a iniciativa privada e os investimentos estrangeiros nos países em desenvolvimento, o IFC tem um orçamento bem menor que as duas primeiras. No ano fiscal de 2006 chegou a US$ 6,7 bilhões, com um acumulado de US$ 21,6 bilhões. A quarta instituição e a mais nova é a Multilateral Investment Guarantee Agency (Miga). A Miga foi criada em 1988 com o objetivo similar ao do IFC de facilitar o fluxo de investimentos estrangeiros diretos aos países em desenvolvimento, porém com a responsabilidade de ser garantidora dos recursos. Seu orçamento é o mais baixo do Banco Mundial, com dispêndio de apenas US$ 1,6 bilhão em 2006 e um portfólio de US$ 16 bilhões. Por fim, existe o International Centre for Settlement of Investment Disputes (ICSID). O ICSID foi criado em 1966 e serve como uma agência internacional de arbitragem para Estados e investidores estrangeiros. O ICSID não envolve empenho de recursos financeiros. Em 2006 a instituição tinha 26 casos registrados para serem arbitrados de um total de 210 registrados desde sua fundação.[105]

---

representados no *proximate principal*, é natural que a burocracia tenha influência neste processo, algo que não aconteceu na fundação tradicional.

[105] Para os valores do orçamento de cada uma das instituições e o número de operações, ver "WB 2006 World Bank annual report".

O presidente do Banco Mundial é a figura política mais importante da organização.[106,107] Seu mandato é de cinco anos, renováveis por mais cinco. A Presidência tem grande influência no processo de escolha do diretor executivo (*managing director*), dos diversos vice-presidentes, do diretor financeiro (*chief financial officer*), do economista-chefe e dos diretores das unidades. Este seleto grupo é chamado de Senior Management. O presidente tem considerável poder de agenda a ponto de decidir quando e quais questões e empréstimos serão apreciados pelo Executive Board, além de ter forte discricionariedade no orçamento administrativo da casa (Kapur, 2002:60). Atualmente a organização tem seis vice-presidentes divididos por regiões do mundo e 39 diretores de países, além de quatro vice-presidentes responsáveis por setores temáticos (desenvolvimento humano, desenvolvimento sustentável, redução da pobreza e administração financeira). A organização criou escritórios nos países receptores de empréstimos. Em 1995 tinha cerca de 70 escritórios regionais e 115 em 2006, com 73% dos diretores de países lotados nestes escritórios.[108]

A organização é governada por cinco diferentes Executive Boards, sendo um para cada instituição interna. Porém, na prática, os mesmos

---

[106] Por norma (tradição), o presidente do Banco Mundial sempre é um estadunidense, ao passo que o presidente do FMI é sempre europeu. O histórico dos presidentes do Banco Mundial é o seguinte: Eugene Meyer (jun. 1946-dez. 1946), John Jay McCloy (mar. 1947-jun. 1949), Eugene Robert Black (jul. 1949-dez. 1962), George David Woods (jan. 1963-mar. 1968), Robert McNamara (abr. 1968-jun. 1981), Auden Clausen (jun. 1981-jun. 1986), Barber Conable (jul. 1986-ago. 1991), Lewis Preston (set. 1991-maio 1995), James Wolfensohn (jun. 1995-maio 2005), Paul Wolsfowitz (jun. 2005-jun. 2007) e Robert Zoelick (jul. 2007-presente). Disponível em: <www.worldbank.org>. Acesso em: jun. 2009.

[107] Segundo Huber, a atuação das lideranças burocráticas é fundamental para o aumento da autonomia organizacional. Em obra de referência, Huber (2007:13-46) argumenta que a estratégia de neutralidade na implementação das *policies* é fruto da manipulação das lideranças no intuito de buscar apoio ou isolar a oposição a seus interesses. A neutralidade estratégica difere da neutralidade ingênua porque significa que os líderes burocráticos podem abraçar a linguagem da política enquanto manipulam a política para alcançar seus objetivos. No caso do Banco Mundial três líderes são apontados pela literatura como decisivos: Robert McNamara, Lewis Preston e James Wolfensohn. Weaver (2008); Kapur (2002); Stone e Wright (2007); Rich (2002); Miller-Adams (1999).

[108] Sobre a distribuição dos departamentos, ver "WB 2009 World Bank organizational chart". Sobre o crescimento dos escritórios regionais, ver "WB 2007 World Bank annual report", p. 53.

24 diretores (cinco fixos e 19 eleitos por grupos de países) servem nos cinco. Este grupo de diretores responde por todas as operações das cinco instituições, as quais incluem a aprovação dos empréstimos, as decisões administrativas e as mudanças estatutárias.[109] Acima do Executive Board está o Board of Governors, composto pelos ministros de Desenvolvimento, Planejamento ou Finanças dos países-membros. Na prática, o Board of Governors se reúne poucas vezes ao ano e delibera sobre os temas mais gerais da agenda da organização, tais como a porcentagem dos votos dos membros. O dia a dia do banco é comandado efetivamente pelo Executive Board e pelo Senior Management.

Nestes últimos 40 anos a estrutura do Executive Board dobrou de tamanho de 12 para 24 diretores. No entanto, a rápida expansão da organização e a diversificação de responsabilidades sobrecarregaram os diretores executivos. Além disso, como seus mandatos são de apenas dois anos renováveis por mais dois, a alta rotatividade dos representantes dificulta ainda mais seu trabalho. A literatura aponta que a soma de número reduzido de membros, inúmeras operações para ser aprovadas e alto teor técnico dos empréstimos fragilizam o Executive Board diante do Senior Management, fazendo com que o órgão dependa cada vez mais dos relatórios e dos *briefings* preparados pela burocracia, sem os quais não haveria como avaliar as *policies*. Estes fatores são apontados como indicadores da fraca capacidade do órgão de fiscalizar o trabalho dos burocratas.[110,111]

---

[109] A organização tem um tratado fundante (*1945 Articles of Agreement*) que está materializado no atual IBRD. No entanto, cada instituição interna tem seu conjunto próprio de regras, sendo os dois mais importantes o IBRD e a IDA. Ao longo do tempo houve inúmeras emendas ao tratado de fundação, principalmente quando uma nova instituição era criada. Porém todas as novas instituições seguiram princípios gerais estabelecidos pelo tratado original. Disponível em: <www.worldbank.org>. Acesso em: jun. 2009.

[110] Naim (1994:11-14); Ayres (1983:65-66); Ascher (1990:126); Woods (2001:87).

[111] Já na criação do Banco nos anos 1950 o então presidente John McCloy exigiu que o *Board* não interferisse nas atividades cotidianas da burocracia como segurança para sua indicação. Weaver (2008:70). McNamara também não desejava que os diretores executivos atrapalhassem o andamento das atividades dos economistas. Kraske (1996:200-205).

Em Bretton Woods se decidiu que os votos dos países-membros no Banco Mundial e no FMI não seriam igualitários, como na Assembleia Geral da ONU, mas sim de acordo com o peso relativo da participação financeira de cada país na organização (voto com peso). Por tradição, contudo, as votações no Executive Board são por consenso e raramente se observa votação nominal. De acordo com o tratado fundante ("IMF 1944 Articles of Agreement"), somente alguns tipos de decisões podem ser vetadas por coalizões de países que alcancem mais de 15% dos votos. Os EUA são os únicos que podem vetar isoladamente as decisões, uma vez que possuem cota acima do limite estabelecido.[112] No entanto, as decisões que podem ser vetadas pelos EUA estão relacionadas a mudanças estatutárias — como a porcentagem dos votos de cada membro no Executive Board ou o aumento de aporte de capital. Já a aprovação de empréstimos necessita de maioria simples, mas como as votações são consensuais raramente se observam empréstimos que não foram aprovados por todos os países representados.[113]

Entretanto, ocorrem abstenções nas votações. Em entrevista, um ex-diretor executivo de um país em desenvolvimento argumentou que,

---

[112] Os EUA possuem 16,41% dos votos no IBRD e 13,01% na IDA. Os outros países representados individualmente são Japão com 7,87% no IBRD e 10,11% na IDA, a Alemanha com 4,49% no IBRD e 6,49% na IDA, a França com 4,31% no IBRD e 4,14% na IDA e, por fim, o Reino Unido com 4,31% no IBRD e 5,17% na IDA. China, Arábia Saudita e Rússia são outros países que são representados individualmente, embora suas porcentagens sejam baixas: China 2,79% no IBRD e 2,00% na IDA, Rússia 2,79% no IBRD e 0,31% na IDA e Arábia Saudita 2,79% no IBRD e 3,36% na IDA. Todos os demais países são eleitos por grupos de países. Por exemplo, Brasil (oito países) 3,56% no IBRD e 3,02% na IDA. Disponível em: <www.worldbank.org>. "WB 2007 Executive directors voters status fy2007". acesso em: jun. 2009.

[113] Em ambas as organizações (FMI e Banco Mundial) os *Articles of Agreement* definem que todas as questões devem ser decididas por maioria simples, exceto em situações especificadas pelos acordos (*IBRD, Article V, Section 3(b); IMF Article XII, Section 5 (c)*). No banco, aumento de capital requer 3/4 dos votos (*Article II, Section 2(b)*) e emendas aos *Articles* requerem supermaioria de 3/5 ou 85% dos votos (*Article VIII, (a)*). No fundo, mudanças na taxa de cobrança requerem 70% dos votos (*Article V, Section 8 (d)*), enquanto mudanças no reabastecimento (aporte de recursos dos países) requerem 85% do total (*Article V, Section 7 (c) and (d)*). Ver "IMF 1944 Articles of Agreement" e "IBRD Articles of Agreement, 1947".

mesmo quando há clara discordância de um país em relação a determinado empréstimo, o máximo que pode acontecer é a abstenção desse país nas votações. Para o ex-diretor a abstenção deixa claro que o país em questão foi contrariado. Como as negociações entre os membros do Executive Board e a burocracia são feitas sempre nos bastidores, um eventual empréstimo ou uma mudança estatutária que não tem o apoio geral ou da maioria dos países sequer é colocada em votação. Somente chegam às reuniões do Executive Board decisões já previamente tomadas pelos países-membros.[114]

O que podemos notar é que a estrutura de funcionamento do banco favorece a atuação do Senior Management em detrimento da capacidade de fiscalização e controle do Executive Board. A alta complexidade das questões e o constante fluxo de decisões em cinco diferentes instituições internas sobrecarregam diretores que geralmente têm pouco tempo de casa e alta rotatividade. Soma-se a isso a enorme capacidade técnica e informacional da burocracia média. Como veremos, o fato de a organização ter diversificado suas *expertises* nos últimos anos aumentou ainda mais a capacidade de a burocracia mover a agenda e impor custos aos *principals*.

A composição da burocracia e a diversificação das *expertises*

Nesta parte demonstramos como as mudanças nos padrões de recrutamento do *staff* do Banco Mundial nos últimos anos levaram à diversificação das *expertises* da organização. O processo mais aberto de recrutamento diversificou não só a origem nacional dos funcionários, mas principalmente sua área profissional de atuação. Com burocratas cujas profissões não se limitam aos economistas é mais fácil para o Senior Management se aproximar de duas outras comunidades epistê-

---

[114] Entrevista realizada em 11-5-2009.

micas (ambiental e social) e, consequentemente, criar alianças com um número maior de ONGs.

A necessidade de abrir o banco à sociedade civil organizada está relacionada a dois fatores ocorridos nos anos 1980 e 1990, sendo um interno e outro externo. Primeiro, um diagnóstico do Senior Management de que a eficiência dos programas seria maior se incorporassem as visões e críticas do terceiro setor. Segundo, a pressão de ONGs por reformas no Banco Mundial após desastres ambientais e sociais de projetos de desenvolvimento colocou a organização na defensiva. Ato contínuo, o Senior Management deu início a uma estratégia de incorporação da sociedade civil organizada nos processos decisórios não apenas no sentido de escutá-la, mas também de cooptá-la (Weaver e Leiteritz, 2005:4-7; Weaver, 2008:143-148). Nesta seção discorremos sobre o fator endógeno.

Na presidência de Lewis Preston (1991-1995) algumas fissuras no desempenho dos empréstimos do Banco Mundial começaram a aparecer.[115] Ciente dos possíveis problemas, Preston encarregou um antigo diretor do banco, Willi Wapenhans, de realizar avaliações quanto ao desempenho do portfólio dos empréstimos. O *Wapenhans Report* mostrou os baixos índices de *compliance* dos países às normas do banco, o aumento do índice de cancelamento de empréstimos e o aumento do índice de insatisfação com os resultados práticos dos projetos. Embora o relatório tenha apontado que boa parte dos problemas residisse na falta de capacidade dos países receptores em implementar os projetos, a principal questão a ser enfrentada era a "cultura organizacional" do banco, uma crítica direta aos burocratas. O relatório indicava que os burocratas criaram a "cultura da aprovação" e o "imperativo de dispêndio" (Weaver e Leiteritz, 2005:7-8; Miller-Adams, 1999:77-78). Isto é, normas originadas ainda nos anos McNamara faziam com que empréstimos aprovados e desembolsados significassem promoção na carreira dos burocratas encarregados. A eficiência e a necessidade dos empréstimos

---

[115] Sobre a presidência de Lewis Preston ver Kapur et al. (1997:32-48); e artigo publicado no *Washington Post* (24-5-1992): "WPost, Lewis Preston aims to ax World Bank's arrogance".

eram colocadas em segundo plano em nome de ganhos pessoais (Kapur, 2002:57). Para aumentar a eficiência dos projetos era necessário diminuir a incidência desta cultura e abrir mais o processo decisório ao terceiro setor dos países receptores, sem os quais a eficiência dos projetos ficava comprometida. Uma das conclusões do relatório, entre outros aspectos, era de que *"successful implementation [of projects] requires commitment, built on stakeholder participation and local ownership"*.[116] Assim, o *Wappenhans Report* enfatizou que uma maior abertura do banco à sociedade civil organizada significaria mais eficiência dos programas.

No entanto, esta não foi a única avaliação interna que mostrava as falhas do banco. Outra ainda mais importante aconteceu em 1993. Pressionada por campanhas de ONGs na mídia e no Congresso dos EUA, a organização deu início a uma importante avaliação independente de suas atividades: o *Inspection panel*.[117] Por solicitação de Lewis Preston, o *Panel* foi instituído pelo Executive Board com o objetivo de investigar as reclamações das comunidades afetadas negativamente por projetos financiados pelo banco, principalmente quando o impacto negativo tinha sido resultado da falha da organização em obedecer a suas próprias regras e procedimentos.[118] O resultado publicado em 1994 mostrou erros graves em projetos tidos pela organização como exemplares (Polonoroeste Planaforo no Brasil e Narmada Rivers Projects na Índia). A literatura aponta que os impactos mais imediatos do *Inspection panel* foram os cancelamentos de alguns projetos em andamento e a revisão de regras de projetos para o

---

[116] Ver "WB 1992 Effective implementation: key to development impact, report of the portfolio management task force" (Wappenhans Report), p. ii.

[117] Como veremos adiante, em maio de 1993 diversas ONGs dos EUA (Enviromental Defense Fund, National Wildlife Federation Natural Resources Defense Council etc.) defenderam no Congresso dos EUA o bloqueio dos recursos do país à IDA ao menos que fosse estabelecida uma comissão de investigação composta pelas ONGs. Ato contínuo foi criada a Independent Appeal Comission dentro do Congresso. O objetivo da comissão era receber e avaliar as reclamações e demandas de ONGs afetadas pelos projetos do banco. Ver "WB 1994 Shihata, I. The World Bank inspection panel", p. 25-27.

[118] Ver "WB 1993 Executive board resolution n. 93-10, Resolution nº IDA 93-6" (22-9-1993).

futuro.[119,120] Regras que deveriam dali em diante contemplar as demandas das ONGs locais.

Já na presidência de James Wolfensohn (1995-2005) a necessidade de relacionamento com o terceiro setor ficou ainda mais evidente.[121] Wolfensohn foi presidente em meio às crises da Ásia, Brasil e Rússia, experiências traumáticas para a organização em diversos sentidos. Além disso, os projetos mal executados pelo banco tiveram impactos tão negativos na mídia internacional que o novo presidente precisava reagir.[122] Após dois anos de gestão, o Senior Management conseguiu aprovar junto ao Executive Board um documento que buscava reestruturar totalmente a organização — *The strategic compact: renewing the Bank's effectiveness to fight poverty*. O objetivo era investir

---

[119] O caso mais emblemático de cancelamento foi o Western Poverty Reduction Project em Quinghai, China. Os reclamantes argumentaram que o Banco Mundial não tinha levado em consideração os interesses da população local, aceitando apenas as colocações do representante da China no Executive Board (Weaver, 2008:69). Há indícios de que as regras em torno do ciclo dos empréstimos começaram a mudar já durante a fiscalização do *Inspection panel*. Muito do crédito destas mudanças é dado às campanhas realizadas por ONGs precupadas com o desempenho do banco. Udall (1998:425-426).

[120] O Banco Mundial possui diversos mecanismos e unidades de avaliação. Alguns destes grupos são autônomos e outros semiautônomos do banco. O mais importante destes grupos é o Operations Evaluation Department (OED), hoje chamado de Independent Evaluation Group (IED). Estabelecido por McNamara, o atual IED é financeiramente independente do banco e do Executive Board. Seu propósito é avaliar projetos já realizados e produzir relatórios para os diretores de países. Outro mecanismo importante é o Quality Assurance Group (QAG). Criado por John Wolfensohn, o QAG é responsável por avaliar o processo de implementação dos projetos. O *Inspection panel* continua a funcionar como instrumento de supervisão. Tem o poder de ouvir as reclamações e queixas dos atingidos pelos projetos (ONGs) e reportar para o Executive Board. Por fim, há o Department of Institutional Integrity (INT). Criado por Wolfensohn dentro da sua agenda de luta contra a corrupção dentro da organização (Weaver, 2008:66-69).

[121] Segundo Kahler (2002:46), a escolha de Wolfensohn para a presidência do Banco Mundial seguiu um processo mais transparente de escolha que as anteriores. Os EUA escolheram o nome com liberdade total, mas estabeleceram um comitê composto por representantes da Secretaria do Tesouro, do Departamento de Estado e da Casa Branca. Este comitê estabeleceu critérios de escolha e um dos critérios foi encontrar um candidato que tivesse boa articulação com a comunidade de desenvolvimento (ONGs, outras OIs etc.).

[122] Sobre o mandato de James Wolfensohn, ver Rich (2002); Stone e Wright (2007); Malaby (2004). Sobre as intenções iniciais do presidente, ver artigo publicado no *The Washington Post* (10-10-1995): "WPost, The World Bank Personified, James Wolfensohn Seeks to Create a Human Touch".

US$ 250 milhões em três anos a fim de fazer o banco menos burocrático, mais ágil e eficiente.

O programa de renovação era baseado em quatro pilares: (1) novo sentido para o desenvolvimento (realocação de recursos das áreas tradicionais de desenvolvimento — da infraestrutura para meio ambiente e questões sociais), (2) renovação intelectual (ampliação e diversificação da capacidade intelectual da organização), (3) reorganização dos negócios (descentralização das atividades) e (4) reconstrução das capacidades institucionais (demissão, contratação e reorganização do *staff*).[123] Estes pontos chamam nossa atenção porque representavam tentativas de, por um lado, descentralizar as atividades da organização, dando mais força aos escritórios regionais;[124] e, por outro, aumentar o *mix* de *expertises* dos burocratas do banco rumo às novas prioridades condizentes com a mudança no foco de desenvolvimento. As novas prioridades eram meio ambiente, desenvolvimento sustentável, governança e questões sociais.[125]

No início de sua gestão Wolfensohn já demonstrava uma preocupação maior com as questões sociais do que seus antecessores. Em uma das recepções iniciais o presidente mencionou a expressão "justiça social" em seu discurso de agradecimentos. Ao fim da cerimônia, um dos cientistas sociais mais renomados da organização — Michael Cernea — perguntou a Wolfensohn por que ele incluía uma expressão vista como anátema por muitos funcionários do banco. Wolfensohn respondeu que nenhum de seus assessores lhe comunicou que havia uma área social no banco e que desejaria saber quais eram os estudos e as recomendações nesta área que a organização deveria seguir. Cernea preparou um estudo mostrando como o banco marginalizava as questões sociais e o que era preciso para remediar o problema. Wolfensohn se sentiu sensibilizado com as recomendações e utilizou seu poder de agenda para aprová-las junto ao Executive Board. Estas recomendações aumentariam as contratações de

---

[123] Ver "WB 1997 The Strategic compact: renewing the Bank's effectiveness to fight poverty", p. 1.
[124] Sobre as intenções de Wolfensohn de descentralizar o banco, ver artigo na mídia: "World Bank chief hints at staff shifts", *WPost*, 11-10-1995.
[125] Sobre as dificuldades de se implementar o *Strategic compact*, ver Weaver e Leiteritz (2005).

sociólogos e antropólogos e dariam início à institucionalização da área social na organização (Cernea, 2003:14).

Quatro anos após a publicação do *Strategic compact* o banco produziu uma análise sobre os resultados da iniciativa. O relatório concluiu que houve importante mudança no quadro de funcionários da organização e considerável descentralização das atividades. Cerca de 3.500 novos funcionários foram contratados, sendo 2.250 em Washington e 1.107 nos escritórios regionais. Em 1997, 7.165 funcionários trabalhavam em Washington e 1.529 nos escritórios regionais. Em 2000 eram 6.906 em Washington e 2.112 espalhados pelo mundo. A relação que era de quase quatro para um (Washington-escritórios regionais) caiu para pouco mais de dois para um.[126,127,128]

Em relação às mudanças no *mix* de *expertises* o relatório aponta que no período 1997-2000 um terço do *staff* total do banco foi demitido, aposentado ou pediu demissão. No entanto, os resultados ficaram aquém do esperado, embora apontassem algumas tendências importantes. Dos 7.165 funcionários lotados em Washington em 1997 pelo menos 727 eram economistas. Este número aumentou para 755 em 2000. Nas áreas de energia/mineração/telecomunicações houve uma pequena queda de 85 para 82 funcionários. No entanto, nas áreas de meio ambiente e desenvolvimento social o número aumentou de 112 para 169. Em desenvolvimento humano de 131 para 167, infraestrutura de 146 para 176, tecnologia da informação de 485 para 694, e setor público (administração pública) de 112 para 125.[129]

Em 2002 a composição dos funcionários do Banco Mundial já mostrava certa diminuição da participação de economistas. Outro relatório sobre a composição da burocracia indicou uma maior abertura a outras

---

[126] Ver "WB 2001 Assessment of the strategic compact", p. vi e 36.

[127] Em 1981, Ayres (1983:65) indica que 94% dos funcionários estavam concentrados em Washington. Naquela época, embora o banco tivesse 26 missões no exterior (países) e três missões regionais (África Oriental, África Ocidental e Sudeste Asiático), estes escritórios tinham 150 funcionários de um total de 2.552 da organização.

[128] Sobre a influência do *Strategic compact* no processo de descentralização do banco, ver Nielson et al. (2006:123-125).

[129] Ver "WB 2001 Human resources vice presidency", p. 64.

A diversificação da *expertise* do Banco Mundial

expertises. O estudo utilizou dados do HR Query Database, o banco de dados do departamento de recursos humanos do banco. O universo pesquisado foi de aproximadamente 5 mil funcionários das categorias G e F (Proffisional e Proffisional Senior),[130] ou seja, funcionários que possuem algum tipo de pós-graduação e, por conseguinte, posições mais altas na organização. Este estudo mostrou que, de um total de 3.260 funcionários destes níveis, 2.058 (63,1%) tinham diploma em economia ou administração e 1.202 (36,9%) em outras áreas. O que chama a atenção no estudo é a variedade de *expertises* entre os não economistas com participação considerável nos quadros: ambientalistas (4,2%), advogados (5,8%), engenheiros (9%), sociólogos-antropólogos (4,7%), agrônomos (4,8%), educadores (2,9%) e profissionais da saúde (2,2%). O relatório aponta que isto é resultado de contratações realizadas diretamente pelos gerentes de área de interesse.[131] Na verdade, as contratações refletiam a mudança conceitual promovida pelo *Strategic compact*. Um novo conceito de desenvolvimento exigia a contratação de funcionários não economistas.[132]

---

[130] As categorias de carreiras e salários do Banco Mundial são as seguintes: "A": assistente de escritório; "B": assistente de equipe; "C": assistente de informação; "D": especialista de informação; "E": analista; "F": profissional; "G": profissional sênior; "H": profissional líder; "I": diretor ou conselheiro sênior; "J": vice-presidente; "K": presidente. As categorias E, F, G, H são as consideradas carreiras profissionais da organização. Em 2009 eram a maioria dos funcionários (74% do total). A distribuição era a seguinte: E: 10,1%; F: 18,2%; G: 29,2% e H: 16,5%. Os contratados pelo programa "Jovens Profissionais" começam a carreira na categoria F (profissional). Fonte: <www.worldbank.org>. Acesso em: jun. 2009.

[131] As 11 outras profissões não economistas são relações internacionais, engenharia, direito, administração pública, ciência da computação, agricultura, sociologia-antropologia, meio ambiente, outras ciências humanas, educação e saúde. É importante notar que há sobreposição de qualificações. Na média, 30% dos considerados pela pesquisa não economistas também tinham algum diploma na área econômica (economia ou finanças). "WB 2003 Egan et al., Enhancing inclusion at the World Bank Group: solutions & diagnosis", p. 33.

[132] Em 1998 a organização fez um *survey* sobre o relacionamento dos economistas com o terceiro setor. A pesquisa mostrou que, apesar da lenta diminuição da participação de economistas no total dos funcionários do banco, era provável que esta profissão se mantivesse como o maior grupo pelas próximas duas décadas. Tal prevalência era o resultado da contratação ininterrupta de economistas nas décadas anteriores, ultrapassando o número de engenheiros, hegemônicos até os anos 1980. Ver "WB 1998 Ibrahim, S. Nurturing civil society at the World Bank — as assessment of staff attitudes toward civil society", Working Paper n. 24, p. 19.

A tabela 1 mostra esses números no detalhe, inclusive quantos funcionários possuem diplomas em duas áreas:

Tabela 1
Diplomas de pós-graduação *staff* Banco Mundial em 2002

Graduate degrees held by GF + staff, June 2002, by field of study				
Field of Study	GF + Staff Holding a Graduate Degree in This Field		Relationship to Metric M8	% of these Persons Also Holding a Graduate Degree in Economics or Business
	Number	%		
Economics	1,185	36,3	-	-
Business	1,016	31,2	-	-
International Relations	306	9,4		32,4
Engineering	292	9,0		31,8
Public Administration	220	6,7		32,7
Computer Sciences	216	6,6		29,2
Law	190	5,8		24,7
Agriculture	158	4,8		32,9
Other Social Sciences	153	4,7		17,6
Environment	138	4,2		21,7
Liberal Arts/ Other	124	3,8		29,0
Education	94	2,9		18,1
Health	72	2,2		19,4
≥1 Degree(s) in Economics or Business	2,058	63,1	Mode	-
No Degrees in Economics or Business	1,202	36,9	Not Mode = Metric	-
TOTAL	3,260	100,00	-	-

Notes: Staff examined: 3,260 persons who were active headquartes-appointed staff at GF or higher on June 30, 2002 and reported at least 1 graduate degree in HR Query; variable analyzed 5,115 graduate degree held by these person reported in HR Query, assigned to categories by the authors.
Fonte: "WB 2003 Egan et al., Enhancing inclusion at the World Bank Group: solutions & diagnosis", p. 33.

A diversificação da *expertise* do Banco Mundial

Há duas formas de recrutamento dentro da organização: o programa "Jovens Profissionais" e a seleção pelas áreas técnicas. O programa "Jovens Profissionais" determina uma idade limite (+/- 30 anos) e dá início com recrutas de mesmo nível educacional (pós-graduação). Este programa foi desenvolvido para selecionar jovens economistas com pouca experiência profissional, porém sempre oriundos das melhores universidades estadunidenses, britânicas e francesas. O programa é altamente seletivo. Todo ano, dos mais de 5 mil candidatos apenas 40 são escolhidos. De acordo com as exigências do processo seletivo, o candidato deve ter no mínimo o grau de mestre em economia ou equivalente (finanças, contabilidade e administração). Os selecionados pelo programa passam pelas mesmas entrevistas e provas. Por isso mesmo se espera que os contratados sejam mais homogêneos tecnicamente. Ao contrário dos demais contratados, um "Jovem Profissional" pode ser designado para qualquer área de trabalho da organização. O programa serve de *fast track* para os cargos de maior prestígio e comando (Miller-Adams, 1999:27-30).

No entanto, segundo um relatório sobre salários da organização, apenas 20% do *staff* em 1998 era contratado pelo programa. Os demais funcionários eram contratados por canais mais informais, os quais acabavam sendo menos controlados pelo Departamento de Recursos Humanos, responsável pelo programa "Jovens Profissionais". Alguns vinham de recrutamento direcionado a uma área específica, ao passo que outros foram contratados diretamente pelo gerente da área.[133] Como o relatório de 2003 e o *Assessment of the strategic compact* de 2001 apontam, esta tendência de contração de não economistas tinha se fortalecido. A tabela 2 mostra o impacto do *Strategic compact* sobre o *mix* de *expertises*.

---

[133] "WB 1998 Filmer et al., Pay and grade differentials at the World Bank, policy research working paper", p. 2-3.

Tabela 2

Mudanças no *mix* de *expertises* com o *Strategic compact*

Change in Skills Mix (as percentage of HQ-appointed staff)		
	1997	2000
Environment and Social Development	1,9	2,6
Finance	4,1	5,3
Human Development	2,2	2,7
Public Private Sector Development	1,9	2,3
Rural	1,2	0,9
Total for targeted sectors	11,3	13,8
Other technical support	56,0	57,0
Other (including office support)	32,7	29,2

Fonte: "WB 2001 Assessment of the strategic compact", p. 37.

Isto não significava, contudo, que os funcionários tinham formação educacional dispersa geograficamente. O mesmo estudo de 2002 aponta que aproximadamente 50% destes funcionários tinham formação em apenas 20 universidades americanas e europeias de prestígio, as chamadas *20 core universities*. De um total de 710 gerentes de área, 47% tinham diploma de pós-graduação destas universidades. Já quando se observava o país que emitiu o diploma de pós-graduação ou graduação, os EUA apareciam com 55,8% dos funcionários, o Reino Unido com 11,4%, a França com 6,4% e o Canadá com 3,4%. Todos os demais países estavam abaixo de 1,5% de participação, incluindo Alemanha e Japão. A nacionalidade destes funcionários era ainda mais concentrada nos países da chamada Parte I (países industrializados) chegando a 87,9% do total. Os países da Parte II (países em desenvolvimento e países pobres) chegavam a 12,6%, com 4,6% de indianos, sendo o segundo país em participação as Filipinas, com 0,7%.[134] A tabela 3 mostra a concentração de diplomas em um grupo restrito de universidades:

---

[134] Ver "WB 2003 Egan et al., Enhancing inclusion at the World Bank Group: solutions & diagnosis", p. 34-35.

A diversificação da *expertise* do Banco Mundial

Tabela 3
Concentração de diplomas em universidades de países industrializados

| University | Universities accounting for a large proportion of graduate degrees held by GF + staff, June 2002 ||||||| Five Additional Measures |||||||||
| | All GF + Staff Holding a Degree from this University ||| Relationship to Metric M9 | All Managers Holding a Graduate Degree from this University ||| All GF + Staff Holding Doctorates from this University ||| All GF + Staff Holding Doctorates in Economics from this University ||| All GF + Staff Holding Masters in Business from this University ||| Number of Fields (out of 13^) in which School is among Top 5 in Graduate Degrees Held by GF + Staff |||
	No	%	Rank		No	%	Rank	No	%	Rank	No	%	Rank	No	%	Rank	No	%	Rank
George Washington	231	5.3	1	-	18	2.5	7	33	2.6	6	9	1.6	17	108	5.3	1	7	10.8	2
Harvard	200	4.6	2	-	54	7.6	1	65	5.2	1	21	3.7	2	53	5.3	2	8	12.3	1
John Hopkins	143	3.3	3	-	21	3.0	4	27	2.2	10	9	1.6	17	7	0.7	24	6	9.2	3
Columbia	109	2.5	4	-	14	2.0	11	32	2.6	7	17	3.0	7	27	2.7	5	4	6.2	4
LSE	93	2.1	5	-	18	2.5	7	19	1.5	15	11	1.9	12	6	0.6	26	4	6.2	4
American	91	2.1	6	-	6	0.8	25	12	1.0	27	6	1.0	26	31	3.1	3	4	6.2	4
MIT	83	1.9	7	-	23	3.2	3	31	2.5	9	15	2.6	8	23	2.3	9	2	3.1	11
Oxford	83	1.9	7	-	29	4.1	2	34	2.7	5	21	3.7	2	3	0.3	52	3	4.6	8
Stanford	82	1.9	9	-	20	2.8	5	42	3.4	3	21	3.7	2	19	1.9	11	3	4.6	8
Maryland	81	1.9	10	-	7	1.0	23	25	2.0	12	15	2.6	8	27	2.7	5	3	4.6	8
Pennsylvania	76	1.8	11	-	19	2.7	6	32	2.6	7	15	2.6	8	31	3.1	3	2	3.1	12
Georgetown	74	1.7	12	-	8	1.1	20	17	1.4	19	11	1.9	12	21	2.1	10	2	3.1	12
California, Berkeley	69	1.6	13	-	17	2.4	9	47	3.8	2	21	3.7	2	8	0.8	19	3	4.6	8
Princeton	69	1.6	13	-	17	2.4	9	12	1.0	27	7	1.2	24	-	0.0	-	2	3.1	12
London not LSE or LBS	63	1.5	15	-	10	1.4	16	17	1.4	19	3	0.5	39	5	0.5	33	4	6.2	4
Cornell	59	1.4	16	-	8	1.1	20	35	2.8	4	19	3.3	6	9	0.9	20	1	1.5	19
Chicago	57	1.3	17	-	12	1.7	12	26	2.1	11	22	3.8	1	18	1.8	12	0	0.0	25
Cambridge	54	1.2	18	-	12	1.7	12	18	1.4	17	11	1.9	12	1	0.1	87	1	1.5	19
Yale	52	1.2	19	-	11	1.5	15	22	1.8	14	15	2.6	8	14	1.4	31	0	0.0	25
Sorbonne	48	1.1	20	-	10	1.4	16	23	1.8	13	9	1.6	17	2	0.2	67	2	3.1	12
Core 20 Universities^	1,817	42.0	-	Mode	334	47.0	-	569	45.4	-	278	48.3	-	413	41.6	-	61	93.8	-
All Other Universities	2,509	58.0	-	Not Mode - Metric	376	53.0	-	683	54.6	-	297	51.7	-	580	58.4	-	4	6.2	-
Total	4,326	100.00	-		710	100.0	-	1,252	100.0	-	575	100.0	-	993	100.0	-	65	100.0	-
Average Rank on this measure for the 20 core universities		10.4				11.2			11.4			11.5			22.1			10.1	

Notes: Staff examined: 3,260 persons who were active headquarters-appointed staff at GF or higher on June 30, 2002 and reported at least 1 graduate degree in HR Query. Variable analyzed: 5,115 graduate degrees reported in HR Query. The proportion of GF + staff with graduate degree from at least 1 of the 20 core universities is 50.3%.
*The 13 fields are listed in table 3.8.
^Sums of the individual/university combinations from the previous 20 rows.

Fonte: "WB 2003 Egan et al., Enhancing inclusion at the World Bank Group: solutions & diagnosis", p. 34.

Outro objetivo de longo prazo do *Strategic compact* dentro das ideias de descentralização e mudança do *mix* de *expertises* era o incremento do número de consultores externos (ETC/ETT).[135] Além de os consultores terem *expertise* mais diversa, eles representam custos mais baixos e maior flexibilidade para os gerentes de área. Como nestes casos as regras de contratação são menos restritas que o programa "Jovens Profissionais", ocorre mais contratações de não economistas.[136] Embora os números apontassem ligeira queda em relação aos anos anteriores (FY92-FY95), parecia certo que a tendência de contratação de ETCs/ETTs se consolidava. Em 1992 o número de consultores externos era de 766, chegando a 1.112 em 1995, sendo 6.059 o total de funcionários fixos naquele ano.[137] Em 2005, de um total de 8.728 funcionários fixos, o número de consultores temporários vinculados a projetos era de 997.[138]

Mas a questão central por detrás da reforma promovida pelo *Strategic compact* era dar um sentido mais amplo ao desenvolvimento, integrando questões econômicas, sociais e ambientais. Aquilo que o banco chamou de *"empowerment of the people"*.[139,140] Entre as *policies* que tentavam ope-

---

[135] O banco tem três programas para a contratação de consultores temporários. O primeiro é o Extended-Term Consultant (ETC). O consultor é contratado temporariamente para trabalhar em uma área temática. A duração do contrato é de pelo menos seis meses. O segundo é o Extented-Term Temporary (ETT). O consultor é contratado temporariamente para trabalhar em um projeto específico. A duração do contrato também é de pelos menos seis meses. O terceiro é o Short-Term Consultant (STC). O consultor é contratado para fazer uma tarefa específica (relatório, working paper etc.). O *Strategic compact* tinha como objetivo reduzir o número de STC (2.635 em FY1995). Estes STCs deveriam ser despedidos ou incorporados. Em grande medida a alta rotatividade de funcionários promovida pela implementação do *Strategic compact* foi resultado das demissões e incorporações dos STCs. Ver "WB 2001 Assessment of the strategic compact", p. 35.
[136] O Banco Mundial mantém um código de conduta e regras para a contratação dos consultores, mas nada parecido com o programa "Jovens Profissionais". Sobre as regras de contratação dos consultores, ver "WB 2002 Consulting services manual: a comprehensive guide to selection of consultants".
[137] Ver "WB 1995 FY1995 Annual report", p. 127.
[138] Ver "WB 2005 FY2005 Budget: trends and recommendations to FY06", p. 14.
[139] O relatório anual de 2001 apontava que o empoderamento dos pobres aconteceria por meio do conhecimento e criação de capacidades dentro do conceito de pobreza multidimensional. "WB 2001 Annual report", p. 28 e 33. A noção de empoderamento reflete a influência dos trabalhos do economista Amartya Sen (1999).
[140] Logo após a publicação do relatório anual de 2001, um artigo do *NYT* sustentava que John Wolfensohn solicitou aos economistas de esquerda da organização, a chamada "máfia de Berkeley", a

racionalizar o novo espírito dado ao desenvolvimento, o Comprehensive Development Framework (CDF) lançado em 1996 era o mais importante. O CDF estabeleceu três princípios para empréstimos e programas: a visão holística da pobreza, o Country Ownership (o país receptor dos recursos é o responsável pela implementação do projeto) e o Country-led Partnership (o país receptor deve observar as demandas das comunidades locais e trabalhar em conjunto com elas na implementação dos projetos).[141,142] O CDF englobava ainda dois instrumentos para sua implementação: o Partnership Initiative iniciado em 1997 e o Poverty Reduction Strategies (PRS). O primeiro busca criar parcerias com o terceiro setor local, chamados pela organização de *stakeholders*. O segundo busca analisar profundamente as questões de desenvolvimento e pobreza da região receptora de recursos.[143,144] O *Assessment of the strategic compact* apontava que desde sua implementação a participação das ONGs locais nos projetos aumentou de 50% em 1997 para 70% em 2000.[145]

Além disso, em meio à implementação do *Strategic compact*, o economista-chefe da organização, Joseph Stiglitz, clamava por um novo modelo de desenvolvimento (Stiglitz, 1998a e 1998b). Na prática, iniciativas como o CDF e as críticas de Stiglitz refletiam uma tentativa deliberada de alguns setores do banco de diminuir a hegemonia do paradigma vigente de desenvolvimento, estabelecido pela ortodoxia neoclássica na

---

realização do relatório anual de 2001. Sobre a repercussão do relatório na mídia, ver "International Lenders New Image: a human face", *NYT*, 26-9-2000.

[141] Ver "WB 1999 Comprehensive development framework progress report to the Executive Board".
[142] Sobre o processo de implementação do CDF, ver Gulrajani (2007).
[143] Na prática é o PRS que implementa os princípios do CDF. A estratégia de desenvolvimento é ampla, envolvendo a natureza multidimenional da pobreza e a necessidade de integração institucional, estrutural e setorial da intervenção; as estratégias devem ser implementadas em parceria com a comunidade local. Ver "WB 2000 Annual report", p. 15.
[144] É obrigatório o *staff* mostrar que houve participação das ONGs na formulação dos PRS para a aprovação do Board, sem o qual os projetos para aquele país em específico não acontecem. Birdsall (2002:14).
[145] Ver "WB 2001 Assessment of the strategic report", p. 22.

organização ainda nos tempos da presidência de Auden Clausen.[146,147] A mudança passava por um diagnóstico segundo o qual as *policies* aplicadas pelo banco durante a crise da Ásia estavam equivocadas.[148] Para Stiglitz, o Consenso de Washington — manifesto de reformas estruturais com base em modelos neoclássicos e guia de ação de muitos economistas do banco — precisava mudar e incorporar uma maior participação dos países receptores na conceitualização das soluções:

> *Although the Washington Consensus provided some of the foundations for well- -functioning markets, it was incomplete and sometimes even misleading [...] Without a robust financial system — which the government plays a huge role in creating and maintaining — it will be difficult to mobilize savings or to allocate capital efficiently. [...] Unless the economy is competitive, the benefits of free trade and privatization will be dissipated in rent seeking, not directed toward wealth creation. And if public investments in human capital and technology transfers is insufficient, the market will not fill the gap. Many of these ideas are the basis of what I see as an emerging consensus, a post-Washington Consensus. One principle of these emerging ideas is that whatever the new consensus is, it cannot be based on Washington. In order for policies to be sustainable, they must receive ownership by developing countries* [Stiglitz, 1998a:15].

É certo que houve resistências às mudanças. As críticas do economista sênior à ortodoxia irritaram, principalmente, os EUA. Percebendo que Stiglitz diminuía a força do modelo neoclássico e a capacidade do banco de convencer países a adotarem determinadas regras, o secretário do Tesouro

---

[146] A literatura aponta que o início da ortodoxia neoclássica dentro do banco é simbolizado a partir da indicação de Anne O. Krueger como economista sênior em 1982. Weaver (2008:56).

[147] Sobre repercussão na mídia acerca da tentativa do banco de reformular seus conceitos, ver "World Bank rethinks poverty on report", *WPost*, 13-9-2000; "International lenders new image: a human face", *NYT*, 26-9-2000.

[148] Sobre modelos teóricos de crescimento econômico utilizados nas *policies* do Banco Mundial e seus erros recorrentes de aplicação, ver Easterly (2001). O trabalho de Easterly teve tamanha repercussão que o Banco Mundial resolveu abrir uma sindicância interna para investigá-lo sob o argumento de falta de ética e integridade. Ver "World Bank presses inquiry on economist who dissents", *NYT*, 7-11-2001.

Lawrence Summers convenceu John Wolfensohn a demitir Stiglitz em 2000 (Wade, 2002). Mesmo assim, Wolfensohn continuou a promover uma agenda de desenvolvimento mais ampla. No Annual Meeting de Praga o presidente deu ênfase aos estudos de alguns economistas mais críticos dentro da organização — a chamada "máfia de Berkeley" —, cujos trabalhos eram mais voltados à ideia de *"empowering the people"* ao invés de privatização, livre-comércio e controle de gastos governamentais. O *World Development Report* daquele ano foi produzido por este grupo de economistas.[149]

No entanto, alguns setores do banco reagiram negativamente às mudanças promovidas pelo *Strategic compact* e opõem resistência até hoje.[150] Uma área símbolo desta resistência foi a da produção científica. A realização dos estudos do Banco Mundial é dominada pela Vice-Presidência do Development Economics Department (DEC), chefiada pelo economista-chefe.[151,152,153] Os dados mais recentes sobre o DEC em 2005 apontavam

---

[149] Ver "International lenders new image — a human face", *NYT*, 26-9-2000; "WB rethinks poverty, report finds traditional approach fails", *WPost*, 13-9-2000.

[150] Em 1996 o ex-economista-chefe do banco, Lawrence Summers, fez uma defesa apaixonada da ortodoxia neoclássica em um seminário promovido pela Vice-Presidência do DEC. O economista argumentava que *"the Bank must never lose sight of its greatest strenght — that there is no substitute for rigorous, coherent economic analysis"*. Ver "WB 1996 DEC notes — some thoughts for World Bank economists", p. 1. No mesmo seminário o economista Mark Baird, director of Development Policy, defendia que os economistas do banco deveriam ser mais flexíveis e abrir os conhecimentos para outros profissionais. Os padrões de relacionamento não poderiam ser baseados em PhDs de Chicago ou MIT. "WB 1996 DEC Notes — economists and economic work in the World Bank", p. 2.

[151] Outro setor do banco responsável pela produção científica, embora com grau menor, é o World Bank Institute. O WBI é o braço de capacitação técnica para países receptores de recursos. Produz programas de aprendizado e consultoria de políticas públicas. Em 2008 organizou 570 cursos com 39.500 participantes ao redor do mundo. Ver "WB 2008 Annual report", p. 63.

[152] Em 1991 o Policy, Research, and External Affairs (PRE), o equivalente ao atual DEC, era largamente dominado por economistas. Dos 532 funcionários pelo menos 465 tinham dados educacionais disponíveis. Destes, 278 tinham diploma de pós-graduação em economia ou finanças (PhD ou mestrado). Os demais grupos com alguma importância eram 43 com diploma de engenharia, 15 de física, matemática e química, 19 de ciências agrícolas e 12 de ciência política. Destes 465, pelo menos 80% tinham diploma com origem nos EUA ou Reino Unido. Stern e Ferreira (1997:586).

[153] Em 1994 o Policy Research Department, braço de pesquisa do DEC, tinha 70 economistas dedicados à pesquisa. Demais *expertises* sequer eram consideradas. Em 1996 este número havia

125 pesquisadores em tempo integral e responsáveis por cerca de 50% da produção científica total da organização.[154,155] A pesquisa em outras áreas temáticas consideradas adjacentes, como meio ambiente e questões sociais, é produzida pelas outras vice-presidências e não se compara à produção do DEC.[156] Embora não tenhamos dados sobre a composição dos pesquisadores, a literatura indica que os economistas continuam a prevalecer na produção científica sem que tenha havido uma mudança real do paradigma teórico de pensamento.[157,158,159]

---

diminuído para 60 e outras profissões começaram a ser inseridas no departamento. No entanto, os economistas ainda dominavam. "WB 1994 Policy research department annual report", p. 15; "WB 1996 Policy research department annual report", p. 14.

[154] Ver "WB 2005 Banerjee et al., An evaluation of world bank research", p. 27 e "WB 2005 Research highlights: publications of the development research group", p. 1.

[155] Uma recente avaliação independente liderada pelo professor Angus Deaton de Princeton sobre a qualidade da pesquisa realizada pelo banco mostrou resultados preocupantes. Entre diversas críticas a avaliação demonstrou sérias falhas técnicas e que o banco escolhe novas abordagens para embasar posições sem a devida confiabilidade. Além disso, demonstrou como são poucos os trabalhos de coautoria com pesquisadores dos países em desenvolvimento. Ver "WB 2006 Deaton, et al., An evaluation of World Bank research", p. 46-50.

[156] As áreas de Regions e Networks produziam outros 40% da pesquisa. Em 2003 cerca de 496 funcionários do banco estavam engajados exclusivamente em pesquisa. Pelo menos 325 estavam localizados fora do DEC. Isto mostra que, embora o número de funcionários no DEC voltados à pesquisa fosse menor (171), a produção científica dos economistas lá lotados era pelo menos 10% maior do que a produção de todas as demais áreas juntas. Ver "WB 2003 Policy Research report", p. 60, 65 e 81.

[157] Weaver (2008:76-78); Wade (1996:15-20); Miller-Adams (1999:27-30); Naim (1994).

[158] É importante notarmos que os desdobramentos do *Strategic compact* não foram as primeiras tentativas de mudar paradigmas no Banco Mundial. Quando o Japão estava no auge de seu crescimento nos anos 1980 houve uma tentativa deliberada do governo japonês de introduzir no banco o "modelo asiático de desenvolvimento". Desde o início houve fortes resistências dos EUA e da alta burocracia do banco. O modelo acabou perdendo força com as sucessivas quedas de crescimento e problemas econômicos japoneses. Ver Wade (1996); Rapkin e Strand (1997). Sobre a tentativa japonesa de influenciar o Banco Mundial e o FMI, ver "Japan is seeking a larger role in world's financial system and debt crisis", *NYT*, 27-9-1988); "Japan takes a leading role in the third world debt crisis", *NYT*, 17-4-1989).

[159] A produção científica do banco tem como suas principais publicações o *Country Assistance Strategy Papers, Poverty Reduction Strategy Papers, World Bank Research Observer, World Economic Review* e, fundamentalmente, o *World Development Report*. Todo ano o *staff* publica mais de 300 artigos acadêmicos em *journals* profissonais e acadêmicos de economia e finanças. Squire (2000:125-126).

A diversificação da *expertise* do Banco Mundial

Com efeito, os novos burocratas não economistas que vinham sendo contratados por conta de mudanças promovidas pelo *Strategic compact* tiveram de conviver com a resistência do núcleo econômico ortodoxo às novas abordagens socioculturais. Para ver suas propostas serem levadas adiante, sociólogos, antropólogos e ambientalistas tiveram de reformular suas ideias e encaixá-las nos moldes da linguagem neoclássica (Cernea, 1995:12-15). Alguns autores chegaram a sugerir que conceitos como capital social e setor cultural fossem linguisticamente definidos e metodologicamente quantificados, caso contrário os economistas não conseguiriam operacionalizá-los (Bebbington et al., 2004; Cernea, 2003:16). Outros argumentavam que o domínio e a insularidade da ortodoxia neoclássica criava uma linguagem cifrada que aumentava os custos dos não iniciados para entrar no debate (Rao e Woolcock, 2007:2-3).

De todo modo, o aumento do *mix* de *expertises* promovido pela presidência de Wolfensohn, ainda que reduzido, significou o início da mudança no paradigma intelectual da organização, a despeito do domínio da ortodoxia. O resultado mais importante é que o consenso intelectual anterior ao *Strategic compact* foi quebrado. A ortodoxia econômica era apenas uma das alternativas intelectuais à disposição do Senior Management e novas perspectivas epistêmicas inseridas pelos não economistas começaram a surgir. Como veremos adiante, as pressões das ONGs por mudanças no Banco Mundial durante os anos 1980 e 1990 foram importantes para esta mudança.

Outro legado importante da era Wolfensohn foi a mudança na composição do próprio Senior Management. Conforme colocamos no capítulo I, os *principals* podem controlar mais facilmente a burocracia se controlarem diretamente a escolha dos funcionários de alto escalão (*screening*). A presidência de Wolfensohn foi importante para diminuir a influência dos países ricos neste processo. Wolfensohn deu início à tendência de contratar profissionais de origens africanas, asiáticas e latino-americanas para os cargos do alto escalão, além de promover funcionários de carreira, ainda que o Senior Management continuasse a ter uma maioria de profissionais oriunda de países ricos.¹⁶⁰,¹⁶¹ Mais recentemente Zoellick retomou esta tendência, interrompida por Wolfowitz, ao selecionar para posições-chave do Senior Management nomes da África e América Latina.¹⁶²

A criação das comunidades epistêmicas social e ambiental

Nesta seção demonstramos como foram criadas comunidades epistêmicas da área social e ambiental dentro do Banco Mundial, ainda que o número de funcionários dedicados às novas áreas sempre tenha sido limitado. As pressões externas de ONGs para reformar a organização — os fatores exógenos indicados no início do capítulo — foram decisivas. Argumentamos que são exatamente estes poucos profissionais não economistas com experiência prévia em ONGs e pertencentes a comunidades epistêmicas de áreas importantes (ambiental e social) que, uma vez dentro do banco, tornaram-se advogados de seus temas.

A literatura aponta que membros do *staff* recém-contratados graças às reformas promovidas pelo *Strategic compact* formaram subcomunidades epistêmicas dentro da organização que acabaram criando alianças com

---

[160] Uma contratação símbolo desta mudança promovida por Wolfensohn foi a da sul-africana Mamphela Remphele para a vice-presidência responsável pelos programas sociais do banco. Ver "Giving the WB an outsiders' view", *Wpost*, 27-9-2000. Outra contratação fora dos padrões foi a do teuto-brasileiro Caio Koch-Weser, funcionário de carreira do banco, para ser Managing Director. Este funcionário seria mais tarde rejeitado pelos EUA para o cargo de Managing Director do FMI (cargo mais alto) sob a argumentação de falta de experiência financeira. Malaby (2004:155).
[161] Em 2009, dos 13 burocratas de alto escalão, nove eram de países desenvolvidos e oito de países não desenvolvidos. No entanto, quase todos (27) fizeram pelo menos a pós-graduação nos EUA ou Europa. Fonte: <www.worldbank.org>. Acesso em: abr. 2009.
[162] Zoellick indicou para Managing Director do departamento de África, Sudeste asiático, Europa e Ásia Central a ex-ministra das finanças da Nigéria — Okonjo-Iweala —, que trabalhou 20 anos no banco. Além disso, para diretor do departamento de Oriente Médio, América Latina e Leste asiático foi escolhido Juan José Daboub, ex-ministro das Finanças de El Salvador. De acordo com o *Financial Times*, a indicação de Okonjo-Iweala respondeu aos anseios do *staff* e ONGs próximas à organização por profissionais que realmente entendessem a realidade dos países receptores de recursos. Ver "Zoellick overhauls to management", *BIC*, 5-10-2007; "Zoellick names top deputy in World Bank revamp", *FTimes*, 5-10-2007.

A diversificação da *expertise* do Banco Mundial

atores externos da comunidade epistêmica mais geral no intuito de promover mudanças internas. Estes funcionários seriam *policy entrepeneurs* ou reformistas (Kardam, 1993:1775; Vetterlein, 2007:134-135).

Um exemplo destas subcomunidades é o Sociological Bank Group. No final dos anos 1970 e início dos 1980, um grupo de sociólogos do banco iniciou uma campanha interna para promover uma agenda social para a organização. Até então os poucos sociólogos da organização eram ocasionalmente convidados para fazer análises de impactos dos projetos, mas nunca para concebê-los (Cernea, 2003:10). Os cientistas sociais buscavam inserir os temas sociais nas *policies* sob o argumento do "*performance gap*" dos projetos, dada a falta de análise social ainda na sua criação. O grupo organizava seminários com sociólogos renomados e convidava os demais funcionários a participar de cursos chamados de Sociology for Non-Sociologists, Sociological Dimensions of Natural Resources Management e Sociological Dimensions of Project Work com o intuito de convencer os economistas da importância dos temas e metodologias da sociologia. Além disso, o grupo era bastante ativo na promoção e na contratação de novos sociólogos nas áreas mais próximas de concepção e implementação dos projetos, tais como o Policy, Planning and Research Complex e as operações regionais (Kardam, 1993:1779-1783).

As primeiras pressões tiveram efeitos importantes. Ainda no final dos anos 1980 algumas mudanças ocorreram nas regras relacionadas à realocação de pessoas atingidas pelos projetos (*resettlement issues*). Por pressão do Sociological Bank Group todos os projetos do banco a serem aprovados dali em diante deveriam passar por sociólogos responsáveis pela avaliação dos impactos sobre os reassentados. Outro resultado foi a mudança nas regras de projetos de irrigação e reflorestamento. Havia uma crítica de que os projetos não tinham dados sociais sobre os impactos dos programas nestas áreas. Assim, o Sociological Bank Group deu início a uma série de debates com a academia que geraram propostas para mudanças destas regras. Desde então o termo *social engineering* começou a ser adotado nos projetos de ambos os temas (Kardam, 1993:1783; Cernea, 2003:11-12). É certo que dos anos 1980 até meados dos 1990 o foco do grupo de cientistas sociais era melhorar a eficiência dos projetos. Ainda não havia a perspectiva de inserir o tema social de uma forma mais sistêmica na agenda da organização (Davis, 2004:1-3).

Quando Wolfensohn começou as reformas do *Strategic compact* o grupo de sociólogos já era bastante ativo dentro da organização, ainda que suas vitórias até então tivessem sido escassas. A nova iniciativa do *Strategic compact* e sua ênfase em uma visão ampla de desenvolvimento incorporando questões sociais, culturais e ambientais encontrou no Sociological Bank Group um aliado. No final dos anos 1990 cientistas sociais do banco foram encarregados pelo Senior Management de elaborar o conceito de *cultural sector* (preservação e administração da herança cultural) para ser adotado nas *policies* do banco. Era importante inserir a herança cultural como algo a ser considerado na promoção do desenvolvimento. Contudo, os economistas da organização não conseguiam operacionalizar e quantificar o conceito nos projetos, além de não compreendê-lo devidamente. Foi quando Wolfensohn chamou Amartya Sen para debater a operacionalização com os economistas, tendo como base propostas produzidas pelo Sociological Bank Group (Cernea, 2003:13-14). No final dos anos 1990 os *Annual reports* do banco já refletiam a preocupação da organização com temas como capital social e herança cultural.[163]

A agenda de mudanças promovida pelo *Strategic compact* teve como um de seus resultados mais práticos a criação do Social Development Department em 1995. A criação do novo departamento reunia as demandas por mudanças sociológicas a fim de concretizá-las nas práticas da organização, a despeito de resistências e oposição do economista-chefe (Michael Bruno) e da Vice-Presidência de Economia da época (Vetterlein, 2007:135-136; Cernea, 2003:14-15). Ato contínuo, foram criados o Social Development Task Group em 1996 e o Social Development Network em 1997, cujos objetivos eram exatamente institucionalizar uma subcomunidade epistêmica de cientistas sociais para dar mais ênfase à nova agenda de desenvolvimento (Davis, 2004:v). Desde então a comunidade sociológica dentro do banco parece ter se consolidado. Em relatório do OED de 2004 foram identificados

---

[163] Ver "WB 1998 Annual report" e "WB 1999 Annual report".

A diversificação da *expertise* do Banco Mundial

195 cientistas sociais trabalhando no Social Development Department. O mesmo relatório sustenta que a comunidade poderia ser ainda maior dado que o Departamento de Recursos Humanos tinha identificado mais 249 outros profissionais com diploma de doutorado ou mestrado em ciências sociais trabalhando em diversas áreas da organização.[164]

Outra subcomunidade epistêmica importante dentro da organização é a ambiental. Poucas áreas cresceram tanto quanto a área ambiental. De apenas três especialistas no início dos anos 1980, o banco chegou a 300 funcionários especializados no final dos anos 1990 e uma vice-presidência para desenvolvimento ambiental sustentável (Wade, 1997:611). As iniciativas ambientais no Banco Mundial tiveram início ainda nos anos McNamara com a criação do Office of Environmental and Health Affairs (OEHA) em 1970. Logo depois o escritório foi renomeado como Office of Environmental Affairs (OEA), porém tinha pouco poder e *staff*, apenas três especialistas em 1983 e cinco em 1987 para supervisionar 200 projetos por ano. Este pequeno grupo não conseguia inserir mudanças significativas e não tinha poder para bloquear o envio dos projetos para o Executive Board caso houvesse graves violações às vagas regras ambientais do banco (Gutner, 2005:8). Além disso, o objetivo de McNamara de dar mais ênfase às questões ambientais sempre sofreu resistências e críticas internas. Havia muito ceticismo do *staff* à ideia de submeter os projetos ao escrutínio de ambientalistas por acreditar que os conceitos ambientais não eram passíveis de operacionalização (Wade, 1997:626-627).

A situação começou a mudar nos anos 1980. Conforme afirmamos anteriormente, no início da década a organização se envolveu em um projeto de construção de uma estrada no Brasil (Nortwest Region Development Program in Polonoroeste) no valor de US$ 443,4 milhões ligando a região Sudeste ao estado de Rondônia. O projeto teve imensos impactos ambientais, além de forçar o deslocamento de populações indígenas. Em meio à implementação do programa, ONGs estadunidenses da área ambiental vinculadas à administração Reagan e aliadas às ONGs locais

---

[164] Ver "WB 2004 OED Review of social development in bank activities", p. 8.

no Brasil começaram a pressionar o Congresso dos EUA a não autorizar o reabastecimento dos recursos da IDA Replenishment 9th caso o Banco Mundial não cancelasse o pagamento de parte do projeto e fizesse mais recomendações de proteção ambiental.[165,166] Entre 1983 e 1987 ocorreram cerca de 20 audiências sobre o desempenho do banco neste projeto em pelo menos seis subcomitês do Congresso estadunidense. No entanto, as pressões surtiram pouco efeito no Polonoroeste em si. Na verdade, o banco era bastante criativo em rebater ou ignorar as críticas.[167,168]

Em 1989 o OED emitiu um parecer dizendo que, apesar de o governo brasileiro ter acatado algumas recomendações, o Polonoroeste não havia dado conta da maioria das medidas de proteção ambiental, facilitando a chegada de ocupadores ocasionais da terra (grileiros) e intenso desmatamento (Wade, 1997:653-660). Antes mesmo da constatação oficial do fracasso do projeto, o Subcomitê de Instituições Internacionais de Desenvolvimento e Finanças da Câmara dos EUA emitiu em 1984 uma série de recomendações

---

[165] Na época as ONGs atuantes eram todas baseadas em Washington. Como veremos adiante, as mais ativas eram: Greenpeace, Rainforest Action Network, International Rivers Sierra Club, Network, Environmental Defense Group, National Wildlife Federation, Natural Resources Defense Council, Environmental Policy Institute (Friends of Earth). Para mais informações sobre a influência da campanha sobre a política ambiental dos EUA e consequentemente do Banco Mundial, ver Bramble e Porter (1992). No Brasil as ONGs locais envolvidas no Planaforo eram: Conselho Nacional de Seringueiros (CNS), Instituto de Antropologia e Meio Ambiente (Iama), Instituto de Pesquisa em Defesa da Amazônia (India), Comissão Pastoral da Terra e Confederação Nacional do Trabalhador Rural (Contag). Sobre os detalhes do Planaforo e a atuação das ONGs brasileiras, ver Keck (1998).
[166] Sobre as críticas das ONGs ao Banco Mundial na mídia e a relação com o governo Reagan, ver "Ecologists press lending groups", *NYT*, 30-10-1986.
[167] Quando o Subcomitê de Instituições Internacionais de Desenvolvimento e Finanças da Câmara dos EUA emitiu um parecer criticando, entre vários pontos, a falta de *staff* do OEA para mudar as *policies* da organização, o banco respondeu dizendo que o OEA era o maior, mais antigo e mais experiente departamento ambiental do mundo. O banco argumentava ainda que todos os projetos passassem pela análise e aprovação do OEA antes de serem aprovados e que as *policies* ambientais da organização fossem amplas e confiáveis. Rich (1994:118).
[168] Em 1984 o vice-presidente de operações, Ernest Stern, em resposta às solicitações do Congresso dos EUA, argumentou que todos os projetos da organização foram pensados durante anos e levavam em conta as demandas locais e os anseios dos governos. Stern afirmava ainda que os projetos fossem levados a cabo pelos países receptores com ou sem o aval do banco e que era melhor o banco estar envolvido. O Congresso rejeitou a defesa de Stern. Rich (1994:119).

A diversificação da *expertise* do Banco Mundial

para o Departamento de Tesouro e para o diretor executivo do país na organização. O subcomitê orientava para que o diretor executivo pressionasse pelo aumento de contratações de *staff* na área ambiental e que as ONGs fizessem parte da formulação dos projetos (Rich, 1994:119).[169]

No entanto, os efeitos mais duradouros das críticas ao Polonoroeste vieram com a reforma organizacional promovida pelo presidente Barber Conable em 1987. Em uma palestra no World Resource Institute, *think tank* ambiental, Conable anunciou que incorporaria as críticas das ONGs feitas durante as audiências no Congresso dos EUA (Wade, 1997:654).[170] Na ocasião, o presidente anunciou a abertura de 100 novos postos de trabalho para ambientalistas. Em maio daquele ano Conable promoveu uma série de reformas ambientais na organização, incluindo a criação de um novo Environment Department e quatro Regional Environment Divisions (REDs) para fiscalizar todos os projetos. Além disso, a organização lançou uma série de estudos ambientais, aumentou o número de projetos exclusivamente ambientais e alocou mais recursos para pesquisas sobre o tema.[171] Em 1991 Conable aprovou a polêmica *Operational directive 4.01*, obrigando todos os projetos a ter avaliação de impacto ambiental antes de serem aprovados pelo Executive Board.[172,173]

---

[169] É importante notarmos que a pressão por mudanças na composição do *staff* e *policies* ambientais do banco não vinha apenas do governo dos EUA. Em 1990 o governo do Japão criou o *Policy and Human Resources Development Fund*, cuja administração ficaria nas mãos do banco. O fundo era voltado à pesquisa, projetos ambientais e contratação de pessoal qualificado da área ambiental para a organização. A Alemanha também pressionava graças à mobilização interna do Partido Verde. Nielson e Tierney (2003:261).

[170] No Annual Meeting de 1988 em Berlim Conable afirmou que acreditava no enorme potencial da aproximação ONGs-banco e que solicitava ao *staff* iniciar um diálogo mais amplo e profundo com o terceiro setor. Ver "WB 1989 Meeting of the World Bank-NGO Committe and recent progress in Bank-NGO cooperation", p. 5.

[171] Ver "WB 2001 Operation Evaluation Department", p. 6.

[172] Uma Operational Directive (OD) determina os procedimentos e condições de uso de uma regra que ainda não foi devidamente regulamentada. Ela precisa ser aprovada pelo Executive Board, mas é construída e negociada pelo Senior Management e a baixa burocracia. A OD 4.01 tratava da regulamentação dos procedimentos de uma EA (Environmental Assessment Procedures). Wade (1997:675-687).

[173] Sobre a repercussão das reformas de Conable na mídia, ver "Shuffling at the World Bank", *WPost*, 10-5-1987; "The Conable years", *WPost*, 14-3-1991); sobre o legado deixado a Lewis Preston, ver "Preston facing a big job as head of World Bank", *WPost*, 17-3-1991.

Os burocratas das organizações financeiras internacionais

No entanto, as críticas das ONGs não cessaram. No final dos anos 1980 o banco se envolveu em um projeto ainda mais polêmico: o Narmada Valley Projects na Índia. O projeto envolvia a construção de uma represa chamada *Sardar Sarovar* com um reservatório de 200 km de extensão, deslocando cerca de 40 mil famílias.[174,175] Desde o início o projeto foi mal formulado do ponto de vista social e ambiental. O desastre do projeto levou à mesma lógica vista no Polonoroeste de criação de alianças entre ONGs baseadas em Washington e ONGs locais.[176] Esta aliança aumentou ainda mais a pressão sobre o Banco Mundial via audiências no Congresso dos EUA. Mais uma vez, as ONGs defendiam o não pagamento da IDA pelo governo dos EUA (IDA Replenishment 10th). Em 1992 o banco decidiu criar uma comissão independente formada por membros da organização, do governo da Índia e das ONGs envolvidas na campanha (*Morse report*) para analisar o andamento do projeto.[177] Na esteira do *Morse report*, outro relatório voltado ao desempenho geral da burocracia — *Wappenhans report* — ecoou as críticas ao Narmada Project mostrando que pelo menos 37% dos projetos da organização se mostravam insatisfatórios do ponto de vista ambiental e social.[178] Em 1993 o banco cancelou, pela primeira vez na história, o pagamento de parcelas de um projeto de desenvolvimento em infraestrutura sob argumentos de impactos ambientais e sociais mal formulados. Conforme já afirmamos, as críticas foram tamanhas que o banco criou um comitê permanente e

---

[174] Ver "WB 1994 SHIHATA, I. The World Bank Inspection Panel", p. 10-11.

[175] Outro projeto que em meados dos anos 1980 sofria com críticas de ONGs ambientais era um reassentamento de milhares de pessoas na Ilha de Java, Indonésia. O Environmental Defense Fund fez diversas críticas que repercutiram na mídia e dentro do governo Reagan. Ver "Ecologists press lending groups", *NYT*, 30-10-1986.

[176] A Oxfam foi a ONG internacional mais ativa e responsável pela organização da campanha contra o Narmada Project nos EUA e na Europa. As ONGs locais mais importantes foram a Arch e a Narmada Bachao Andolan (NBA). Wade (1997:695-696).

[177] Ver "WB 1992 Morse, B., Sardar Sarovar: report of the independent review".

[178] Ver "WB 1992 Effective Implementation: key to development impact, Report of the portfolio management task force (Wappenhans report)", p. 14; Udall (1998:401).

independente de análise das queixas locais para projetos deste tipo: o *Inspection panel* em 1994.[179]

Os efeitos mais duradouros do *Inspection panel* vieram mais tarde. O banco concordou em revisar a política de informação dos projetos sob preparação, a chamada Policy of Information Disclosure (PID) (Udall, 1998:404-405). A antiga prática de formular projetos em Washington sem os *inputs* das comunidades locais deveria acabar. Isso ajudaria a transformar as ONGs em interlocutores legais e legítimos da organização, dali em diante chamadas de *stakeholders* dos projetos (Wade, 1997:688). Além disso, o banco começou a trazer seus críticos para dentro da organização. Em 1992 o sociólogo John Clark foi contratado para ser gerente da NGO Unit, braço do Social Development Department para o terceiro setor. Antes de ser contratado, Clark era diretor da ONG Oxfam e crítico das práticas ambientais do Banco Mundial durante o Narmada Project (Davis, 2004:4).[180]

No início dos anos 1990 uma série de conferências e relatórios dava a impressão de que o banco havia incorporado o foco ambiental.[181] No entanto, foi a presidência de Wolfensohn que finalmente consolidou o tema dentro da organização. O *Strategic compact* criou uma rede temática de profissionais que consolidava a comunidade epistêmica ambiental do banco, chamada de Network of Environment and Socially Sustainable Development (ESSD) (Weaver, 2008:23).

A ESSD teve início como uma rede de profissionais destinada a criar metodologias e instrumentos que permitissem a inserção operacional dos temas ambientais nas *policies* da organização. Posteriormente, a ESSD foi transformada em uma vice-presidência, englobando profissionais da área

---

[179] Houve forte pressão de ONGs baseadas em Washington para que se criasse um mecanismo permanente deste tipo. As ONGs mais ativas nesse sentido foram *center for international environmental law* (Ciel) e o *enviroment defese fund* (EDF). Udall (1998:413-414).

[180] Em entrevista, um Social Development Specialist lembrou que vários funcionários contratados nesta época para trabalhar com o terceiro setor vinham de ONGs que faziam campanhas contra a organização. Os nomes citados foram: Jeff Thindwa (World Vision), John Mitchell (World Development Movement), Nigal Twose (Action Aid) e Veena Siddharth (Humans Rights Watch).

[181] O relatório símbolo destas mudanças foi o "WB 1992 World development report: development and environment".

ambiental e social. Quando a Vice-Presidência foi criada em 1996, cerca de 200 profissionais que faziam parte da Social Development Network migraram para a ESSD e cerca de 50 destes burocratas eram especialistas em relacionamento com ONGs nos países receptores (Davis, 2004:15). Em 1997 foram estabelecidas as *safeguard policies* da área ambiental, assegurando medidas e critérios mais precisos para a inserção da preocupação ambiental nos projetos (Davis, 2004:24-25). De fato, o número de ambientalistas (economistas ambientais, biólogos e engenheiros ambientais) aumentou na organização de 1993 a 2000. Em 1993 algo em torno de 200 pessoas (2% do total de funcionários) tinha pós-graduação em uma área ambiental. Em 2000 esse número havia avançado para mais de 400 (4% do total) (Nielson e Tierney, 2003:264). Além disso, desde meados dos anos 1990 questões ambientais devem ser obrigatoriamente inseridas em todos os *Country Assistance Strategy Paper* (CAS).[182,183] A comunidade epistêmica ambiental finalmente havia se consolidado no banco.

***

Observamos neste capítulo que reformas internas realizadas nos últimos 20 anos paulatinamente diversificaram a *expertise* da organização. De um banco dominado por economistas neoclássicos, no início dos anos 1980, a organização chega ao final dos anos 2000 com pelo menos duas outras comunidades epistêmicas estabelecidas — a social e a ambiental —, ainda que minoritárias. Ambas possuem laços com o terceiro setor, dado que muitos de seus quadros vieram de ONGs. É certo que o processo

---

[182] O CAS é um plano de ação operativo com duração de cinco anos para qualquer tomador de empréstimo. Primeiro, há uma revisão do desenvolvimento, progressos e problemas do país. Segundo, são elencadas as prioridades de investimento para os próximos cinco anos. Normalmente, o CAS é realizado em parceria com o governo e a sociedade civil organizada do país receptor. Os CAS são fundamentais no direcionamento dos investimentos da organização. Em 2008 o banco realizou 49 CAS, sendo 18 apenas sobre progresso dos projetos nos países. Ver "WB 2008 Annual report", p. 61.

[183] Para um sumário das seguidas reformas ambientais realizadas no Banco Mundial desde os anos 1970, ver Nielson e Tierney (2003:266).

de diversificação das *expertises* é resultado mais de pressões externas de campanhas públicas contra o Banco do que exatamente de uma demanda do corpo burocrático. Neste ponto o *police patrol oversight* exercido pelos EUA parece ter tido efeito. No entanto, pudemos observar que as lideranças burocráticas de Preston, Conable e Wolfensohn consolidaram um banco mais diverso e aberto. A abertura às outras profissões fez com que novos burocratas se tornassem advogados de *policies* ambientais e sociais dentro da organização. Como veremos no capítulo 4, as alianças com ONGs por meio destas comunidades podem ter aumentado a autonomia da organização frente aos *principals*.

Além disso, pudemos observar que o *screening* — controle direto dos *principals* sobre a composição profissional dos burocratas altos e médios — é razoavelmente brando no caso do Banco Mundial por conta de três razões. Primeiro, porque o presidente tem influência na escolha dos cargos para o Senior Management, pulverizando as escolhas entre países industrializados, em desenvolvimento e burocratas de carreira. Segundo, porque há mais abertura para os diretores de área contratar conforme suas necessidades. O programa "Jovens Profissionais" acaba por não ter um peso decisivo na composição dos burocratas. Terceiro, porque a maior abertura às contratações em áreas profissionais distintas às tradicionais permitiu a fragmentação das preferências da burocracia, criando comunidades epistêmicas da área ambiental e social. No capítulo seguinte veremos que essas comunidades são importantes para consolidar a aliança burocracia-ONGs.

Capítulo 4
A aliança do Banco Mundial com as ONGs

> *[...] functional interests make for secrecy. The concept of "official secret" is the specific invention of bureaucracy, and nothing is so fantically defended by bureaucracy as this attitude, which cannot be substantially justified beyond these specifically qualifies areas [...] Bureaucracy naturally welcomes a poorly informed and hence powerless parliament.*
>
> Gerth e Mills (1946:233-234)

Conforme apontamos no capítulo 3, o Banco Mundial tem uma estrutura tripartite. Primeiro, existe o Executive Board. Neste órgão os países buscam controlar a burocracia e ver os empréstimos de seu interesse ser aprovados. Como se trata de um *proximate principal* coletivo, suas decisões dependem da anuência total. A regra informal de votação por consenso fortalece essa característica. Esta necessidade constante de consenso dificulta o controle sobre os burocratas porque os mecanismos precisam da anuência total para acontecer, sem contar a alta rotatividade dos membros e a extrema complexidade técnica das questões. Segundo, há o Senior Management. A alta hierarquia tem considerável poder de agenda no

Executive Board e controla o corpo burocrático médio. Como veremos, é o ator mais relevante para a manipulação das *policies* de seu interesse. Assim, controlar o Senior Management acaba sendo a questão central para os países desenvolvidos. No entanto, este controle é menos forte no Banco Mundial se comparado ao FMI. Terceiro, existe o enorme corpo burocrático da organização. Os burocratas pressionam por suas *policies* e interesses. A baixa hierarquia controla o ciclo dos empréstimos e gera as informações necessárias para convencer os diretores executivos dos países a aprovarem *policies* de seu interesse. Como veremos, a aliança entre Senior Management, burocracia e sociedade civil organizada fragiliza o Executive Board do Banco Mundial no processo de controle da organização.

O capítulo é dividido em duas partes. Na primeira mostramos como se deu a consolidação dos processos de participação institucional da sociedade civil organizada no banco. Como veremos, dois mecanismos são fundamentais nesse sentido: o Country Ownership implementado pelo CDF e as reuniões periódicas de ONGs com o Senior Management nos Annual Meetings da organização. Na segunda parte tratamos da criação de alianças com ONGs por meio da estratégia de bumerangue modificada. Buscamos demonstrar como esta estratégia pode ter aumentado os custos de intervenção dos *principals* nas decisões em torno de *policies* de interesse da burocracia.

A consolidação da parceria burocracia-ONGs: Country Ownership e Annual Meetings

A aliança burocracia-ONGs se consolidou por meio de dois mecanismos de consulta ao terceiro setor: o Country Ownership e os Annual Meetings. Como vimos no capítulo anterior, a aproximação do banco com ONGs não foi resultado de uma estratégia que teve início nas ações da liderança burocrática. Pelo contrário, o Senior Management respondeu às pressões externas por mudanças, vindas principalmente do Congresso dos EUA. Também observamos que a resposta da liderança burocrática a estas pressões não foi apenas o lançamento do *Strategic compact* e sua tentativa de revolução conceitual do banco, mas também uma reorganização da maneira de formular os projetos, incluindo definitivamente as ONGs locais em sua concepção e encaminhamento (*project level*). Mas não apenas isso, o Senior Management abriu o processo decisório de alto nível às ONGs internacionais com reuniões periódicas entre as duas partes nos Annual Meetings da organização. Assim, as ONGs que antes eram críticas ferozes do banco foram chamadas para repensar as estratégias de longo prazo da organização (*policy level*).[184] Nesta seção demonstramos como se deram estes dois processos de abertura e seus impactos na formação de alianças com as ONGs.

A participação da sociedade civil organizada nos projetos do banco teve início nos anos 1970. Entre 1973 e 1988 apenas 6% dos projetos tiveram alguma participação de ONGs. Este número aumentou para 20% em 1989 e 50% em 1994, chegando a 74% em 2004.[185] Atualmente a maioria dos projetos do banco tem alguma forma de participação de ONGs. A participação das ONGs varia de acordo com as distintas fases do ciclo de projetos. Em 1995, pelo menos 78% dos processos de implementação dos projetos e 52% dos processos de formulação tiveram alguma participação de ONGs. Neste mesmo ano, em 15% dos casos as ONGs foram corresponsáveis pela identificação de projetos potenciais.[186] Desde então o envolvimento das ONGs na concepção e implementação dos projetos somente aumentou. Em 2001, das 264 operações aprovadas pelo Executive

---

[184] Segundo relatório do próprio banco, o interesse das ONGs em participar das discussões e encaminhamentos das *policies* da organização têm três naturezas. Primeiro, o banco é uma fonte de *expertise* e financiamento na área de desenvolvimento. Segundo, as ONGs buscam utilizar a aliança com o banco para atingir seus objetivos estratégicos, geralmente ligados à causa que defendem. Essa aliança aumenta o impacto de suas plataformas políticas. Terceiro, algumas ONGs buscam mudar as *policies* do banco, por acreditarem que seu direcionamento está equivocado. Este seria o caso das ONGs ambientais. Ver "WB 1996 NGO's and the World Bank: incorporating FY95 Progress report on cooperation between the World Bank and NGO's", p. 3.

[185] Ver "WB 1996 NGO's and the World Bank: incorporating FY95 progress report on cooperation between the World Bank and NGO's", p. 13; "WB 2004 World Bank-civil society engagement FY2002-FY2004", p. 17.

[186] Como há várias ONGs participando do mesmo projeto, ocorre sobreposição das porcentagens de participação. Ver "WB 1996 NGO's and the World Bank: incorporating FY95 progress report on cooperation between the World Bank and NGO's", p. iii.

Board, pelo menos 64% (168 projetos) tiveram participação de ONGs em alguma fase. Destes 168 casos, pelo menos 89% tiveram ONGs na sua identificação, preparação e avaliação. Outros 84% na implementação e 47% no monitoramento.[187,188] Isso mostra a tendência crescente da participação das ONGs nos ciclos mais importantes dos projetos: a formulação e a implementação. A figura 2 mostra o forte incremento na participação das ONGs locais nos projetos e a figura 3 mostra o ciclo de projetos.

Em 1981 o banco fundou o NGO-World Bank Committee. O objetivo do comitê era facilitar o diálogo e a colaboração entre as ONGs e a burocracia. Inicialmente o comitê contava com 14 ONGs de países desenvolvidos e 15 gerentes de áreas, com incorporação paulatina de ONGs de países em desenvolvimento e pobres.[189] Este grupo se encontrava duas vezes ao ano a fim de produzir recomendações para *policies* do banco. No entanto, o comitê era fraco e tinha pouca capacidade de influência. Por conta disso, em 1984 as ONGs membros criaram um grupo paralelo chamado de NGO Working Group, cujo objetivo era promover recomendações mais independentes e também mais críticas (Covey, 1998:96).[190]

---

[187] Ver "WB 2001 World Bank-civil society collaboration — progress report for FY2000 and FY2001", p. 5.

[188] Conforme clasificação do próprio banco, existem três tipos de ONGs que atuam nos projetos: as *indigenous* (ligadas a uma comunidade local atingida por um projeto), as *grassroots* (ONG local de atuação junto à opinião pública nacional) e as internacionais (ONGs de atuação nos níveis mais altos do Banco Mundial, da mídia internacional e nos Legislativos dos países desenvolvidos). A participação de cada tipo de ONG nos projetos varia bastante. Em 1995, dos 100 projetos (total de 297) que envolveram alguma participação do terceiro setor, pelo menos 81% envolveram *indigenous* ONGs, 42% *grassroots* ONGs e apenas 18% de ONGs internacionais. Os três grupos também são classificados em dois grandes grupos: as ONGs militantes (que defendem causas) e as operacionais (que distribuem os serviços da organização à população local). Ver "WB 1996 NGO's and the World Bank: incorporating FY95 progress report on cooperation between the World Bank and NGO's", p. 1-2 e 16.

[189] Em 1986, o NGO Working Group tinha 18 ONGs com concentração de ONGs americanas e europeias, sendo as mais famosas a Oxfam, Care e Cruz Vermelha. Em 1996 este grupo já envolvia 44 ONGs e uma distribuição geográfica mais equânime. Covey (1998:113-115). Na década de 1980 este grupo ainda não incluía ONGs da área ambiental. Wade (1997:657).

[190] Em 1987 o NGO-Committee ainda era bastante reduzido e tinha pouca influência nos assuntos do banco. Em memorando interno um funcionário mostra a fragilidade do comitê. Cita também todos os funcionários envolvidos na iniciativa — apenas 10. Ver "WB 1987 Office memorandum Bank-NGO", 9-11-1987, p. 1-2.

Figura 2
Crescimento da participação da sociedade civil
em projetos do Banco Mundial

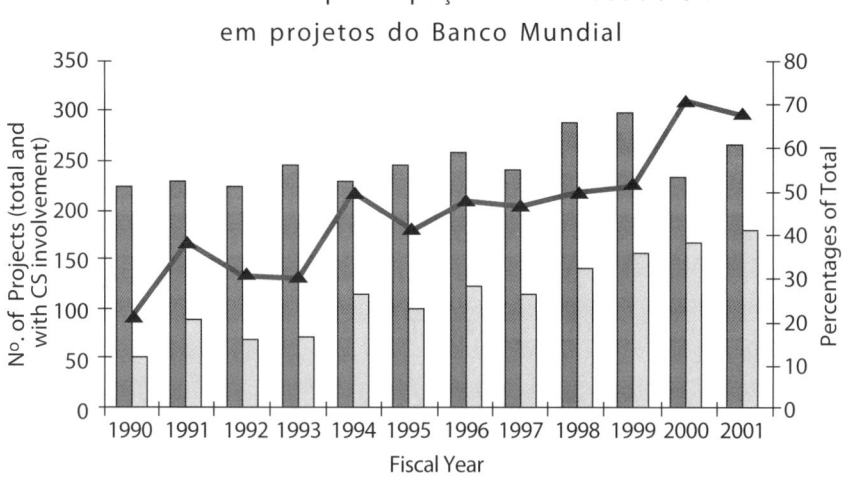

Fonte: "WB 2001 World Bank-civil society collaboration progress report", p. 5.

Figura 3
Ciclo de projetos

1. Country Assistance Strategy
2. Identification
3. Preparation
4. Appraisal
5. Negotiations and Board Aproval
6. Implementation and Supervision
7. Implementation and Completion
8. Evaluation

Fonte: Foch (2008:12).

No entanto, as ferozes campanhas de ONGs ambientais e sociais contra os projetos de desenvolvimento mencionados no capítulo 3 colocaram em evidência a necessidade de reformas mais profundas nos mecanismos institucionais de consulta ao terceiro setor. Na reforma institucional de 1987 promovida pelo presidente Conable, o NGO-World Bank Committee foi transferido para o Departamento de Planejamento Estratégico da organização, dentro da ideia de reforço institucional e humano (Covey, 1998:97). No mesmo ano foi criada a NGO-Unit como um braço do Departamento de Planejamento Estratégico com o intuito de organizar a participação do terceiro setor nos projetos.[191] Diante dos problemas enfrentados no Planaforo o banco emitiu a *Operational directive 14.7: involving NGOs in Bank-supported activities* em 1989, a qual estabelecia diretivas mais concretas sobre como engajar as ONGs nos projetos.[192,193] Como já afirmado, em 1992 um diretor da Oxfam se tornou o diretor da unidade, trazendo a experiência e rede de contatos para dentro da organização (Davis, 2004:4). No entanto, até meados dos anos 1990 as atividades NGO-Unit tinham impactos ainda limitados sobre as *policies* do banco (Miller-Adams, 1999:73).[194]

Como vimos no capítulo 3, neste mesmo período as críticas do Congresso estadunidense e uma campanha de ONGs baseadas em Washington

---

[191] Em 1988 Michael Cernea — o primeiro sociólogo a ser contratado pelo banco — escreveu um *paper* oficial sobre a relação ONGs-banco. Este *paper* acabou se tornando referência para a estratégia futura da organização de aproximação com o terceiro setor. Cernea (2003:11). Ver "WB 1988 Nongovernmental organization and local development. Michael Cernea. World Bank Discussion Paper n. 40".

[192] A O.P. 14.7 buscava prover ao *staff* vagas *guidelines* de como engajar ONGs em projetos. Buscava também classificar as ONGs por tipos, fraquezas e potencial. Ver "WB 1989 Manual transmittal memorandum — Operational directive 14.70: involving nongovernmental organizations in Bank-supported activities", 28-8-1989, p. 1-6; e "WB 1996 NGO's and the World Bank: incorporating FY95 progress report on cooperation between the World Bank and NGO's", p. 12.

[193] Em 1990 o banco assumia em documento interno direcionado aos vice-presidentes e diretores de área que a pressão de ONGs (*advocacy NGO's*) mudou diversas *policies* internas da organização (questões sociais, ambientais e programas de ajuste estrutural). O mesmo documento aponta o fórum paralelo de ONGs durante os Annual Meetings e a atenção da organização em relação a suas decisões. Ver "WB 1990 Office Memorandum — The World Bank and NGOs: a review of operational experince", 14-6-1990, p. 11.

[194] Em 1994 o Interaction with NGOs on the Bank's Project Cycle teve início no Departamento de Operações do banco. Este plano foi formulado em cooperação com ONGs membros do comitê com sede em Washinton. O objetivo era inserir as ONGs no ciclo de projetos da organização. Nielson (1995:59). Esta iniciativa foi reforçada pelo *Strategic compact*.

bastante contundente contra o banco — *50 years is enough*[195] — reforçavam a necessidade de a organização reformular seus conceitos, introduzindo definitivamente a questão social e ambiental na agenda, além de se aproximar da sociedade civil organizada de maneira definitiva. Conforme já observamos, o *Strategic compact* de 1995 promovido por Wolfensohn foi a resposta organizacional a tal ambiente negativo.[196]

O Comprehensive Development Framework lançado pelo *Strategic compact* tinha como objetivo central aproximar as ONGs locais dos processos de escolha, formulação e implementação dos projetos. O programa tinha como princípios organizadores duas ideias importantes: o Country Ownership e o Country-led Partnership. Ambos buscavam assegurar o país receptor como o responsável pela implementação do projeto. E, mais do que isso, o país receptor não deveria apenas levar em consideração as demandas das comunidades locais, mas decididamente inseri-las em todos os níveis de implementação dos projetos.[197,198]

---

[195] Como já afirmado, a campanha "*50 years is enough*" foi fundada em 1994 por cerca de 200 ONGs com a plataforma de acabar com o FMI e o Banco Mundial ou pelo menos abrir seus processos decisórios. A literatura indentifica este tipo de atividade de "*whistle-blowers campaigns*", ao passo que aquelas ONGs que criticavam as ações ambientais do banco e testemunharam no Congresso dos EUA são classificadas como "*watchdogs campaigns*". Weaver (2008). Outra parte da literatura classifica estas campanhas abolicionistas e reformistas respectivamente. Fox e Brown (1998b, 1998c); Wirth (1998).

[196] Em entrevista, um Civil Society Specialist do banco lembrou que em 1995 Wolfensohn viajou a Mali e ao chegar solicitou uma audiência com as ONGs locais mais ativas no provimento de bens e serviços à população mais carente. Os funcionários locais do banco não tinham a menor ideia de quais eram as ONGs. Desde então Wolfensohn exigiu a contratação de especialistas locais para tratar das ONGs e criar pontes de comunicação. O entrevistado argumenta que a constatação por Wolfensohn de que o banco não tinha relações sólidas com ONGs locais reforçou a noção de que o CDF deveria ser efetivamente lançado. Entrevista realizada em 19 de novembro de 2009. Esta visita a Mali foi reportada nos documentos do banco como uma das primeiras tentativas de aproximação com as ONGs locais, embora o documento oficial indique que a reunião com ONGs tenha sido um enorme sucesso. Ver "WB 1996 Office memorandum, interaction between the Bank and NGOs", 24-1-1996, p. 2. John Clark — especialista em ONGs do banco contratado em 1992 e oriundo da Oxfam — registra o fortalecimento da contratação de especialistas locais em terceiro setor a partir de 1995 com a administração de Wolfensohn. Clark (2002:3, minha paginação).

[197] Para promover um "desenvolvimento participativo", 70 especialistas em ONGs (*special NGO's liaisons*) foram contratados pelos escritórios regionais desde o *Strategic compact*. Em 1990 não havia nenhum. Ver "WB 2001 WB-civil society collaboration — progress report for FY2000 and FY2001", p. 2.

[198] Há um número enorme de OD´s (*Operational Directives*) e uma extensa literatura realizada pelo banco sobre a participação do terceiro setor em projetos governamentais. Em 1994 o

Este aspecto é importante porque as ONGs locais que antes forneciam as informações para as ONGs em Washington a respeito dos projetos com problemas nos países receptores agora inseriam suas demandas e informações diretamente na fonte formuladora dos projetos — os burocratas do banco. Assim, a aliança anterior entre ONGs internacionais e ONGs locais, fundamentais para as críticas ao Banco Mundial no Congresso dos EUA em torno do reabastecimento dos recursos da IDA, começou a perder sua força em prol de uma aliança intrainstitucional entre burocracia e ONGs (locais e internacionais).

No entanto, as reformas não aconteciam apenas no nível dos projetos (*project level*). As *policies* de longo prazo da organização também precisavam ser pensadas à luz das demandas da sociedade civil organizada. Nesse sentido, em 1995 o presidente Wolfensohn se reuniu com um grupo de ONGs estadunidenses para discutir os efeitos dos programas de ajustes econômicos estruturais vinculados aos projetos do banco e programas do FMI. As ONGs faziam intensa campanha contra as metodologias destes programas, argumentando que os ajustes mais prejudicavam do que ajudavam as economias dos países pobres. Wolfensohn solicitou que o grupo de ONGs produzisse uma proposta alternativa para ser avaliada pela organização. O presidente também solicitou aos burocratas do banco — representados pelo Policy Research Department — que trabalhassem juntos na elaboração da proposta. O trabalho conjunto alcançou resultados práticos em 1996 com o lançamento do Structural Adjustment Participatory Review Initiative (Sapri). Era um programa alternativo sobre ajuste estrutural mais atento às demandas locais. Paulatinamente, começou a inserir esta proposta alternativa em seus programas no mesmo ano.[199] A aliança entre o banco e as ONGs começava a se formar.

Executive Board apoiou o *The World Bank and Participation Report*, o qual estabeleceu um plano de ação para facilitar iniciativas de desenvolvimento participativo dentro das áreas do banco. O Departamento Ambiental, Social e de Reassentamento publica uma série de *working papers* chamada de *Participation Series*. Esta série visa discutir melhores formas de desenvolvimento participativo. Ver *WB 2002 The World Bank and Civil Society Development — exploring two courses of action*, p. 9.

[199] Ver *WB 1997 Cooperation between the World Bank and NGOs FY96 Progress Report*, p.19-20.

Entrementes, o banco promoveu em 1995 uma conferência chamada de LAC Regional Bank-NGO Conference em Paipa, Colômbia, com 50 ONGs e 10 membros do *staff*. O objetivo era dar início a um diálogo de mais alto nível entre as ONGs e a alta burocracia. Esta reunião estava inserida na ideia de Policy Dialogue com o terceiro setor. Os temas discutidos tinham a ver com as *policies* mais gerais e estratégias de longo prazo (redução da pobreza, participação, meio ambiente, luta contra a fome etc). No mesmo ano foi estabelecido um grupo de trabalho informal composto pelo *staff* e ONGs para analisar as implicações da implementação da nova política informacional da organização aprovada no ano anterior (Policy of Information Disclosure). Esta política visava expandir o acesso do público às operações do banco. Um dos objetivos do grupo de trabalho era aumentar os *inputs* das ONGs nas Operational Directives da organização, fortalecendo assim a aliança com a burocracia.[200] Em novembro do mesmo ano um grupo pequeno de ONGs com grande poder na opinião pública estadunidense e europeia (Bread for the World Institute, InterAction, Oxfam International e WWF) se reuniu com *staff* de alto nível do banco para discutir abordagens participativas das ONGs nos Country Assistance Strategies.[201]

Na esteira das reformas, em 1996 a NGO Unit foi fortalecida e transferida para o Poverty and Social Policy Department (PSP) dentro da Vice-Presidência de Human Capital Development (HCDVP). Dali em diante os relatórios da organização começaram a chamar a nova e ampliada estrutura de apoio ao relacionamento banco-ONGs de NGO Group e não mais apenas NGO-Unit.[202] A área responsável pelo contato com o terceiro setor começava a se ampliar. Em 1998 a NGO-Unit criou o Civil Society Thematic Team (CSTT) a fim de harmonizar e fortalecer as regras de envolvimento com as ONGs dentro do banco. O CSTT acabou

---

[200] Ver "WB 1996 NGO's and the World Bank: incorporating FY95 progress report on cooperation between the World Bank and NGO's", p. 23-25, 28.
[201] Ver "WB 1996 Office memorandum interaction between the Bank and NGO's", 24-1-1996, p. 2.
[202] Ver "WB 1996 NGOs and the World Bank — incorporating FY95 progress report on cooperation between WB and NGO's", p. 12.

se tornando mais uma subcomunidade epistêmica dentro da organização e trabalhava em constante parceria com a ESSD da área ambiental.[203]

No entanto, a ampliação da participação do terceiro setor promovida pelas reformas de Wolfensohn começou a sofrer resistências do Executive Board. Em 1997 diversos diretores argumentaram que o banco tinha ido muito longe na concessão de espaços de decisão às ONGs. Os diretores acreditavam que o banco ouvia mais as ONGs do que os países-membros representados no Board, minando sua autoridade (Clark, 2002:2, minha paginação).

Em março de 1998 Wolfensohn enviou ao Executive Board um memorando interno que explicava a importância da construção de parcerias com as ONGs para o aumento da eficiência dos projetos. O memorando tentava convencer os diretores a aumentar a participação das ONGs para equilibrar um padrão de relações com o terceiro setor que prejudicava a organização. O documento cita a campanha *"50 years is enough"* de 1994 como um exemplo da atitude passiva do banco que abria espaço para as críticas na mídia internacional. Outra preocupação do presidente era com as críticas internas segundo as quais abrir o processo decisório da organização para as ONGs prejudicava a autonomia de decisão do banco. Wolfensohn argumentou que, ao contrário do que se dizia, a abertura às ONGs em alguns projetos somente aumentou sua eficiência, ainda que algumas ONGs tenham feito *lobby* com diretores de países, o que para o presidente era uma situação embaraçosa para o Senior Management. Assim, uma forma de evitar o problema era a criação de um fórum constante de consulta de alto nível com as ONGs mais ativas.[204]

Durante a reunião do Board para tratar do documento enviado pelo Senior Management alguns diretores salientavam que o *staff* não deveria se envolver com as ONGs apenas porque o tema estava na moda (*fashionable*), exatamente quando os funcionários responsáveis pelo CSTT

---

[203] Ver "WB 2001 World Bank-civil society collaboration — progress report for FY2000 and FY2001", p. 3.
[204] Ver "WB 1998 President's memorandum SECM98-150", 2-31998, p. 1, 7, 15-16.

argumentavam que o *staff* da organização precisava ser treinado para lidar com as ONGs, haja vista a forte resistência de alguns profissionais, notadamente os economistas.[205,206]

As reformas continuariam a despeito das resistências. Em meados de 1999 o presidente Wolfensohn solicitou ao NGO Group que repensasse o papel da NGO-Unit na organização dentro de um contexto de maior envolvimento entre banco e ONGs. O NGO Group elaborou a proposta e uma reunião foi realizada em dezembro de 2000 acerca desse novo papel.[207] Foi decidido que a NGO Unit seria reformulada totalmente, incorporando um número maior de ONGs, assim como sindicatos, organizações comunitárias, pequenos grupos de fazendeiros, instituições religiosas e organizações de gênero nas discussões. Criou-se um fórum anual de consultas (World Bank-Civil Society Forum) dentro dos Annuals Meetings com o objetivo de promover a interlocução com as ONGs. Um Joint Facilitation Committe (JFC) foi estabelecido no lugar da NGO-Unit para organizar um mecanismo de engajamento banco-ONGs de "segunda geração". O JFC iria ainda facilitar as reuniões de alto nível com ONGs regionais, dentro do modelo da LAC Conference de 1995.[208,209] O JFC

---

[205] Ver WB 1998 Discussion draft — The Bank's relations with NGOs: issues and directions. SecM98-150", p. 7.

[206] A resistência de alguns funcionários às reformas ficou patente em *survey* realizado em 1998 sobre o relacionamento do *staff* com o terceiro setor. Economistas e advogados eram os funcionários da casa que menos acreditavam na possibilidade e potencialidade das ONGs em promover o desenvolvimento, democracia, liberdades civis e direitos humanos. Ver "WB 1998 Ibrahim, S. Nurturing civil society at the World Bank — as assessment of staff attitudes toward civil society. Working Paper n. 24", p. 20.

[207] A proposta elaborada pelo NGO Working Group se chamava "Enhancing civil society capacity to influence the emergence of participatory socio-economic policy formulation in the World Bank: re-invigorating the global agenda of the NGO Working Group on the World Bank". Ver "WB 2000 The NGO-World Bank Committee and the NGO Working Group on the World Bank — backgrounder", 8-11-2000, p. 1.

[208] Ver "WB 2001 World Bank-civil society collaboration — progress report for FY2000 and FY2001", p. 20.

[209] Esta reunião do NGO Working Group realizada em dezembro de 2000 reuniu diversas ONGs (Oxfam, InterAction, ActionAid, Civicus, BIS, Institue for Development Research etc.), altos funcionários do banco (James Wolfensohn, vice-presidentes Jozef Rizen e Joanne Salop e o economista-chefe Nicholas Stern) e o pessoal do CSTT. Ver "WB 2000 Joint resolution between

durou apenas três anos e conseguiu incrementar a relação do banco com o terceiro setor.[210] No final de 2001 a NGO-Unit foi substituída por outro tipo de órgão intraburocrático: o chamado *focal point CST* (Civil Society Team). Desde então o CST é o órgão responsável pelo relacionamento do banco com as ONGs.[211]

Nos Annual Meetings de 2000 em Praga e Washington houve protestos nas ruas de ONGs descontentes com as *policies* do banco. No início de 2001 o Executive Board solicitou ao Senior Management uma avaliação sobre o estado do relacionamento banco-ONGs, dado que os protestos atingiam negativamente a imagem da organização. O CSTT preparou um relatório argumentando que as ONGs que protestaram não eram aquelas envolvidas com o banco. Apenas Organizações não governamentais novas e mais radicais tinham saído às ruas, notadamente aquelas ligadas à campanha *"50 years is enough"* e *"S26 Coalition"*. Além disso, estas ONGs não tinham vínculos com as ONGs do sul, mais importantes para o provimento dos serviços relacionados aos projetos. O CSTT foi claro ao afirmar que não desejava convencer as ONGs mais radicais a entrarem em um diálogo construtivo em torno das *policies* desenvolvimento. Ainda que as ONGs tradicionais tivessem certa simpatia com as demandas das mais radicais, elas sabiam que não conseguiriam influenciar o banco daquela maneira. O mesmo relatório enfatizava a necessidade de uma política mais clara para a seleção das ONGs para participar

---

the World Bank and the NGO Working Group", 4-12-2000, p. 2-3. A mídia retratava este tipo de reuniões entre a alta hierarquia do banco e as ONGs como uma mudança de atitudes de muitas ONGs depois da Conferência de Seattle. De críticas elas se tornaram pragmáticas e com a abertura promovida por Wolfensohn elas podiam influenciar as decisões por dentro da organização. Ver "NYT, Movement; growing up and getting practical since Seattle", 24-9-2000.

[210] Em entrevista um Senior Civil Society Specialist argumentou que o Joint Facilitation Committe durou apenas três anos porque as ONGs não aceitavam seu modelo decisório, no qual o banco tinha prioridade de definir a agenda. Com a ascensão do grupo temático CST, o JFC foi finalmente fechado e as ONGs puderam ver suas demandas serem atendidas diretamente nos Annual Meetings. Entrevista concedida em 19 de novembro de 2009.

[211] Ver "WB 2005 Issues and options for improving engagement between the World Bank and civil society organizations", p. 30.

A aliança do Banco Mundial com as ONGs

das instâncias de decisão e um novo espaço político de alto nível (Bank-Civil Society Forum) que finalmente desse mais voz às ONGs genuinamente interessadas em um diálogo construtivo.[212,213,214]

Em 2001 as ONGs seriam definitivamente incluídas nos Annual Meetings da organização. Ficou estabelecida uma reunião exclusiva entre as ONGs membros do NGO-Unit e o Senior Management para traçar as estratégias de longo prazo do banco, e uma grande conferência entre o Senior Management e as 400 ONGs vinculadas de alguma maneira à organização.[215,216] Com este mecanismo o terceiro setor se

---

[212] Ver "WB 2001 Facilitating, consulting and partnering with civil society: issues for the World Bank", p. 7-9.

[213] Em entrevista, um Senior Specialist Civil Society argumentou que campanhas de rua como estas perderam fôlego paulatinamente. Isso se deu por conta de duas razões. Primeiro, os atentados de 11 de setembro de 2001 desarticularam este tipo de manifestação. Os sindicatos e igrejas que antes forneciam o pessoal para caminhar nas ruas decidiram não mais fazer este tipo de protesto. Segundo, a maior abertura ao terceiro setor desde meados dos anos 1990 trouxe as ONGs para dentro do processo decisório, diminuindo assim o ímpeto de ir às ruas. Entrevista concedida em 14 de maio de 2009. Em documento interno de 2002, o CSTT argumentava que o 11 de setembro havia desarticulado o relacionamento das ONGs com sindicatos e igrejas, diminuindo o ímpeto dos protestos. Ver "WB 2002 The World Bank and Civil Society: a framework for improving engagement", 4-3-2002, p. 13-14. Sobre a visão da mídia acerca do impacto do 11 de setembro nos protestos de rua contra o banco e o FMI, ver "With few protests, main action is inside the Monetary Fund", *NYT*, 4-10-2004.

[214] Sobre as repercusões da reunião de Praga na mídia, ver *NYT,* "International lenders new image — a human face", *NYT*, 26-9-2000.

[215] Ver "WB 2001 World Bank-civil society collaboration — progress report for FY2000 and FY2001", p. 25.

[216] De acordo com especialistas da CSTT, as ONGs e fundações do Norte que participam constantemente dos Annual Meetings são Oxfam International, Oxfam USA, InterAction, Care USA, World Vision International, World Vision USA, New Rules for Global Finance Coalition, Bank Information Center (BIS), Partnership to Cut Hunger and Poverty in Africa, Save The Children USA, AfriCare, Plan International USA, European Food Security Group, Doctors Without Borders USA, Action Aid USA, ONE Campaign, Charles Stewart Mott Foundation, Rockefeller Foundation, German Marshall Fund, African Development Foundation, PACT, International Budget Project, Women for Women International, Inter America Foundation, World Resources Institute, Just Associates, Center on Budget and Policy Priorities, Habitat for Humanity, New Rules for Global Finance, The Hunger Project e Center for Global Development. Ver "WB 2009 List of Northern NGOs invited to the Spring Meetings 2009".

tornaria corresponsável pelas *policies* do banco. Em entrevista com um Senior Civil Society Specialist ficou claro que o Banco Mundial deu início a uma estratégia deliberada de trazer as ONGs para as discussões de projetos e *policies*. Segundo o especialista, a organização acreditava que uma vez lá dentro as ONGs mudariam de posição, diminuiriam as críticas e passariam a defender determinadas *policies*. O especialista acredita fielmente que inseridas no banco as ONGs mudam de posição. Se antes eram críticas, se tornam *stakeholders* e, portanto, precisam formular alternativas para os problemas.[217,218]

Nesse contexto, um dado relevante de um relatório de 2003 a respeito da composição da burocracia era a preocupação da organização com a experiência prévia dos novos funcionários no terceiro setor. De um total de 3.393 funcionários com dados disponíveis para o relatório, 3.206 (94,5%) nunca tiveram experiência em ONGs, sendo 2.262 (79,5%) no setor privado, 1.725 (60,6%) no setor público, 1.424 (50%) na academia, 811 (28,5%) em outras OIs e apenas 187 (6,6%) em ONGs.[219] Parecia evidente que a alta burocracia via nestes novos e poucos profissionais canais relevantes para trazer aquelas ONGs, antes críticas do banco, para dentro da organização. Este era o caminho para a formação da aliança ONGs-burocracia. A organização buscou a formação destas alianças com o incremento de especialistas em terceiro setor. Em 2004 o banco já alcançava 120 funcionários exclusivamente voltados ao relacionamento com as ONGs, sendo 70 deles lotados nos escritórios regionais e 50 em Washington.[220]

---

[217] Entrevista concedida em 14 de maio de 2009.

[218] O mesmo especialista afirma em outra entrevista que a estratégias das ONGs entre os anos 1980 e 2000 em relação ao banco eram baseadas na ideia de "*do not harm*", ou seja, visavam diminuir os impactos negativos das *policies* do banco. A partir dos anos 2000 e com a inserção nos Annual Meetings a estratégia das ONGs mudou para "*do good*", ou seja, elas sentiram que poderiam influenciar de maneira positiva as *policies* da organização. Entrevista concedida em 19 de novembro de 2009.

[219] Ver "WB 2003 Egan et al., Inclusion at the World Bank Group: solutions & diagnosis", p. 37.

[220] Ver "WB 2004 World Bank-civil society engagement — review of FY2002-FY2004", p. 30.

A aliança do Banco Mundial com as ONGs

É importante notarmos que algumas destas alianças se tornaram oficiais, gerando mecanismos de avaliação e relatórios constantes. Em 1995 o banco estabeleceu o World Bank-NGO Alliance on Children. Uma aliança com quatro grandes ONGs internacionais envolvidas com temas infantis.[221] Em junho de 1997 o presidente Wolfensohn anunciou uma aliança global entre o banco e a ONG global The WB-WWF Alliance for Forest Conservation and Sustainable Use (WWF). A aliança visava prover apoio técnico aos países que aderiram à convenção internacional de biodiversidade.[222] Em 1999 foi estabelecida a Cities Alliance envolvendo o banco, as cidades e seus parceiros locais (ONGs) para pensar e agir sobre problemas urbanos.[223] Em 2000 o banco resolveu ampliar os parceiros incluindo sindicatos entre os aliados. Foram criados mecanismos de consulta de alto nível entre o Senior Management, a International Confederation of Free Trade Unions (ICFTU) e a World Confederation of Labour (WCL). Finalmente, em 2001 o banco lançou o programa Global Development Gateway, uma base de dados compartilhada entre burocratas, países e ONGs para facilitar a comunicação e a troca de experiências na luta contra a pobreza.[224,225]

Resumindo, as reformas promovidas por Wolfensohn consolidaram a participação das ONGs nos processos decisórios da organização de duas maneiras: (i) fortaleceu a participação de ONGs locais por meio das metodologias Country Ownership e Country-led Partnership; (ii) inseriu as ONGs globais nas Annual Meetings para discutir as estratégias de longo

---

[221] Ver "WB 1997 Cooperation between the World Bank and NGOs Progress report FY96", p. 11.
[222] Ver "WB 1998 Cooperation between the World Bank and NGOs FY97 Progress report", p. 19.
[223] Ver "WB 1999 World Bank-civil society relations — FY99 Progress report", p. 31-32.
[224] Ver "WB 2001 World Bank-civil society collaboration — progress report for FY2000 and FY2001", p. 23-24.
[225] Em entrevista, um Civil Society Civil Specialist argumenta que Wolfensohn conseguiu criar uma aliança sólida banco-ONGs em pelo menos três temas: políticas ambientais, políticas e salvaguardas sociais e agenda anticorrupção. Esta última em parceria com a Transparência Internacional. Entrevista realizada em 19 de novembro de 2009.

prazo do banco.[226,227,228] Assim, aquelas ONGs que antes criticavam a organização junto ao Congresso dos EUA e demais países do G-7 começaram a discutir e formular as *policies* de longo prazo da organização depois da implementação do *Strategic compact*. Veremos adiante que foi exatamente esta inserção institucional do terceiro setor que permitiu à liderança burocrática fugir dos controles constantes do Congresso dos EUA e demais países do G-7, manobrando a aprovação de *policies* de seu interesse com mais facilidade.

A aliança burocracia-ONGs:
a estratégia bumerangue modificada

Como observamos no capítulo 1, existem dois tipos de mecanismos de controle da burocracia nas mãos dos *principals*: os procedimentos *ex ante* e os instrumentos *ex post*. Um dos procedimentos *ex post* mais importantes é o *fire alarm oversight*. Isto é, os *principals* incentivam a participação de terceiras partes em audiências para fiscalizar a burocracia. Este parece ter sido o caso do Banco Mundial durante as décadas de 1980 e 1990. Como

---

[226] Em relatório interno com as estratégias da organização para o biênio 2002-2004, a organização já mencionava as atividades futuras como *post-compact initiatives*. Isso mostra o impacto da reforma promovida por Wolfensohn nos rumos do banco. Ver *WB 2001 Strategic Directions for FY02-FY04 — implementing the World Bank's strategic framework*, p. 3 e 12.

[227] Segundo John Clark — *Senior Civil Society Specialist* do banco — a administração de Wolfensohn foi importante para a promoção das ONGs no processo decisório em pelo menos quatro níveis. Primeiro, expandiu a participação das ONGs no ciclo de projetos (*project level*). Segundo, envolveu ONGs locais nas estratégias por países (*Country Assistance Strategies*). Terceiro, aumentou o acesso das ONGs a informações privilegiadas da organização (*Disclosure Policy*). E, por fim, inseriu as ONGs nas discussões de alto nível da organização (*Policy Dialogue*). Clark (2002:2-3, minha paginação).

[228] Na visão de Ebrahim e Hertz, o processo de consulta às ONGs se dá de três maneiras distintas. A primeira é unilateral. Isto é, o banco chama determinadas ONGs com o objetivo específico de receber os *inputs* para um projeto em especial. Segundo, há o processo independente por meio do qual as próprias ONGs formulam recomendação a determinado projeto e tentam mudar ou influenciar a *policy* em questão. Por fim, existe o colaborativo no qual tanto banco quanto ONGs-chave discutem e avaliam as políticas implementadas. Ebrahim e Hertz (2007:9-20).

pudemos observar, o Congresso dos EUA pressionou a organização a realizar reformas. Em grande medida, estas demandas vinham de ONGs internacionais com acesso ao Legislativo. Desta forma, a participação de terceiras partes no processo de controle da burocracia do Banco Mundial acabou mostrando ser um mecanismo razoável de influência à disposição dos *principals* naquele período.

Isto mudou após as reformas promovidas pelo *Strategic compact*. Nesta parte demonstramos como a aliança burocracia-ONGs pode ter aumentado a autonomia burocrática em relação aos *principals*. Argumentamos que após as reformas promovidas pelo *Strategic compact* as ONGs migraram de uma posição totalmente crítica ao Banco Mundial, a ponto de solicitarem ao Congresso dos EUA que não renovassem os recursos da IDA 9th e da IDA 10th, para uma postura construtiva e de apoio à renovação dos recursos nas IDA 11th, IDA 12th, IDA 13th, IDA 14th, IDA 15th e em outras importantes *policies*, tais como World Fight Against Poverty e Disclosure Policy Review, ainda que críticas ao desempenho e certas posições do banco persistissem em temas sensíveis às ONGs — implementação efetiva das diretivas ambientais (*fossil fuels*) e programas de ajuste estrutural macroeconômico (GPPs). Assim, procuramos demonstrar como a estratégia bumerangue modificada fez com que os mecanismos de controle à disposição dos *principals* se tornassem menos eficientes na medida em que se eliminou a estratégia dos EUA e países do G-7 de controlarem a burocracia por meio da aliança com as ONGs nos processos de renovação dos recursos da IDA. Assim, nossa hipótese sugere que esta nova aliança banco-ONGs permitiu uma maior autonomia burocrática da OI.

Nesse contexto, acreditamos que as IDA Replenishments mostram com mais clareza o jogo político em torno da capacidade dos países do G-7 de controlarem o banco. Conforme afirmamos no capítulo 3, o IBRD capta seus recursos no mercado privado, diminuindo a influência dos países-membros na condução dos empréstimos. Assim, a maneira mais comum de os países pressionarem o banco a adotar determinadas posições acontece via reabastecimento dos recursos da IDA. O processo acontece a cada três ou quatro anos, sendo precedido por rodadas de negociações entre os funcionários do banco e *deputies* indicados pelos países doadores. Nestas rodadas se estabelecem quanto e de que forma os recursos serão aplicados. Diversas reuniões são realizadas em várias partes do mundo para tratar do tema. Desde a *IDA 2nd* (1965-67) a IDA depende exclusivamente dos recursos dos países doadores (Parte I — países desenvolvidos).[229] Assim, a burocracia sempre esteve à mercê das pressões dos governos do G-7, notadamente EUA, Japão, Alemanha, França e Reino Unido. Para fugir desta pressão a burocracia tem utilizado mais recentemente a estratégia bumerangue modificada.

Conforme colocamos no capítulo 1, a estratégia bumerangue modificada tem como início a ação da burocracia internacional, que ao sentir a ameaça de controle por determinado país "A" aciona as ONGs aliadas por meio de suas comunidades epistêmicas com o objetivo de pressionarem este país "A" no sentido de não controlá-la. Esta pressão acontece nos parlamentos dos países-membros e na grande mídia dos países que buscam controlar a OI, assim como junto aos governos de outros países que porventura apoiem a posição da aliança burocracia-ONGs. Este tipo de aliança aumenta os custos para o país controlador, uma vez que agir contra a opinião pública e o Legislativo local para ver os mecanismos de controle surtirem efeito acarreta custos. A figura 4 busca sistematizar esta ideia.

Conforme afirmamos, os EUA utilizaram as ONGs nos anos 1980 e início dos 1990 para controlar e promover reformas no banco. A forma tradicional de ação era convocar ONGs críticas ao banco para audiências no subcomitê da Câmara dos Representantes que avalia e autoriza o reabastecimento dos recursos estadunidenses para a IDA (The International Monetary Policy and Trade Subcommitte of the House Committe on Financial Services). A estratégia era jogar a opinião pública e demais países contra o banco a fim de que este não resistisse a determinados interesses da Casa Branca. Mas a aliança burocracia-ONGs que teve início na gestão Wolfensohn começou a gerar desgastes neste tipo de estratégia.

---

[229] Ver "WB2001 The IDA deputies: an historical perspective", p. 1-3.

Figura 4
A estratégia bumerangue modificada

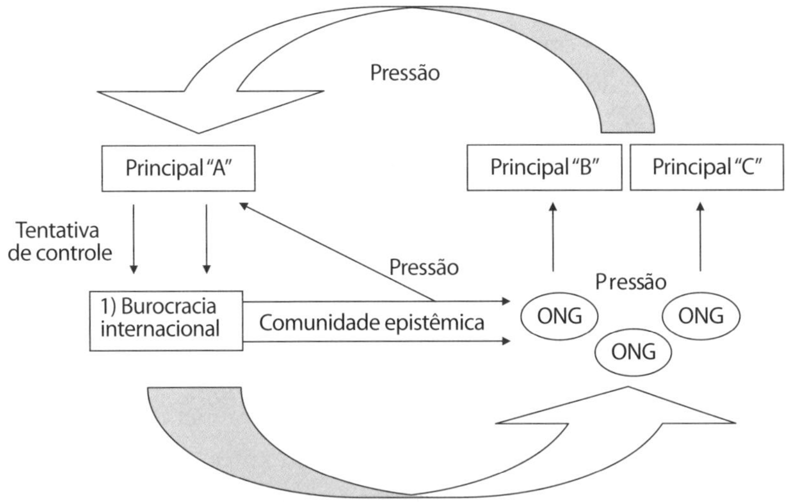

```
                    Pressão
         ┌─────────────────────────┐
         ↓                         │
   ┌───────────┐           ┌───────────┐ ┌───────────┐
   │Principal"A"│           │Principal"B"│ │Principal"C"│
   └───────────┘           └───────────┘ └───────────┘
Tentativa  │ │                    ↑           ↑
de controle↓ ↓    Pressão         │  Pressão  │
   ┌───────────┐                ┌─────┐    ┌─────┐
   │1) Burocracia│ Comunidade    │ ONG │    │ ONG │
   │internacional│─epistêmica──→ └─────┘    └─────┘
   └───────────┘                     ┌─────┐
         │                           │ ONG │
         └───────────────────────────└─────┘
              Formação da aliança burocracia-ONGs
```

Formação da aliança burocracia-ONGs

No Annual Meeting de 1995 o presidente Wolfensohn realizou uma conferência de imprensa ao lado de três diretores de ONGs (FAVDO, Oxfam e InterAction) em defesa de *policies* que envolvessem recursos da IDA. Em outubro daquele ano, o NGO-World Bank Committe, composto por altos funcionários do banco e por líderes de 26 ONGs, foi ao Congresso dos EUA e a outros parlamentos dos países do G-7 defender a renovação do reabastecimento dos recursos da IDA 11th.[230] Em relatório de 2001 sobre os resultados da aplicação dos recursos da IDA o OED colocava que pelo menos desde a IDA 11th as demandas de ONGs começaram a ser incorporadas nas negociações entre os funcionários do banco e os *deputies* dos países. Mais do que apenas as ONGs globais, as ONGs locais começaram a ter participação dentro da ideia de Country-led Partnership ou Country Ownership que tomava forma nos CAS.[231]

---

[230] Ver "WB 1996 NGO's and the World Bank: incorporating FY95 progress report on cooperation between the World Bank and NGO's", p. 22.
[231] Ver "WB 2001 OED IDA review — review od aid coordination in an era of poverty reduction strategies IDA 10-12", p. 2 e 32.

Durante a IDA 12th (1997-1999) o mesmo tipo de estratégia continuava a acontecer. Mais uma vez, um relatório da OED apontava que o Senior Management tentou diversas vezes construir pontes de comunicação com ONGs do Sul.[232] Em reuniões com os *deputies* em abril de 1998 o banco convocou ONGs britânicas e do Sul para debater como executar os futuros recursos da IDA. Nesse contexto, em vez de imediatamente tentar bloquear o reabastecimento da IDA junto ao Congresso dos EUA com o intuito de promover alguma reforma interna à organização, conforme ocorrido nas IDA 9th e IDA 10th, as ONGs solicitaram junto ao banco que mais recursos fossem gastos na área social, ambiental e de empréstimos para o setor energético.[233]

Em meio às negociações da IDA 12th Wolfensohn enviou um memorando ao Executive Board explicando a importância estratégica de se construir alianças (*partnerships*) com as ONGs para melhorar a eficiência dos programas. Além disso, os países haviam expressado a preocupação com o fato de que muitas vezes o banco se aproximava das ONGs para discutir estratégias de longo prazo sem consultá-los. Wolfensohn reiterou que desejava manter a interação com as ONGs como forma de promover a eficiência, mas dentro da estrutura apropriada de relacionamento banco-países-membros.[234] O anexo do memorando que explicava com mais detalhes como se daria a parceria com as ONGs foi produzido por John Clark, gerente da NGO-Unit que havia sido contratado junto à Oxfam.[235] O papel da comunidade epistêmica do CSTT (Civil Society Thematic Team) que englobava as comunidades da área social (Social Development Network) e ambiental (ESSD) começava a aparecer.

Além disso, as ONGs do Norte deram boas-vindas à nova linguagem da IDA 12th que exigia maior *accountability* e abertura de informações ao terceiro setor no processo de escolha dos projetos e implementação dos recursos (institucionalização do CAS), embora as ONGs do Sul dis-

---

[232] Ver "WB 2002 IDA's partnership for poverty reduction: an independent evaluation of fiscal years 1994-2000", p. 107.
[233] Ver "BWP, NGOs debate IDA issues", 15-4-1998.
[234] Ver "WB 1998 President memorandum to the Executive Board", 27-2-1998.
[235] Ver "WB 1998 Discussion draft — the Bank's relations with NGOs: issues and directions. SecM98-150".

cordassem das novas exigências de padrões de governança dos governos para receber recursos porque isso poderia fazer com que alguns países não fossem contemplados por não se enquadrarem nos novos requisitos.[236] Assim, as ONGs continuavam críticas em diversos temas (questões de gênero, trabalhistas, educacionais e na forma de implementação do CAS), mas a estratégia anterior de negar o diálogo ao banco e exigir que os EUA não reabastecessem os recursos parecia não mais acontecer.[237,238,239]

Em 2001 foi realizada no subcomitê da Câmara dos EUA uma audiência a respeito das políticas do Banco Mundial e do FMI para a África. Apenas uma ONG foi convocada para as discussões (Carnegie Endowment for International Peace). A presidente da ONG defendeu as políticas do banco para a região, notadamente o HIPC, a IDA Index e os fundos para o combate à Aids, inclusive apoiando a abertura da organização às ONGs locais como forma de melhorar a eficiência dos programas.[240]

Desde seu início a IDA 13th (2001/2002) teve ampla participação das ONGs. Os *deputies* e a burocracia abriram as negociações para as demandas do terceiro setor. As negociações foram notórias pela linguagem positiva das ONGs em relação às reformas que o Senior Management

---

[236] Alguns anos mais tarde, o *Financial Times* observou que a influência da Oxfam e demais ONGs internacionais dentro do banco estavam diminuindo graças ao aumento da participação de ONGs do Sul. Nas palavras da secretária de Desenvolvimento do Reino Unido, Clare Short: "*The days have gone when Oxfam can speak on behalf of the poor of the world*". Ver "Campaigners offer moral integrity for influence", *FTimes*, 17-7-2001.

[237] Ver "Analysis of the IDA-12 Agreement", *BIC*, 2-1999.

[238] O relatório de 1998 sobre o relacionamento ONGs-banco apontava que nas negociações da IDA 12th as tensões entre funcionários do banco e diretores de ONGs vinham diminuindo e que a coloboração começava a acontecer em um grau maior. Ver "WB 1998 The Bank's relations with NGOs — issues and directions", p. 6-7.

[239] Com a institucionalização do CAS (Country Assistance Strategy) as ONGs locais tiveram assegurada sua participação no ciclo de projetos, uma vez que o CAS recebe necessariamente inputs das ONGs locais em sua confecção. Como a escolha dos projetos dependeria sempre de uma recomendação do CAS, as ONGs aumentariam sua participação. Ver "WB 1999 World Bank-civil society relations: fiscal 1999 progress report", p. 12-13.

[240] Ver "U.S. House of Representatives 2001 Hearings Subcommittee International Monetary Policy and Trade on 'World Bank and IMF activities in Africa: poverty alleviation, debt relief and HIV/Aids' — Testimony Nancy Birdsall, senior associate, Carnegie Endowment for International Peace", p. 1-4.

vinha implementando com o *Strategic compact*. Diversas ONGs manifestaram apoio às mudanças promovidas pela administração Wolfenshon. Nos comentários ao *draft* negociado entre *deputies* e burocracia a ONG BIC solicitava que as ONGs fossem reconhecidas como "*development partners*" com papel integral no monitoramento e avaliação dos programas. A Catholic Relief Services, ONG católica de ajuda humanitária com sede nos EUA, dava boas-vindas ao processo mais inclusivo das demandas das ONGs nas negociações da IDA, mas solicitava objetivos mais específicos para as ONGs dentro da estratégia de PRSP (Poverty Reduction Strategies Papers). Em uma demanda unificada, as ONGs Friends of the Earth, Oxfam America, Environmental Defense, BIC, Natural Resources Defense Council e Center for International Enviromental Law também davam boas-vindas ao novo processo de inclusão, embora criticassem a linguagem ambígua dada às questões ambientais no *draft*. Até os sindicatos — AFL-CIO e ICTFU — agradeceram a oportunidade de trazerem suas demandas para a negociação e fizeram demandas na área trabalhista.[241]

Um documento interno da Vice-Presidência também indicava que a IDA 13th teve abertura sem precedentes às ONGs. Em reuniões realizadas em Addis Abeba, Etiópia, representantes das ONGs locais e de demais países africanos participaram das discussões em número considerável. Em Paris foram realizadas reuniões com ONGs de países doadores e várias demandas foram levadas em consideração.[242]

A posição do governo Bush para o reabastecimento da IDA 13th era aumentar os valores das doações (*grants*) e diminuir o volume dos empréstimos (*loans*). Isso implicaria uma IDA mais preocupada em diminuir a dívida externa dos países mais pobres (Highly Indebted Poor Countries — HIPC) do que orientada a prover empréstimos de desenvolvimento em infraestrutura ou governança.[243] No entanto, como na IDA 13th a posição

---

[241] Ver "WB 2002 IDA 13th — comments reeceived from NGOs on draft 13th report", p. 3-9.
[242] Ver "WB 2002 IDA 13th additions to IDA resources: thirteenth replenishment. IDA/SecM2002-0488", p. 1.
[243] Ver "U.S. House of representatives 2002 Hearings Subcommittee International Monetary Policy and Trade on Debt and Development on IDA 13th Replenishment — Opening statement congressman Doug Bereuter, p. 2-3.

das ONGs de criticar o banco e solicitar que os EUA não fizessem o reabastecimento havia mudado completamente, as ONGs decidiram resistir à instrumentalização de suas posições por parte do governo americano e defenderam posições de compromisso que envolvessem as políticas já existentes do Banco Mundial.[244]

Na seção no subcomitê da Câmara dos Representantes que tratava do reabastecimento da IDA duas ONGs conhecidas por fiscalizarem as atividades do banco foram convocadas para as discussões. Em depoimento o diretor do The Bretton Woods Committe defendeu a importância dos recursos da IDA para os países pobres e criticou o governo americano pela queda nos recursos aplicados em ajuda humanitária. A ONG não apoiava a proposta americana de aumento dos *grants* por achar muito alta (50%), mas sim um compromisso na casa dos 20% desde que os EUA se comprometessem a manter os recursos da IDA nos próximos reabastecimentos.[245] O depoimento do presidente da Oxfam America foi mais importante. A ONG apoiava a posição do governo Bush desde que os recursos para os empréstimos não diminuíssem por conta do aumento dos *grants*. Além disso, a Oxfam fez defesa veemente das tentativas de reformas promovidas por Wolfensohn — o *Strategic compact* — e solicitava que os deputados instruíssem o representante dos EUA no Executive Board do banco a exigir que os demais países não dificultassem a implementação dessas reformas. Fez também forte defesa do Sapri e do PRSP, ainda que o banco pecasse em observar todas as exigências ambientais. Por fim, solicitou que os deputados exigissem a abertura completa dos documentos do Executive Board ao público, dentro da estratégia de maior transparência defendida pelo Senior

---

[244] O *Financial Times* mostra em artigo que as ONGs resistiriam à pressão dos EUA a favor da posição da mudança de *grants* para empréstimos. O porta-voz do Tesouro dos EUA inclusive confirma a importância de instrumentalizar as ONGs no Congresso para pressionar o banco e demais países, principalmente os europeus, a apoiarem a proposta. Ver "NGOs pressed to back US grant scheme WB move to replace loans", *FTimes*, 7-1-2002.

[245] Ver "U.S. House of representative 2002 Hearings Subcommittee International Monetary Policy and Trade on Debt and Development on IDA 13th Replenishment — Testimony James Orr, director The Bretton Woods Committee", p. 1-9.

Management.[246,247] A Oxfam International manteve a mesma posição em audiência no Comitê de Desenvolvimento Internacional da Câmara dos Comuns do Reino Unido. A ONG criticou as condicionalidades do PRSP e a lentidão do HIPC, mas apoiou a fórmula geral de ambas, inclusive a política do banco de incluir as demandas das ONGs locais e internacionais que fiscalizam a organização.[248,249]

É importante frisarmos que a tentativa de instrumentalização das ONGs por parte dos governos não era exclusiva dos EUA. No Reino Unido uma forte campanha de ONGs a favor do cancelamento dos débitos dos países pobres — Jubilee 2000 — aumentou a legitimidade da posição do secretário de Finanças Gordon Brown adiante das negociações do reabastecimento da IDA. As ONGs pressionaram o governo do Reino Unido a convencer os demais países a adotarem a iniciativa britânica. Além disso, o secretário de Tesouro utilizava a legitimidade das ONGs para avançar sua proposta junto aos demais países do G-7. Muitas críticas apontavam que as ONGs do Jubilee 2000 estavam trocando legitimidade por influência.[250] Isso mostra que havia divisão entre as ONGs quanto às posições dos governos durante a IDA 13th. O Bretton Woods Project fez *a posteriori* uma análise mostrando, por exemplo, como ONGs com sede nos EUA eram mais propensas a apoiar a posição do governo Bush no caso dos *grants* e ONGs baseadas na Europa divergiam totalmente

---

[246] Ver "U.S. House of representatives 2002 Hearings Subcommittee International Monetary Policy and Trade on Debt and Development on IDA 13th Replenishment — Testimony Raymond Offenheiser, president Oxfam America", p. 1-8.

[247] Este tipo de pressão por mais transparência surtia efeito dentro do Banco Mundial, em grande medida pela intenção do presidente Wolfensohn em abrir mais a organização às ONGs. Em 2001 o banco aprovou nova política de transparência (Disclosure Policy) que foi bem recebida pelas ONGs, embora críticas quanto à praticidade das medidas continuassem. Ver "Critics get WB to ease disclosure policy", *WPost*, 6-9-2001.

[248] Ver "U.K. House of Commons 2002, Committee on International Development — Memorandum submitted by Oxfam" 12-2002.

[249] O *Financial Times* indicava em artigo a defesa que a Oxfam e os governos europeus faziam das reformas promovidas por Wolfensohn, assim como a desaprovação dos EUA, que já pensavam na substituição do presidente pelo ex-secretário de Estado James Baker. "World Bank feeling the pressure", *FTimes*, 30-11-2001.

[250] Ver "Campaigners offer moral integrity for influence", *FTimes*, 17-7-2002.

desta visão, apoiando a proposta britânica, a ponto de a Oxfam America discordar da Oxfam International, cuja sede é em Londres.[251] No entanto, de um modo geral havia apoio das ONGs às principais políticas adotadas pelo Banco Mundial (HIPC, Sapri etc), ocorrendo divergências pontuais em torno de temas menores.

No início das negociações da IDA 14th (2004/2005) já eram 120 especialistas em sociedade civil trabalhando na Civil Society Team (CST) com o objetivo de facilitar o relacionamento banco-ONGs. Muitos destes especialistas vieram de ONGs que antes eram críticas comuns da organização.[252] Este grupo trabalhou para que as negociações com o terceiro setor acontecessem sem grandes problemas. No Annual Meeting de 2004 pelo menos 150 ONGs participaram de discussões com o Senior Management a respeito das futuras *policies* do banco, inclusive sobre a aplicação dos recursos da IDA.[253] As negociações da IDA 14th mantiveram padrão semelhante ao da IDA 13th no tocante ao relacionamento banco-ONGs, embora as ONGs tenham ficado mais ao lado dos países do G-7 na questão do perdão da dívida dos países pobres do que aliadas ao Senior Management.

A IDA 14th ficou conhecido pela ampliação da participação dos *grants* nos recursos da IDA e pelo fortalecimento do HIPC dentro do programa chamado de MDG (Millenium Development Goals). A aplicação dos *grants* da IDA 14th não teria mais uma porcentagem mínima a ser direcionada por país. Dali em diante os países estariam sujeitos a um mecanismo de avaliação de risco (Debt Suntentability Framework) que indicaria quanto cada país poderia receber (Tan, 2006:4-5). Uma reunião do presidente Wolfensohn com sindicatos e ONGs europeias (Concord, Oxfam International, European Foundation Center, Eurodad, Aprodev, World Vision, Dóchas, European Network on Street Children, ActionAid e ICFTU) no

---

[251] Ver "BWP, taken for granted? US proposals to reform the World Bank's IDA examined", 25-3-2002); "BWP, Will Grants Kill IDA?", 10-9-2001.
[252] Ver "WB 2004 WB-civil society engagement FY2002-FY2004", p. 30.
[253] Ver "WB 2005 Issues and option for improving engagement between the WB and civil society organizations", p. 25-26.

início das negociações em 2004 mostrou que o banco estava disposto a incluir diversas demandas das ONGs e rejeitar aquilo que não era viável. Wolfensohn conclui afirmando que aquele tipo de reunião significa uma "anistia" ao passado de desencontros e falta de entendimento entre as ONGs e o banco. Não houve nenhuma crítica contundente das ONGs presentes às propostas colocadas na mesa pelo presidente.[254]

Em dezembro de 2004 os *deputies* e o banco abriram o *draft* até então negociado para as ONGs fazerem suas recomendações. A abertura e o controle do *draft* eram de responsabilidade do CST (Civil Society Team) e dos funcionários contratados junto às ONGs para fazer a ponte com o terceiro setor. No *draft* a ONG World Vision apoiou diversos pontos do documento, embora tenha feito diversas críticas pontuais em áreas como meio ambiente, governança, ajuda humanitária e Aids.[255] Verificamos o mesmo nas colocações da ONG InterAction. As críticas foram pontuais (dívida dos países pobres, ênfase excessiva no mercado, governança e transparência) e não houve nenhuma crítica que ameaçasse o banco.[256]

Em 2005 ativistas e ONGs deram início a uma campanha a favor do perdão da dívida dos países mais pobres. Muitos governos, inclusive os EUA e o Reino Unido, apoiaram as ONGs. Em junho daquele ano o subcomitê da Câmara dos EUA convocou uma audiência para tratar do assunto e pelo menos três ONGs foram convocadas — Center for Global Development, Jubilee Network USA e Bretton Woods Committe. A diretora do Center for Global Development foi bastante enfática na defesa do acordo do G-8 em torno do perdão da dívida e solicitou que o Banco Mundial, na pessoa de seu novo presidente, Wolfowitz — o presidente Wolfensohn fora substituído durante as negociações da IDA 14th —, liderasse um consórcio internacional de doadores para dar mais eficiência à aplicação dos *grants*.[257] O Jubilee USA também defendeu o cancelamento das dívidas dentro do

---

[254] Ver "WB 2004 IDA 14th World Bank president meets with CSOs", 20-10-2004.
[255] Ver "WB 2005 Comments received from NGOs on Draft IDA14 report", p. 1-7.
[256] Ibid., p. 7-11.
[257] Ver "U.S. House of representatives 2005 Hearings Subcommittee International Monetary Policy and Trade on Debt and Development — how to provide efficient assistance to the world's poorest", p. 7-9.

programa HIPC e mostrou preocupação com a proposta europeia que previa cancelamento da dívida de apenas cinco países africanos em contraposição à proposta conjunta de EUA e Reino Unido a favor de 100% de cancelamento das dívidas do African Development Fund.[258] Por fim, o Bretton Woods Committee defendeu o cancelamento da dívida desde que isso não significasse perda de capacidade financeira do banco e que os países beneficiados não tivessem liberdade plena de aplicação dos recursos.[259]

Ato contínuo, o Senior Management teve posição parecida ao Bretton Woods Committee se opondo parcialmente às demais ONGs e países do G-8 no tocante à forma de aplicação dos recursos para o cancelamento, pois acreditava que os valores discutidos para o perdão, dentro daquilo que era destinado à IDA 14th, poderiam trazer problemas financeiros à organização. Em iniciativa pouco usual o secretário do Tesouro dos EUA, John Snow, assegurou em carta ao presidente Wolfowitz recursos extras disponibilizados pelo G-8 à IDA caso problemas de solvência ocorressem.[260]

Nas negociações no subcomitê da Câmara dos EUA para o reabastecimento da IDA 14th ocorrido em setembro de 2005 a carta do G-8 assegurando os recursos extras facilitou a aprovação pelos deputados. Os congressistas discursaram a favor da política de cancelamento das dívidas dos países pobres dentro da estrutura do HIPC e do contexto da iniciativa Jubilee 2000.[261] Conforme um deputado, o acordo entre os países do G-8, ONGs e Senior Management já havia sido firmado e à Casa restava a aprovação dos recursos.[262] O subsecretário de Relações Internacionais do Departamento do Tesouro, Timothy Adams, defendeu o reabastecimento tendo como base a iniciativa do governo Bush de promover os *grants*.[263] O acordo parecia ter

---

[258] Ver "U.S. House of representatives 2005 Hearings Subcommittee International Monetary Policy and Trade on Debt and Development — how to provide efficient assistance to the world's poorest", p. 7-9.
[259] Ibid., p. 82-99.
[260] Ver "IMF and WB advance debt-relief pact", *FTimes*, 25-9-2005.
[261] Ver "U.S. House of Representatives 2005 Hearings Subcommittee International Monetary Policy and Trade on IDA 14th Replenishment", p. 15-16.
[262] Ibid., p. 2-3.
[263] Ver "U.S. House of Representatives 2005 Hearings Subcommittee International Monetary Policy and Trade on IDA 14th Replenishment", p. 36-40.

chegado a tal nível de consenso que as ONGs enviaram uma carta solicitando aos congressistas que demandassem do banco a adoção de uma lei aprovada no Senado (H.R.3057) sobre transparência na área de indústrias extrativistas e nada solicitaram a respeito dos recursos da IDA.[264]

No entanto, a aliança burocracia-ONGs que parecia surtir efeitos importantes até então sofreu um revés em 2007. Em outubro daquele ano o subcomitê da Câmara convocou nova audiência sobre a abordagem do Banco Mundial em relação a medidas trabalhistas e criação de emprego. A ONG convocada foi o Carnegie Endowment for International Peace, além das federações sindicais AFL-CIO e a International Trade Union Confederation (Ituc). Ao contrário das seções anteriores, as três organizações criticaram duramente um programa do Banco Mundial chamado Doing Business. Este programa era visto pelas ONGs e sindicatos como excessivamente pró-mercado. O programa foi desenvolvido por economistas do banco com o objetivo de fazer um *ranking* de países que possuíssem medidas contrárias aos investimentos privados. Quanto mais livre e seguro fosse o ambiente para investimentos privados, mais bem colocado seria o país na lista.

A AFL-CIO reconheceu que o Banco Mundial vinha desde 2002 incorporando padrões trabalhistas apoiados pela organização e pela Organização Internacional do Trabalho (OIT), mas que o Doing Business era um forte retrocesso, pois classificava diversos direitos trabalhistas como impeditivos ao investimento privado. Segundo o sindicato, o programa refletia uma visão ideologicamente enviesada na forma de tratar o desenvolvimento.[265] O Carnegie Endwoment for International Peace também apontou a enorme incoerência do banco ao adotar medidas trabalhistas

---

[264] A carta foi assinada por ActionAid International USA, Bank Information Center, Care USA, Catholic Relief Services, Center for Economic Justice, Center for International Environmental Law, Environmental Defense, Development Gap, Earth Rights Institute, Gender Action, Global Witness, Government Accountability Project, Human Rights Watch, International Accountability Project, International Rivers Network, Pacific Environment e Public Citizen. Ver "U.S. House of Representatives 2005 Hearings Subcommittee International Monetary Policy and Trade on IDA 14th Replenishment — support reform of the multilateral development banks", p. 41-42.

[265] Ver "U.S. House of Representatives 2007 Hearings Subcommittee International Monetary Policy and Trade on The World Bank approach to core labor standards and employment creation — testimony Thea Mei Lee policy director AFL-CIO", p. 2-5.

importantes em diversos programas e, concomitantemente, promover o Doing Business.[266] Por fim, a Ituc mostrou incoerências e erros técnicos do programa e demandou seu cancelamento.[267] Os debates que se seguiram foram críticos ao Banco Mundial. Assim, esta audiência mostrou que, a despeito da abertura ao terceiro setor promovida pelo *Strategic compact*, não ficou totalmente descartada a estratégia das ONGs de pressionarem por mudanças no banco via discussões no Congresso dos EUA, ainda mais se houver um interesse congruente dos congressistas ou do Tesouro americano em promover mudanças. O que afirmamos é que esta prática se tornou menos comum após a abertura às ONGs.

O processo de negociação da IDA 15th (2007/2008) com as ONGs teve início em fevereiro de 2007 quando o banco abriu o *paper Fifteenth IDA replenishment: the platform for achieving results at the country level* para consultas junto ao terceiro setor. Em torno de 20 ONGs (Oxfam America, Eurodad, Data, Oxfam International etc.) enviaram comentários e solicitaram mudanças.[268] Em outubro de 2007 funcionários do banco se encontraram em Haia, Países Baixos, com o World Bank Campaign Europe, grupo de ONGs cujo objetivo é promover mudanças no modelo de desenvolvimento adotado pelo banco, principalmente em relação ao apoio dado pela organização a projetos que promovem combustíveis fósseis.[269,270,271] Consciente das críticas que apareciam na

---

[266] Ver "U.S. House of Representatives 2007 Hearings Subcommittee International Monetary Policy and Trade on The World Bank approach to core labor standards and employment creation — Testimony Sandra Polaski director Carnegie Endowment for International Peace", p. 3.

[267] Ver "U.S. House of Representatives 2007 Hearings Subcommittee International Monetary Policy and Trade on The World Bank approach to core labor standards and employment creation — Testimony Peter Bakvins director Ituc", p. 3-7.

[268] Ver "WB 2009 World Bank-civil society engagement — review of fiscal years 2007-2009", p. 15.

[269] Ibid., p. 63.

[270] Ver "World Bank Campaign — Manifesto 'Put you money where your mouth is'". A campanha tem a participação de Jubilee Debt Campaign, ATTAC, ActionAid International, Bretton Woods Project, World Vision, GreenPeace, Friends of the Earth, entre outras. Disponível em: <www.worldbankcampaign.org>.

[271] Sobre o lançamento da campanha, ver Eurodad, "Spring Meetings 2007 life beyond the wolfogate crisis", 26-4-2007.

mídia no tocante ao tema e do impacto que isso tinha nas discussões da IDA 15th o presidente Zoellick — o presidente Wolfowitz havia sido recentemente afastado por conta de acusações de favorecimento[272] — abriu espaço para que as ONGs se manifestassem. Em novembro Zoelick se encontrou com os diretores de diversas ONGs britânicas no Policy Dialogue para discutir medidas de longo prazo para a organização.[273] Na reunião entre *deputies* e funcionários do banco realizada em dezembro de 2007 em Berlim várias sugestões e críticas das ONGs foram incorporadas no texto final; entre elas podem ser destacadas: alterações de conteúdo no tema de mudança climática, aprimoramentos do *country ownership*, refinamentos da avaliação de impactos de reformas, aumento de pesquisas realizadas "sulistas" pelo banco, descentralização dos funcionários e condicionalidades para projetos que engajarem indústrias extrativistas.[274,275]

Em meio às tratativas da IDA 15th Zoellick reestruturou os cargos do Senior Management. Em outubro nomeou para o cargo de Managing Director de África, Sudeste Asiático, Ásia Central e Europa a ex-ministra de finanças da Nigéria, Ngozi Okonjo-Iweala, que trabalhava como economista no banco há duas décadas. O *Financial Times* indicava que a indicação de Okonjo-Iweala atendia aos interesses de ONGs, as quais haviam tentando promovê-la a sucessora de Wolfowitz durante a crise do ex-presidente.[276] Entrementes, Zoellick buscava aumentar os recursos da IDA utilizando seu poder de agenda para jogar com as preferências dos *principals*. O novo presidente promoveu uma barganha na qual o banco reduziria os juros cobrados nos empréstimos do IBRD aos países médios em troca de um aporte financeiro maior destes países na IDA

---

[272] Sobre o escândalo que levou ao pedido de demissão de Wolfowitz, ver Weaver (2008:55-56 e 71).
[273] Ver "WB 2009 World Bank-civil society engagement — review of fiscal years 2007-2009", p. 64.
[274] Ver "WB 2007 CSO IDA 15th response", p. 1-4.
[275] O Bretton Woods Project criticou a não inclusão de mudanças nas condicionalidades na reunião de Berlim. O tema das condicionalidades ainda é motivo de desavenças entre ONGs e banco. Ver "BWP, Less carrot more stick", 4-12-2007.
[276] Ver "Zoellick names top deputy in World Bank revamp", *FTimes*, 5-10-2007.

15th.[277,278] Pela primeira vez a China fez aportes em um reabastecimento da IDA.[279]

Ao contrário da IDA 14th, as negociações do reabastecimento da IDA 15th no subcomitê do Congresso dos EUA não foram marcadas por um tema específico. Na verdade, boa parte dos debates entre os presentes estava relacionada à excelência dos recursos da IDA frente às demais agências de ajuda humanitária e ao fato de o Reino Unido ter ultrapassado os EUA como o maior doador à instituição.[280] Nesse contexto, o secretário assistente de Relações Internacionais do Departamento do Tesouro, Clay Lowery, afirmou que o governo estadunidense utilizava o reabastecimento dos IDAs para aumentar sua influência dentro do Banco Mundial e promover reformas de seu interesse. A renovação dos recursos era imprescindível para que os EUA continuassem a manter a liderança dentro da organização.[281]

Pelo menos quatro ONGs — Bread for the World Institute, International Alert, European Network on Debt and Development e BIC — foram convocadas para a audiência, sendo o testemunho da última apoiado por diversas ONGs (Center for International Environmental Law, Environmental Defense Fund, International Accountability Project, National Wildlife Federation, Oxfam America e World Wildlife Fund). Não houve um tema específico que unificasse as demandas dos depoimentos. O Bread for the World Institute fez forte defesa das *policies* do banco no combate à pobreza e citou os Annual Meetings como importante fórum de discussões ONGs-banco. O diretor do instituto lembrou que participou dos reabastecimentos anteriores e que sempre tinha condições e críticas a propor, mas que agora

---

[277] Ver, "World Bank nears rate reduction", *WSJ*, 25-8-2007.

[278] O *Wall Street Journal* faz artigos elogiando a estratégia de Zoellick em jogar com as preferências dos países no Executive Board. Ver "Zoellick fights for relevance of WB", *WSJ*, 9-10-2007; "World Bank weary", *WSJ*, 19-10-2007.

[279] Ver "Britain tops US at WB", *WSJ*, 15-12-2007.

[280] Ver "U.S. House of Representatives 2008 Hearings Subcommittee International Monetary Policy and Trade on IDA 15th Replenishment", p. 1-24.

[281] Ver "U.S. House of Representatives 2008 Hearings Subcommittee International Monetary Policy and Trade on IDA 15th Replenishment — Statement Clay Lowery assistant secretary for International Affairs Department of the Treasury", p. 9.

apoiava inteiramente o *paper* negociado entre banco, *deputies* e ONGs.[282] O European Network on Debt and Development fez crítica pontual ao Good Practice Principles (GPP) vinculados ao Sapri.[283,284] Argumentou, contudo, que a melhora do GPP ocorrida em 2005 teve a ver com pressões de ONGs e Reino Unido aceitas pelo banco. O ENDD argumentou que Noruega e Reino Unido já estavam contra o atual GPP e que os EUA também deveriam se posicionar nesse sentido.[285] O International Alert, ONG vinculada à ajuda humanitária em áreas de conflitos, fez defesa das *policies* pós-conflito do banco e enfatizou a descentralização do *staff* da organização como forma de entender melhor os problemas das áreas em crise.[286] Por fim, o BIC lembrou a pressão por aberturas e reformas durante a IDA 10th que resultaram no *Inspection panel* e na *Disclosure policy*. Na verdade, o testemunho do presidente do BIC — John Udall — é uma atualização do *Inspection panel* com recomendações para aprimorá-lo. Nesse sentido, Udall afirmou que no seu início o *Inspection panel* era mais transparente e convidava ONGs para serem fiscalizadoras dos projetos, mas que naquele momento era mais interno ao banco. De um modo geral, apoiou o *Inspection panel*, mas argumentou que para funcionar melhor eram necessários mais recursos e a transparência precisava ser ampliada.[287]

---

[282] Ver "U.S. House of Representatives 2008 Hearings Subcommittee International Monetary Policy and Trade on IDA 15th Replenishment — Testimony David Beckman president bread for the World Institute", p. 24-25.

[283] Os GPPs são princípios vinculados às condicionalidades dos programas do Sapri de reestruturação macroeconômica. Sempre foram alvo das ONGs que os entendiam como contraproducentes ao desenvolvimento econômico e enviesados ideologicamente. Diversas reformas foram feitas a partir de 2005 e o debate ainda não se encerrou.

[284] Sobre a polêmica em torno das condicionalidades e os GPPs, além da posição do Reino Unido, ver "Split highlights growing call to rethink conditionality", *BWP*, 22-11-2006.

[285] Ver "U.S. House of Representatives 2008 Hearings Subcommittee International Monetary Policy and Trade on IDA 15th Replenishment — Testimony Nuria Molina-Gallart, policy and advocacy officer, European Network on Debt and Development", p. 25-27.

[286] Ver "U.S. House of Representatives 2008 Hearings Subcommittee International Monetary Policy and Trade on IDA 15th Replenishment — Testimony Edward Bell, senior program advisor, International Alert", p. 27-29.

[287] Ver "U.S. House of Representatives 2008 Hearings Subcommittee International Monetary Policy and Trade on IDA 15th Replenishment — Testimony Lori Udall, senior adviser, BIC,

É certo que a ascensão do Reino Unido como principal doador pode ter levado os congressistas e o Tesouro dos EUA a convocarem para a audiência da IDA 15th ONGs que pouco criticassem as *policies* do banco, embora o BIC fosse crítico costumeiro.[288] No entanto, o fato de estas mesmas ONGs participarem do Policy Dialogue e das diversas negociações com funcionários do banco e *deputies* durante a IDA 15th não as colocaria em uma posição favorável para criticar o banco, a ponto de exigirem reformas profundas em suas *policies*. Além disso, a lógica de conflito entre Republicanos e Democratas dificultaria uma audiência de cartas marcadas, a não ser que houvesse um forte consenso bipartidário em torno de determinado tema, o que é menos provável.

Em setembro de 2009 o Comitê de Finanças da Câmara dos EUA (Full Committee) convocou uma audiência para tratar da revisão da política de transparência do banco (Policy Disclosure Review). Duas ONGs foram convocadas para dar suas opiniões. O Center for Global Development defendeu a política de transparência do banco, mas fez diversas ressalvas quanto às dificuldades de se implementar efetivamente o Policy Disclosure.[289] Já o testemunho do BIC foi apoiado por The Carter Center, Center for International Environmental Law, Oxfam America, Revenue Watch Institute e World Wildlife Fund e procurou mostrar as mudanças ocorridas no banco rumo à abertura e transparência desde os anos 1980 até 2005. Além disso, as ONGs apoiaram as novas medidas do banco iniciadas em abril de 2009 que

---

with endorsement of Center for International Environmental Law, Environmental Defense Fund, International Accountability Project, National Wildlife Federation, Oxfam America and World Wildlife Fund", p. 2-12.

[288] O *Wall Street Journal* entendeu a ascensão do Reino Unido como principal doador da IDA como um sinal de que os EUA estavam perdendo a liderança em temas multilaterais. O artigo mostra o secretário do Tesouro dos EUA, Henry Paulson, solicitando US$ 375 milhões extras junto ao Congresso. Ver "Britain tops US at WB", *WSJ*, 15-12-2007.

[289] Ver "U.S. House of Representatives 2009 Hearings Committee of Financial Services on The World Bank's Disclosure Policy — Testimony Vijaya Ramachandran, senior fellow, Center for Global Development", p. 2-4.

buscavam ampliar ainda mais a Policy on Disclosure of Infomation, embora colocassem que os resultados eram insuficientes.[290,291]

Em fevereiro de 2008 o International Development Committee da Câmara dos Comuns do Reino Unido solicitou ao Department for International Development (DFID), braço do Executivo britânico que acompanha as OIs financeiras, um relatório sobre as reformas que deveriam ser feitas no banco. O relatório mostra que o Reino Unido, via DFID, segurou recursos de reabastecimento da IDA 15th como forma de pressionar o banco a adotar os GPPs no Sapri. O relatório diz que os GPPs foram adotados e o banco entrou em consonância com as regras do DFID para as condicionalidades.[292]

O relatório do DFID foi aberto à consulta para que as ONGs pudessem fazer suas colocações. As críticas ao banco foram inúmeras. As ONGs Action Aid, o Eurodad e o Bretton Woods Project criticaram a organização dizendo que não havia congruência entre a posição do governo britânico e os GPPs observados pelo banco, pois a adoção destas medidas pela burocracia em Washington era ambígua.[293] O Bretton Woods Project criticou a ideia de *knowledge-bank* dizendo que as pesquisas do banco serviam para embasar os empréstimos e não o contrário.[294] A World Vision estava preocupada com a forma de implementação do Country Ownership pelo banco. A ONG acreditava que o banco impunha condições que eram facilmente ignoradas pelos países.[295] O relatório aponta ainda diversas divergências entre as ONGs e o presidente Zoellick no tema das GPPs. Como forma de solucionar o impasse entre os dois o relatório sugere um monitoramento independente dos GPPs.[296]

---

[290] Ver "U.S. House of Representatives 2009 Hearings Committee of Financial Services on The World Bank's Disclosure Policy — Testimony Richard E. Bissell on behalf of Bank Information Center, The Carter Center, Center for International Environmental Law, Oxfam America, Revenue Watch Institute and World Wildlife Fund", p. 3-8.

[291] Um resumo desta audiência pode ser encontrado em "House Committee on Financial Services examines transparency at the World Bank", *BIC*, 17-9-2009.

[292] Ver "U.K. House of Commons 2007 DFID and the World Bank Report", p. 9.

[293] Ibid., p. 17.

[294] Ibid., p. 34.

[295] Ibid., p. 17.

[296] Ibid., p. 18.

Na defesa oral do relatório as críticas das ONGs ao banco se ampliaram ainda mais, em especial no tema de *fossil fuels*. A Eurodad criticou as condicionalidades do banco.[297] A One World Trust o defendeu em seus programas de avaliação, mas criticou a transparência nas decisões e o *accountability*.[298] O Bretton Woods Project pediu mais transparência nas decisões e que o DFID tivesse um papel nesse sentido. A ONG apoiou a nova estratégia do Reino Unido (DFID) de repassar o dinheiro para a IDA com uma agenda de reformas embutida, além de criticar o Senior Management (Zoellick) por não promover mudanças. O Bretton Woods Project rejeitou também a ideia de dar poder de governança na IDA a doadores privados (farmacêuticas) e defendeu que somente os Estados poderiam ter poder de governança.[299] O Eurodad defendeu que fosse estabelecida uma monitoria independente para avaliar as condicionalidades (GPPs).[300] A WWF criticou a posição do Banco Mundial em *fossil fuels* e defendeu uma maior abertura do banco às questões ambientais.[301] A Christian Aid criticou a preferência pelo setor privado no programa de energias limpas e defendeu que o banco mudasse sua política na área de *fossil fuel*.[302]

Na defesa escrita do relatório as críticas não foram diferentes. Em *memorandum* a Action Aid fez duras críticas às condicionalidades do banco, embora sinalizasse progressos com os GPPs.[303] Em *memorandum* o Bretton Woods Projects argumentou que Wolfowitz passou por cima das regras de contratação do Departamento de Recursos Humanos para contratar funcionários de alto escalão sem a devida transparência no processo.[304] Em *joint memorandum* Bretton Woods Project, GreenPeace, Christian

---

[297] Ver "U.K. House of Commons 2007 DFID and the World Bank Report vol.2 oral and written evidence", p. 2.
[298] Ibid.
[299] Ibid., p. 3-4.
[300] Ibid., p. 17.
[301] Ibid., p. 18-19.
[302] Ibid., p. 19-21.
[303] Ibid., p. 60.
[304] Ibid., p. 64.

Aid e People and Planet criticaram a política do banco em *fossil fuels*.[305] A Care criticou a insuficiência da abertura do *decision-making* do banco às ONGs.[306] A One World Trust defendeu parcialmente a Disclosure Policy do banco.[307] A Oxfam defendeu que o Reino Unido não pagasse à IDA como forma de pressionar por reformas nas condicionalidades.[308] O Trade Union Congress apoiou as políticas do banco de redução da pobreza e apoiou parcialmente a Disclosure Policy e o HIPC.[309] Por fim, a WWF apoiou as medidas recentes do banco de abrir o ciclo dos projetos para as ONGs, mas argumentou que os resultados ainda eram ambíguos.[310]

Como pudemos notar, a aliança burocracia-ONGs está longe de não criar atritos. Pelo contrário, são inúmeros os temas em conflito. Em entrevista, um Social Development Specialist do banco argumentou que o relacionamento banco-ONGs era um *mix* de colaboração e conflito. Por exemplo, em *fossil fuels* a maioria das ONGs era fortemente contra o banco. Já na mais recente crise financeira (2008-2010) várias ONGs o viam como aliado, ao passo que outras ainda o encaravam como corresponsável pela crise. Estas afirmavam que o banco ainda era neoliberal demais e democrático de menos, não sendo possível confiar em seu Senior Management. Para o especialista as negociações de reabastecimento da IDA sempre foram uma faca de dois gumes. De um modo geral as ONGs viam os recursos como benignos e apoiavam sua renovação, mas também se utilizavam da situação para apoiar a renovação junto aos países do G-7 em troca do cancelamento das políticas de *fossil fuels* da organização. Além disso, para o especialista muitas ONGs não desejam um banco mais autônomo. Na verdade, elas desejam um banco mais democrático e menos autônomo exatamente porque desejam participar e influir no processo

---

[305] Ver "U.K. House of Commons 2007 DFID and the World Bank Report vol.2 oral and written evidence", p. 2.
[306] Ibid., p. 76.
[307] Ibid., p. 96.
[308] Ibid., p. 98.
[309] Ibid., p. 106-110.
[310] Ibid., p. 124-125.

decisório, diminuindo a margem de manobra do Senior Management para aprovar *policies*.[311]

Contudo, acreditamos que, a despeito desta relação de colaboração e conflito, a aliança do banco com as ONGs por meio dos Annual Meetings e do Country Ownership provavelmente aumentou os custos de controle do banco para os *principals* via reabastecimentos da IDA. A ideia que procuramos demonstrar neste capítulo é de que as ONGs migraram de uma postura totalmente crítica ao banco nos anos 1980 e 1990 para uma atitude mais construtiva e participativa após o *Strategic compact*. No entanto, como observamos nas audiências sobre o Doing Business e no relatório do DFID, isso não significa que a estratégia de pressionar o banco utilizando as ONGs foi totalmente abandonada pelo governo estadunidense e demais países do G-7.

Assim, indicamos que após as reformas promovidas pelo *Strategic compact* não houve nenhuma tentativa dos países do G-7, em especial os EUA, de controlar ou reformar a organização se utilizando dos mesmos padrões estratégicos que existiram nos anos 1980 e 1990. Nossa hipótese sugere que aquele padrão de controle não foi mais possível graças à aliança da burocracia com as ONGs. É provável que esta aliança tenha aumentado os custos de instrumentalização e controle para os *principals*, notadamente para os EUA. Desta forma, como seria possível para o governo dos EUA agir contra a opinião pública local e as ONGs que estavam ao lado da burocracia? Consequentemente, sugerimos que houve aumento da autonomia burocrática do Banco Mundial.

***

No capítulo anterior demonstramos como a diversificação da *expertise* permitiu a criação de comunidades epistêmicas nas áreas social e ambiental dentro do Banco Mundial. Estas comunidades facilitaram o acesso da burocracia às ONGs. Neste capítulo procuramos demonstrar, por um

---

[311] Entrevista com World Bank Social Development Specialist, 17 de novembro de 2009.

lado, como a abertura do processo decisório às ONGs, notadamente nas negociações da IDA, permitiu a criação destas alianças burocracia-ONGs e, por outro, como estas alianças agiram na renovação dos recursos da IDA junto aos parlamentos dos países do G-7, notadamente dos EUA. Além disso, apontamos que a comunidade epistêmica do CST (Civil Society Team) formada por funcionários com experiência prévia em ONGs ambientais e sociais teve papel fundamental nesta construção. Demonstramos também que após as reformas promovidas pelo *Strategic compact* não houve mais tentativas deliberadas dos países do G-7 no sentido de controlar a burocracia. Sugerimos que a ação da coalizão burocracia-ONGs aumentou os custos de controle dos *principals*, os quais se depararam com a complicada situação de agirem contra a opinião pública local para verem seus controles terem efeito. O aumento destes custos provavelmente deixou o Senior Management mais livre para ver suas propostas serem aprovadas. No capítulo 5 demonstramos como este tipo de aliança não foi possível no FMI.

Capítulo 5
O FMI e o controle dos *principals*

Neste capítulo argumentamos que o FMI é uma OI mais controlada pelos *principals*, notadamente pelos EUA, do que o Banco Mundial. Isso não significa dizer que o Senior Management e os burocratas não buscam aumentar a autonomia da organização, mas sim que a existência de um consenso ideológico interno e a decorrente falta de alianças com ONGs dificultam a construção de uma organização mais autônoma. Veremos que este consenso e ausência de alianças com o terceiro setor são resultado do controle dos *principals* sobre o processo seletivo (*screening*) do Senior Management e dos burocratas. O capítulo é dividido em três partes. A primeira trata da estrutura do FMI e dá ênfase ao papel da alta hierarquia e dos *principals* no processo decisório. Discorre também sobre a composição do Senior Management e como os *principals* mantêm cuidadoso controle sobre as escolhas para os cargos-chave deste nível hierárquico. A segunda trata da composição do corpo burocrático e da inércia ideológica criada na organização a partir dos anos 1980. Nesta parte mostramos como o processo seletivo do fundo manteve-se rígido e restritivo, não diversificando a *expertise* de seus quadros burocráticos. Por fim, a terceira seção mostra que nos processos de renovação das cotas do FMI no Congresso dos EUA as ONGs tiveram participação tímida ou crítica em relação ao fundo, bastante diferente daquilo observado no caso do Banco Mundial depois da administração Wolfensohn.

A estrutura do FMI: *principals* e Senior Management

Os *Articles of agreement* firmados em 1944 no resort de Bretton Woods, New Hampshire, estabeleceram que o FMI tivesse a responsabilidade de restaurar a estabilidade econômica de países que sofrem com crises macroeconômicas e que não conseguem solucioná-las por meio de empréstimos regulares nos mercados privados. Esta missão é a mesma quase 70 anos depois. O fundo tem duas finalidades básicas: (a) monitorar a economia dos países-membros (*surveillance operations*), notadamente as taxas de câmbio e a balança de pagamentos; e (b) agir como emprestador internacional para países em crise (*lending operations*) (Mosley, 2002:598).

No entanto, ambas as finalidades são vagas o suficiente ao ponto de os *Articles of agreement* sofrerem emendas ao longo dos anos como forma de adaptar a organização à realidade mutante do sistema financeiro global. O sistema criado em 1944 era regido por dois pilares estabelecidos na conferência de Bretton Woods: a convertibilidade do dólar em ouro, as taxas de câmbio fixas e o controle de capitais (De Vries, 1986:73; Eichengreen, 1996:93-94). Assim, nos anos 1950 e 1960 o organismo era responsável por atenuar as crises na balança de pagamentos dentro dos limites do padrão--ouro, principalmente entre os países da Europa Ocidental e os EUA. Contudo, o FMI poucas vezes desempenhou este papel junto aos países ricos. Embora os primeiros empréstimos tenham sido direcionados para os países desenvolvidos, pelo menos desde 1954 — com um empréstimo ao Peru — o fundo se especializou em emprestar aos países em desenvolvimento e pobres (Vreeland, 2007:9-10). Após o fim do padrão-ouro em 1971-1973 o FMI se concentrou em problemas relacionados às crises da dívida externa dos países em desenvolvimento. O novo objetivo era administrar um regime cambial mais flexível e instável que nascia com o fim da paridade (Boughton, 2001:1-2; Eichengreen, 1996:139-145). A organização mudou seu foco de regulação monetária internacional para administração das crises da balança de pagamentos, com base em programas orientados à abertura das economias em crise aos mercados privados (Vreeland, 2003:2-3). Já nos anos 1980 e 1990 a organização direcionou seus esforços para a liberalização dos controles de capitais e para as reformas estruturais liberalizantes dos países em desenvolvimento, inclusive com reformas microeconômicas. Nesse período, o FMI começou a exigir que países receptores de recursos implementassem uma série de condições inseridas nas LOIs (*letters of intent*) dos empréstimos — as chamadas condicionalidades (Vreeland, 2007:3-9; Helleiner, 1994:146-156).[312] É importante notarmos que em todas estas fases houve emendas aos *Articles of agreement* sempre no intuito de atualizar os mecanismos de ajuda da organização às novas crises financeiras que ocorriam.[313]

A atual assistência financeira do fundo tem dois componentes — o financiamento e a condicionalidade — que dão conta dos aspectos fundamentais dos problemas macroeconômicos. O acesso dos países à assistência financeira é condicionado à adoção de objetivos de política macroeconômica negociados entre o país receptor e o *staff* da organização. Estas condicionalidades geralmente tomam a forma de critérios de desempenho (inflação, gastos públicos etc.) e *policies benchmark* (reforma fiscal e privatização). O objetivo é exatamente aliviar as dificuldades econômicas que levaram à crise da balança de pagamentos (Broz e Hawes, 2006:370; e Przeworski e Vreeland, 2000).[314,315] Desse modo, embora haja

---

[312] A literatura sobre as condicionalidades e seus impactos no crescimento econômico e na soberania dos países é imensa. As condicionalidades parecem ser o tema mais controverso do FMI. Um importante trabalho e comumente citado é a coletânea de artigos organizada por John Williamson (1983). Outros trabalhos importantes são: Bird (1995); Vreeland (2003 e 2007); Przeworski e Vreeland (2000); Gould (2003a e 2003b); Polack (1991); Babb e Buria (2004) e Gold (1970).
[313] As emendas ocorreram em 1969, 1978 e 1992. Ver "IMF 2009 Articles of agreement of the IMF". Disponível em: <www.imf.org>. Acesso em: jul. 2009.
[314] As condicionalidades somente foram inseridas nos *Articles of agreement* na emenda de 1968 e ainda assim de maneira não muito clara. A emenda era "*The Fund shall adopt policies on the use of its resources that will assist members so solve their balance of payments problems*". Ver "IMF1968 Annual report", p. 155.
[315] A literatura indica que as condicionalidades são uma forma de lidar com problemas de *moral hazard* introduzidos pela existência de um emprestador de última instância (*lender of last resort*) (Bird, 1995; Fischer, 1999). Se os países sabem que podem conseguir empréstimos toda vez que tenham problemas financeiros há poucos incentivos para que eles evitem novas crises no futuro. Assim, o FMI faz um empréstimo porque acredita que o país em questão teve políticas macroeconômicas mal formuladas e que, portanto, precisa adotar as condicionalidades inseridas no acordo. Vreeland (2003:9).

critérios gerais básicos para as condicionalidades, o fundo pode adotar os mais diversos graus e índices para a aplicação destes mecanismos de controle macroeconômico, o que abre à burocracia espaço para certa discricionariedade.

A estrutura de decisão do FMI é razoavelmente a mesma desde sua fundação. Não houve nesta organização o mesmo processo de irradiação intrainstitucional que houve no Banco Mundial com a criação de IBRD, IDA etc. A instância máxima do FMI é o Board of Governors, composto pelos ministros de finanças dos países-membros. Na prática, esta instância se reúne poucas vezes por ano e delibera sobre os temas mais gerais da organização, tais como a porcentagem dos votos dos membros. A segunda instância de decisão e a mais importante para o dia a dia da organização é o Executive Board.

No entanto, desde 1999 existe uma estrutura intermediária entre o Board of Governors e o Executive Board que não existe no Banco Mundial. Trata-se do International Monetary Fund Committee (IMFC). O IMFC é composto por 24 dos 185 governadores do fundo e sua composição corresponde às 24 cadeiras de diretores do Executive Board. O IMFC foi criado por resolução em 1999 para substituir o antigo Interim Committe, criado em 1974 após a crise resultante do fim da paridade ouro-dólar.[316] O IMFC serve para auxiliar o Board of Governors em suas deliberações. As reuniões do órgão acontecem apenas duas vezes ao ano e antecedem os Annual Meetings.[317,318] No entanto, dado o caráter extraordinário das reuniões do Board of Governors e do IMFC, o cotidiano da organização é comandado efetivamente pelo Executive Board e pelo Senior Management. A figura 5 mostra o esquema de governança atual do fundo:

---

[316] Sobre o *Interim Committee* e as circunstâncias de sua criação, ver De Vries (1986:158-168).

[317] Os atuais membros do IMFC são: Egito (Presidência), Argélia, Argentina, Bélgica, Brasil, Canadá, China, França, Gabão, Alemanha, Índia, Indonésia, Itália, Japão, Coreia, Países Baixos, Rússia, Arábia Saudita, África do Sul, Espanha, Suécia, Suíça, Emirados Árabes, Reino Unido e EUA. Ver "IMF 2009 IMFC Definition". Disponível em: <www.imf.org>. Acesso em: jul. 2009.

[318] Em artigo na *Folha de S.Paulo* o atual representante do Brasil no FMI, Paulo Nogueira Batista Jr., descreve o poder de agenda do IMFC. Ver "Faca de dois legumes", *FSP*, 7-5-2009.

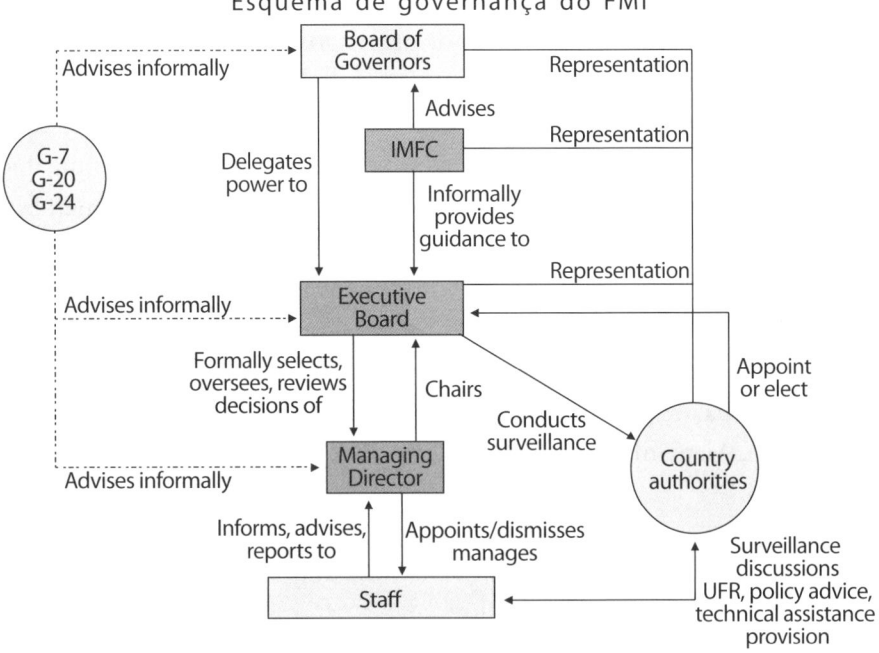

Figura 5
Esquema de governança do FMI

```
                              ┌──────────────┐
  Advises informally ········▶│  Board of    │  Representation
                              │  Governors   │◀──────────────
                              └──────────────┘
                                 │      ▲
                                 │      │ Advises
   ┌──────┐                      │    ┌──────┐  Representation
   │ G-7  │          Delegates   │    │ IMFC │◀──────────────
   │ G-20 │          power to    │    └──────┘
   │ G-24 │                      │      │
   └──────┘                      │      │ Informally
                                 │      │ provides
                                 │      │ guidance to
                                 ▼      ▼
                              ┌──────────────┐  Representation
  Advises informally ········▶│  Executive   │◀──────────────
                              │    Board     │
                              └──────────────┘
                    Formally selects,  ▲           Appoint
                    oversees, reviews  │ Chairs    or elect
                    decisions of       │
                                       │  Conducts
                                       │  surveillance  ┌──────────┐
                              ┌──────────────┐          │ Country  │
  Advises informally ········▶│  Managing    │─────────▶│authorities│
                              │  Director    │          └──────────┘
                              └──────────────┘               │
                   Informs, advises,│  ▲Appoints/dismisses   │ Surveillance
                   reports to      │  │ manages              │ discussions
                                   ▼  │                      │ UFR, policy advice,
                              ┌──────────────┐               │ technical assistance
                              │    Staff     │◀──────────────┘ provision
                              └──────────────┘
```

Fonte: "IMF 2008 IEO — Governance of the IMF — an evaluation", p. 3.

O Executive Board é composto por cinco diretores indicados (EUA, Reino Unido, França, Alemanha e Japão) e outros 19 eleitos por grupo de países. O que define a indicação dos diretores destes cinco países sem a necessidade de composição com os demais grupos é a participação em cotas na organização. Recentemente, três outros países têm indicado seus representantes sem a necessidade de eleições por grupo de países exatamente porque aumentaram suas cotas: Rússia, China e Arábia Saudita. Países como Brasil, Canadá, Índia, Itália e Suíça dominam seus respectivos grupos porque possuem mais da metade das cotas somadas dos demais membros do grupo do qual fazem parte. Quatro outros grupos têm membros claramente dominantes (Bélgica, Países Baixos, Argentina e Austrália). Os sete grupos restantes têm grande dispersão dos votos entre seus membros, sendo impossível identificar um país dominante (Bird e Rowlands, 2006:163). Os *Articles of agreement* permitem alguma discricionariedade na escolha dos grupos (número de membros), mas nos últimos anos o número tem se mantido constante em 19. Não há nenhuma regra sobre como os países devem compor os grupos, mas há uma tendência de os países se aliarem por região ou língua.[319,320]

Para cada decisão no Executive Board um país ou grupo de países controla uma soma total de cotas. As cotas são calculadas por uma fórmula que leva em consideração o tamanho da economia de cada país. Cada membro tem direito a 250 votos básicos mais um voto para cada parte de sua cota equivalente a 100 mil SDRs.[321,322] Como os votos básicos correspondem a uma fração muito baixa dos votos totais, o que realmente importa é o tamanho da economia do país e seu poder político interno.[323,324] Os EUA têm a maior participação com 17,8% (SDR 37 bilhões), seguido por Japão com 6,24%, Alemanha com 6,09%, Reino Unido com 5,03% e França com

---

[319] Mesmo assim há alguns grupos aparentemente impensáveis como a Suíça representando Tajiquistão, Azerbaijão, Turcomenistão, Polônia e Sérvia. Não há estudos que mostrem como os países compõem estes grupos.

[320] Em 2001 o Executive Board construiu um órgão independente — Independent Evaluation Office (IEO) — para avaliar os trabalhos do fundo. Desde então o IEO faz relatórios e análises sobre os mais diversos temas da organização. Disponível em: <www.ieo-imf.org/>. Acesso em: mar. 2010.

[321] Como indicado no capítulo 2, os Special Drawing Rights (SDR) são uma moeda de referência criada pelo FMI em 1969. É composta por uma cesta de moedas fortes (dólar, iene, euro etc.). Ao atrelar o valor do SDR a esta cesta o SDR é mais estável do que qualquer uma das outras moedas. Uma unidade de SDR equivale a mais ou menos US$ 1.25-1.50. Vreeland (2007:13-14). Sobre a criação do SDR, ver Eichengreen (1996:117-120).

[322] De 1963 a 1983 as "cotas calculadas" eram baseadas em uma complexa fórmula matemática que envolvia 10 diferentes equações. Em 1983 houve uma reforma que buscou simplificá-la. Depois da 11ª *General Review* finalizada em 1998, os países começaram a reclamar da forma de cálculo. Um painel independente com oito especialistas externos (Quota Formula Review Group) submeteu um relatório em 2000. Embora a nova fórmula proposta fosse bem mais simples, o relatório não foi bem-vindo *no Executive Board*. Bird e Rowlands (2006:155). Desde então se discute qual a melhor fórmula de cálculo, mas ainda não se chegou a um consenso dadas as enormes resistências de diversos países, notadamente os europeus.

[323] O país Palau tem 281 cotas de SDR e, portanto, 0,013% dos votos totais.

[324] Segundo Buira (2002:228), a distribuição das cotas tem mais a ver com a divisão política ricos × pobres do que exatamente o tamanho das economias. Para o autor é difícil justificar que a China, segundo PIB mundial em PPP, tenha uma participação menor do que os Países Baixos e que a Bélgica tenha uma participação 52% maior que a do Brasil.

5,03%, ao passo que o grupo liderado pela Guiné Equatorial, representando 23 países, soma 1,4% das cotas.[325] Os países do G-7 não possuem maioria dos votos, alcançando 46,08% das cotas totais. São necessários 86% dos votos para ocorrer emendas aos *Articles of agreement*. Assim, os EUA são os únicos que podem vetar isoladamente mudanças. Os europeus também podem vetar mudanças se agirem em conjunto, pois a soma dos três grandes países do continente já alcança os 16% necessários para o bloqueio.

No entanto, o sistema de votação do órgão se sustenta pela formação de consensos para minimizar confrontos, tal qual no Banco Mundial. O procedimento de tomada de decisões da organização proíbe a consideração de fatores políticos. Os empréstimos são discutidos estritamente dentro da "doutrina econômica da neutralidade" sem que a natureza dos regimes políticos e econômicos dos países tomadores de empréstimos seja profundamente discutida, embora isso mascare visões políticas.[326] As negociações do Executive Board são bastante obscuras. Pouco se sabe sobre a lógica das negociações feitas antes das reuniões oficiais e, principalmente, como isto se reflete nas votações (De Gregorio et al., 1999:80).[327]

No entanto, a literatura aponta alguns indícios da lógica de funcionamento. Em meio às tratativas, o diretor executivo dos EUA utiliza uma estratégia chamada de "*sense of the meeting*".[328] Na verdade, trata-se de uma tentativa dos EUA de exercerem seu poder para convencer os demais diretores de que as discussões são fúteis e que a vontade estadunidense prevalecerá ao final. No entanto, esta prática resulta em longas reuniões na busca de um denominador

---

[325] Neste grupo há uma concentração de países africanos e do Pacífico: Benim, Burquina Fasso, Camarões, Cabo Verde, República Centro-Africana, Chad, Comoros, República Democrática do Congo, República do Congo, Costa do Marfim, Djibuti, Guiné Equatorial, Gabão, Guiné, Guiné-Bissau, Madagascar, Mali, Mauritânia, Ilhas Maurício, Níger, Ruanda, São Tomé e Príncipe, Senegal e Togo.

[326] É certo que isto também tem a ver com o interesse do FMI, como organização, de passar uma mensagem de neutralidade e equilíbrio das decisões para o público externo e, assim, aumentar sua legitimidade. Swedberg (1986:388-389).

[327] A mídia sempre repercute o segredo em torno das votações do Executive Board do fundo. Ver "Unveiling a secretive agency", *NYT*, 10-6-1986; "At the IMF, a struggle shrouded in secrecy", *WPost*, 30-3-1988.

[328] Isto baseia-se na cláusula C-10 dos procedimentos do Executive Board.

comum, o que teoricamente aumenta o poder relativo dos pequenos. Além disso, o Managing Director e o First Deputy Managing mantêm votações simbólicas ao longo das discussões para observar onde se encontra a maioria necessária para a aprovação da *policy*. Desta forma, embora a votação nominal raramente ocorra, o Senior Management e os EUA buscam identificar a maioria e com isso impô-la sobre eventuais minorias para que haja consenso (Vreeland, 2007:19; Van Houten, 2002:23).[329]

A distribuição das cotas entre os países é importante não apenas pelo seu poder de votos, mas porque determina também o acesso aos financiamentos. Um país pode acessar os recursos do fundo até no máximo 300 vezes o total de suas cotas. Assim, os países em desenvolvimento têm acesso limitado tanto na tomada de decisões do Executive Board quanto no acesso aos recursos disponíveis em caso de crise (Buira, 2003:228-229). No entanto, estes limites se mostraram inviáveis a partir dos anos 1990. Com a crise mexicana de 1994/1995 os limites começaram a ser transpostos. O sinal mais claro de que os limites não tinham relação com a realidade financeira dos países ocorreu com o Supplementary Reserve Facility estabelecido em 1997 em meio à crise asiática. Desde 1994, mais de 90% dos casos ficaram dentro dos limites, embora 85% dos acordos do fundo em 2002 se concentrassem em cinco empréstimos que extrapolaram os limites. A Argentina utilizou um empréstimo cinco vezes maior e a Turquia 15 vezes maior que sua cota. Assim, embora as cotas sejam importantes para o acesso aos recursos, o fundo adota posturas pragmáticas para dar conta das necessidades dos tomadores de empréstimos (Bird e Rowlands, 2006:158).

A cada cinco anos ocorrem os General Review of Quotas, nos quais alguns países buscam, por um lado, aumentar sua participação nas cotas de maneira proporcional às mudanças relativas no tamanho de sua economia no cenário global e, por outro, aumentar os recursos financeiros disponí-

---

[329] Alguns estudos têm indicado que o poder dos EUA nas votações do Executive Board é maior do que os 17% de cotas permite pensar, notadamente nas votações de simples maioria. Alguns pesquisadores examinaram possíveis coalizões nas votações e identificaram que o poder relativo dos EUA no Executive Board é perto de 62,3%. Os EUA têm um *swing vote* que determina os resultados da votação porque não existem coalizões naturais com força o suficiente para bloquear a posição estadunidense. Rapkin e Strand (1997); Leech (2000).

veis ao fundo quando necessário. As revisões passam pelos congressos dos países do G-7. Estas negociações são os únicos mecanismos pelos quais podem ocorrer mudanças no realinhamento das cotas entre os países e são geralmente acompanhadas de tensas negociações.[330,331] Das oito revisões que promoveram aumentos desde 1950, a média de crescimento de recursos do FMI foi de 44%, com a revisão de 1965 na casa dos 30,7% e a de 1959 com 60,7% de aumento (Bird e Rowlands, 2006:156). Como frisado no capítulo 2, a revisão das cotas é crucial para a manutenção financeira da organização, pois o fundo depende exclusivamente dos recursos dos países-membros para operar, já que não pode emitir *bonds* e capitalizar no mercado privado como faz o Banco Mundial no caso do IBRD.

Um aspecto importante a respeito da estrutura de poder dentro do FMI é o processo de escolha do Managing Director do Senior Management. Assim como no Banco Mundial, o Managing Director tem considerável poder de agenda junto aos *principals* e comanda a estrutura burocrática da organização. Formalmente, todos os países representados no Executive Board escolhem o Managing Director por maioria simples para um mandato de cinco anos renovável por mais cinco, mas há um entendimento informal entre os países desenvolvidos de que o escolhido sempre será europeu.[332,333] Isso não significa que os EUA não tenham

---

[330] A literatura sobre a necessidade de revisão das cotas do FMI é considerável. Trataremos mais detidamente deste assunto na conclusão, mas algumas obras são importantes citar: Buira (2002, 2003); Bird e Rowlands (2006); Kelkar, Yadav e Chaudry (2004); Woods (2000, 2001); Eichengreen (1999); Stiglitz (2002); Vreeland (2007).

[331] Sobre o andamento das negociações atuais das cotas, ver entrevista com o diretor brasileiro no fundo, Paulo Nogueira Batista. "Países emergentes não podem baixar a guarda após avanços", *FSP*, 27-4-2009.

[332] Os Managing Directors do FMI foram: Camille Gutt (Bélgica), maio de 1946 a maio de 1951; Ivar Rooth (Suécia), agosto de 1951 a outubro de 1956; Per Jacobson (Suécia), novembro de 1956 a maio de 1963; Pierre-Paul Schweitzer (França), setembro de 1963 a agosto de 1973; Johannes Witteveen (Países Baixos), setembro de 1973 a junho de 1978; Jacques de Larosière (França), junho de 1978 a janeiro de 1987; Michel Camdessus (França), janeiro de 1987 a fevereiro de 2000; Horst Kohler (Alemanha), maio de 2000 a março de 2004; Rodrigo Rato (Espanha), junho de 2004 a outubro de 2007; Dominique Strauss-Kahn (França), novembro de 2007 a 2011; Christine Lagarde (França), 2011 até o presente.

[333] Kahler (2002:15) argumenta que a estratégia dos EUA em escolha de europeu para a liderança de organizações econômicas internacionais visa aumentar sua influência. É importante que o líder europeu aja contra os EUA algumas vezes para dar credibilidade à organização.

influência na escolha. Na verdade, os EUA podem exercer poder de veto no processo seletivo, como ficou claro em 2000 quando o escolhido dos europeus — o teuto-brasileiro Caio Kock-Weser, ministro das Finanças e ex-funcionário do Banco Mundial — foi rejeitado pelo governo americano sob o argumento de falta de experiência no comando de bancos centrais.[334,335,336,337,338]

O Managing Director é auxiliado pelo First Deputy Managing, considerado o segundo cargo em importância na organização. Ao contrário do Banco Mundial, que possui diversas vice-presidências que diminuem a força do Managing Director (segundo na hierarquia do banco), o FMI concentra as atividades de interlocução entre o *staff*, o Executive Board e os governos dos países receptores na figura do First Deputy. O cargo comanda as negociações dos pacotes de ajuda financeira aos países em crise lidando diretamente com os chefes de Estado e ministros de Finanças. Os critérios de escolha do First Deputy não são claros, embora a indicação deva ser aprovada pelo Executive Board. No entanto, há fortes indícios de que o secretário do Tesouro dos EUA

---

[334] Sobre a desastrada indicação de Caio Koch-Weser, ver Buira (2003:231); Engelen (2004:54); Kahler (2002:30-42); Willet (2000:12).

[335] A indicação foi formalizada pela declaração conjunta da União Europeia. Ver "IMF 2000 Informal board meeting on the selection of the managing director statement by Mr. Santos", 29-2-2000.

[336] A mídia acompanhou a indicação europeia e a pressão dos EUA por outros nomes para o cargo máximo da organização. Ver "Germany taps new nominee to head IMF, previous candidate withdrawing following pressure from US", *WPost*, 8-3-2000; "EU selects Koch-Weser to head IMF, Clinton labels him as unfit to serve", *WSJ*, 29-2-2000; e o artigo de Moises Naim publicado no *Financial Times* alguns anos depois: "The Fund should end its backroom deals", *FTimes*, 5-3-2004.

[337] Com a saída de Michel Camdessus o *NYT* defendeu em editorial uma escolha transparente do Managing Director do FMI e não necessariamente europeia. O irônico é que o jornal americano nada disse sobre a escolha de americanos para o cargo de Managing Director do Banco Mundial. Ver "A more open IMF", *NYT*, 22-11-1999.

[338] Há um amplo debate na literatura sobre a tradição de se indicar um europeu com aval dos EUA para a função de Managing Director, inclusive com propostas de eleições abertas a todos os países. Ver Momani (2007:54-55); Kahler (2002:77-102) e Ostry e Zettelmeyer (2005:17).

tem poder de veto na escolha.[339,340] O cargo é tão central na estrutura hierárquica que, durante a nomeação europeia para Managing Director rejeitada pelos EUA em 2000, muitos países apoiaram a nomeação do então First Deputy para o cargo — o americano nascido em Zâmbia Stanley Fischer —, o que foi vetado pelo governo Clinton.[341,342] É importante notarmos que todos os First Deputies foram americanos.[343]

Conforme afirmamos no capítulo 2, o controle dos quadros do Senior Management é variável decisiva na estrutura de poder da organização. É neste aspecto que a influência dos *principals*, notadamente dos EUA e do G-7, se torna importante para o controle da burocracia e, por conse-

---

[339] A mídia mostrou a influência do governo dos EUA na escolha do nº 2 do fundo. Ver "Nº 2 official of the IMF to step down as year's end", *NYT*, 9-5-2001; "Changing of the guard puts IMF at crossroads", *FTimes*, 21-5-2001; "Fisher may succeed Erb in N.2 position at IMF", *WSJ*, 24-5-1994. A nomeação de Anne O. Krueger para o lugar de Stanley Fischer em 2001 mostrou a força do Tesouro dos EUA na escolha. Krueger havia sido recentemente aprovada pelo Senado para fazer parte do Council of Economic Advisers (CEA) da Casa Branca durante o governo George W. Bush, mas foi indicada ao cargo do FMI pelo secretário do Tesouro. Ver "IMF to name Krueger as N. 2 official, Bush to withdraw her CEA nomination", *WSJ*, 7-6-2001; "Top US woman comes with a robust reputation IMF appointments", *FTimes*, 8-6-2001; "Major changes signaled at IMF, appointees include conservative stanford economist to n.2 post", *WPost*, 8-6-2001.

[340] Kahler (2002:25) argumenta que a criação do cargo em 1949 visava a proteger a influência dos EUA no fundo, possivelmente ameaçada por um Managing Director europeu revisionista.

[341] Sobre a indição de Stanley Fischer apoiado por diversos países africanos, ver "Contest for new IMF chief widens", *FTimes*, 24-2-2000; sobre o veto americano ao nome do economista e a influência deste veto em seu pedido de demissão, ver "The IMF needs more than a new Boss", *WSJ*, 2-3-2000; "Clinton backs Kohler's bid move seen as gesture to ease tension between US and Germany rather than enthusiastic endorsement", *FTimes*, 14-3-2000.

[342] Na esteira das mudanças de cargos após a saída de Michel Camdessus em 2000, quase todas as posições do Senior Management foram ocupadas por economistas do governo dos EUA. Houve apenas um alemão entre os americanos. Anne O. Krueger substituiu Stanley Fischer como First Deputy, Timothy Geithner substituiu Jack Boorman no Policy Development and Review Department, Kenneth Rogoff no lugar de Michael Mussa no Research Department e Gerd Hausler no Capital Markets Department. Ver "Major changes signaled at IMF, appointees include conservative Stanford economist to n.2 post", *WPost*, 8-6-2001; "Top US woman comes with a robust reputation IMF appointments", *FTimes*, 8-6-2001.

[343] Os First Deputies Managing foram: Andrew N. Overby (1949-1952), H. Merle Cochran (1953-1962), Frank A. Southard Jr. (1962-1974), Richard D. Erb (1984-1994), Stanley Fischer (1994-2001), Anne O. Krueger (2001-2006) e John Lipsky (2006-presente). Disponível em: <www.imf.org>. Acesso em: jul. 2009.

guinte, das *policies* do FMI. Embora os critérios de escolha para os altos cargos não sejam claros, três fatores parecem pesar mais: proximidade do candidato com os EUA, profissão (economista) e experiência no setor financeiro de governos de países do IMFC. Babb realizou extenso *survey* sobre a escolha dos burocratas de alto nível na organização entre 1946 e 1991. Dos 49 escolhidos para os cargos, 31 eram economistas (63,3%) e 27 (55,1%) haviam trabalhado previamente na administração pública de seus países. Dos 12 indicados para as posições mais altas entre 1980 e 1991 pelo menos 10 eram economistas, enquanto entre 1947 e 1979 apenas metade dos escolhidos era de economistas. O autor afirma que a partir de 1980 acentuou-se a tendência de contratar exclusivamente economistas de países ricos para os altos cargos (Babb, 2003:19).[344]

O processo seletivo fechado e a coesão ideológica

O orçamento administrativo da organização é bem menor que o do Banco Mundial. Em 1994 o fundo gastava US$ 448 milhões para a manutenção da máquina burocrática. Em 2009 este valor chegou a US$ 966,9 milhões.[345] No entanto, a burocracia do fundo teve o mesmo crescimento que sua organização irmã. Em 1989 o FMI tinha 1.750 funcionários e em 2005 chegou 2.800.[346] O quadro de funcionários passou por aumentos importantes durante 10 anos (1996-2006) para dar conta das crises da

---

[344] A atual composição do Senior Management reflete a lógica de manter uma diversficação nacional mínima (países desenvolvidos × países em desenvolvimento), porém com forte concentração educacional. Isto é, o alto escalão tem alguns membros de países em desenvolvimento, mas esses membros estudaram nas principais escolas de economia nos EUA e Europa. Dos 15 atuais membros, apenas quatro tinham origem em países em desenvolvimento. No entanto, pelo menos 13 dos 15 fizeram quase toda a formação educacional nos EUA. E 10 deles nas universidades chamadas de Top Twenty pela organização. Disponível em: <www.imf.org/external/np/sec/memdir/officers.htm>. Acesso em: dez. 2008.
[345] Ver "IMF 1996 AR FY1996 Administrative and budget, staffing and organization", p. 218; "IMF 2008 AR FY2008 Administrative and budget, staffing and organization", p. 11.
[346] Ver "IMF 2006 IMF Budget and the medium-term budgetary framework", p. 23.

Ásia e da Rússia, porém sofreu fortes reduções recentemente.[347] Antes da crise financeira global (2008-2010) o FMI passou por um processo importante de corte de funcionários.[348,349,350,351] A figura 6 mostra a expansão e retração da burocracia do fundo desde 1990.

Ao contrário do Banco Mundial, o processo seletivo dos burocratas do fundo é fortemente controlado pelo Senior Management. Pelo menos desde a década de 1970 o alto escalão recruta os economistas da organização de duas maneiras: pelo programa "Economistas Experientes" (Experienced Economists) ou pelo "Programa Economistas" (Economists Program). O primeiro promove uma seleção direta no mercado para determinada função dentro da organização. Normalmente, este funcionário é chamado para

---

[347] Em 1996 era de 2.184 funcionários (*full time*). Em 2006 a organização fez um enorme esforço para manter o teto de 2.802 burocratas (*full time*) estipulado pelo Executive Board. Ver "IMF 1996 AR FY1996 Administrative and budget, staffing and organization", p. 218-219; "IMF 2004 Executive Board approves the FY 2005 Administrative and capital budgets", 16-6-2004, p. 2-3.

[348] A falta de tomadores de empréstimos à época colocava em xeque a importância da organização, o que levou muitos economistas a pedirem demissão. Além disso, como a baixa frequência de operações financeiras enfraquecia a capacidade da organização de se autofinanciar, o Senior Management foi obrigado a criar um agressivo plano de demissões voluntárias que chegaria a quase 500 cortes. Muitos funcionários pediram demissão por acreditarem que o FMI estava com seus dias contados e porque receberam ofertas mais interessantes dos bancos privados. O fundo desejava um corte maior nas chefias, mas muitos economistas medianos pediram demissão, o que não era esperado. Ver "IMF to offer buyouts to about 500 employees", *WPost*, 30-4-2008; "Small nations, big test for IMF", *WPost*, 14-10-2008; "IMF faces a question of identity", *NYT*, 28-9-2007; "Exodus at the IMF", *BIC*, 1-5-2008.

[349] Tamanha falta de recursos gerou discussões em torno da necessidade de se vender as reservas de ouro da organização para financiar a manutenção da organização. Ver "Selling gold at IMF to rebuild its finances", *NYT*, 26-2-2008.

[350] Os orçamentos para 2009-2011 ainda previam cortes de mais 300 funcionários. No entanto, com o advento da crise financeira e a possibilidade de aumento de lucros com os empréstimos aos países em crise o fundo segurou o processo de demissão em massa e fortaleceu a contratação de economistas especializados em mercados financeiros. Sobre a previsão orçamentária em relação aos cortes durante 2009-2011, ver "IMF 2009 FY2009-FY2011 medium-term administrative, restructuring, and capital budgets", p. 16; sobre as novas contratações, ver "IMF may profit from bailout", *NYT*, 10-3-2009.

[351] Blustein (2001:26) informa que após a crise da Ásia o Fundo sentiu a urgência de contratar economistas especializados em mercados financeiros. Os economistas da organização eram especialistas em políticas macroeconômicas, mas não em funcionamento do sistema financeiro global.

suprir carências de habilidades ocasionadas por mudanças drásticas nas condições macroeconômicas mundiais para as quais o fundo não preparou seus quadros por meio do plano de carreira tradicional. O segundo é o programa para jovens economistas que recém-obtiveram seus PhDs em economia, finanças ou estatística e que pretendem fazer carreira no FMI.[352]

Figura 6
Aumento da burocracia por áreas e períodos (1990-2011)

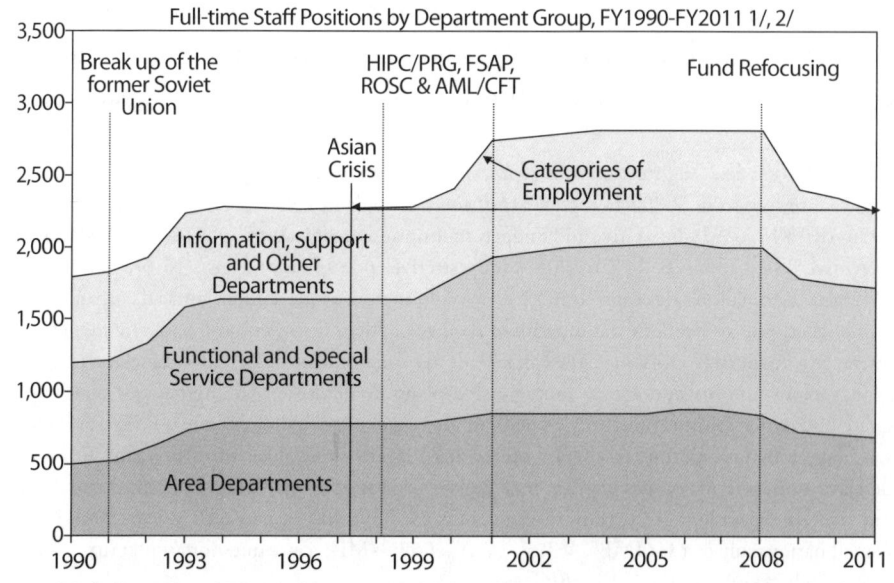

Full-time Staff Positions by Department Group, FY1990-FY2011 1/, 2/

[Gráfico de áreas empilhadas mostrando: Area Departments, Functional and Special Service Departments, Information, Support and Other Departments, Categories of Employment. Marcadores: Break up of the former Soviet Union, Asian Crisis, HIPC/PRG, FSAP, ROSC & AML/CFT, Fund Refocusing]

1/ Excluding OED and IEO. 2/ All figures are full-time staff (FTS, positions, except for FY2009-FY2011, wich are budgeted full-time equivalents (FTEs). For FY2008, budgeted FTEs are about 150 lower than the FTS ceilling of 2,802.

Fonte: "IMF 2008 statement by the managing director on strategic directions in the medium-term budget", 12-4-2008.

Em ambos os processos o Senior Management tem participação direta nas escolhas. No caso dos "Economistas Experientes", o Senior Management estabelece um Senior Review Committee para avaliar o

---

[352] O candidato deve ter menos de 33 anos (a média de entrada é de 29 anos); ter um diploma de PhD em macroeconomia ou área conexa; ter bom currículo acadêmico; ser fluente em inglês; e demonstrar habilidades estatísticas. Ver "IMF 2009 economists program". Disponível em: <www.imf.org/external/np/adm/rec/job/econopro.htm>.

candidato escolhido pela área do fundo que precisa suprir rapidamente a carência. Este comitê é composto pelo chefe da área requisitória, pelo diretor de Recursos Humanos e por um dos membros do Senior Management, normalmente aquele mais próximo da área técnica em questão. O comitê faz diversas entrevistas para verificar se o candidato se enquadra na forma de pensar da organização, uma vez que se trata de um profissional com experiência externa. O "Programa Economistas", por sua vez, tem um objetivo de longo prazo. O processo começa com a visita do pessoal do Departamento de Recursos Humanos a universidades em aproximadamente 30 países e em reuniões das associações de economistas dos EUA e Europa. Um burocrata contratado pelo "Programa Economistas" tem plano de carreira diferenciado e geralmente é percebido como a elite intelectual da organização. Os selecionados no processo também são sabatinados pelo Senior Review Committee do Senior Management. Atualmente, 56% dos funcionários da casa foram selecionados pelo programa "Economistas Experientes" e 44% pelo "Programa Economistas".[353,354]

Este tipo de recrutamento tem duas consequências: uma alta concentração de americanos e europeus entre os economistas e uma concentração ainda maior de economistas que obtiveram seus PhDs em universidades americanas e europeias.[355] O fundo tem uma política voltada para ampliar a diversidade de seus quadros, mas há divergências quanto a que

---

[353] A forma de participação dos membros do Senior Management no processo seletivo foi informada em entrevista à diretora de Recursos Humanos do FMI, a qual também forneceu os dados aproximados da composição dos burocratas por programa. A diretora revelou que o objetivo do acompanhamento pelo Senior Management é de fato controlar o processo seletivo de perto para promover coesão intelectual. Entrevista concedida em 14 de maio de 2009.

[354] O fundo recebe em torno de mil inscrições por ano e emprega na média 25-30 economistas. Aproximadamente 100 a 125 economistas são entrevistados pelo Senior Review Committee. Momani (2005:173).

[355] Um dos problemas que mais afetam a legitimidade da organização é exatamente a alta participação de economistas que estudaram nas melhores universidades americanas e europeias. Sobre os problemas relacionados à legitimidade da organização neste ponto, ver Woods (2000, 2001 e 2006); Momani (2007); Evans e Finnemore (2001).

significa diversidade.³⁵⁶ Enquanto para o Senior Management se trata da origem nacional dos funcionários, para alguns membros do Executive Board é uma questão de origem educacional. O fundo tem resistido a mudar a política de recrutamento, tendo como base a ideia de diversidade educacional. O Senior Management alega que precisa contratar os melhores porque a credibilidade das *policies* está em jogo.³⁵⁷ Na visão do Senior Management, os melhores departamentos de economia, finanças e estatística são americanos e europeus.³⁵⁸ O efeito desta percepção é a predominância de profissionais formados nestas instituições.

O Senior Management tem concepções muito fortes sobre quais as universidades que produzem os melhores economistas. Na verdade, no final dos anos 1990 a Divisão de Recrutamento criou uma categoria especial chamada de Top Twenty. Esta categoria se refere à preferência da organização pela contratação de economistas formados em um grupo restrito de universidades estadunidenses (Harvard, MIT, Chicago, Princeton,

---

³⁵⁶ Há um artigo do *Articles of agreement* que recomenda esta política. No entanto, o artigo abre espaço para dúvidas: "*Article XII — Organization and Management — (d) In appointing the staff the Managing Director shall, subject to the paramount importance of securing the highest standards of efficiency and of technical competence, pay due regard to the importance of recruiting personnel on as wide a geographical basis as possible*". Ver "IMF Articles of agreement", p. 32.

³⁵⁷ Michel Camdessus argumentou que era "*necessary that a large proportion of staff economists be trained at the PhD level given the mandate of the Fund, and the advanced training possessed by many country officials with whom Fund staff interact*". Alguns membros do Senior Management também argumentaram que "*diluting the recruitment standards by seeking less-qualified staff would jeopardize the effectiveness of the Fund and erode its credibility*". Momani (2005:178).

³⁵⁸ Questionado pelo Executive Board a respeito da origem educacional dos funcionários, o Senior Management respondeu que as universidades anglo-americanas tinham os melhores programas em finanças e macroeconomia. O argumento sugeria que "*Economics students from other parts of the world are keenly aware of the schools which offer the best programs with the best professors, so they go out of their way to have their academic training 'crowned' by graduate studies at one of these schools. Similarly, other employers worldwide, including governments, tend to compete for those who have the strongest possible graduate level training. Accordingly, not only is this approach necessary for the Fund because it provides the best guarantee for a flexible and versatile core staff for the longer term, but it also helps ensure that Fund economists are at par with their counterparts in member countries*". Momani (2005:179).

Yale, Stanford, Columbia, Berkeley etc.). Em 1997, dos 31 economistas contratados pelo Programa Economistas, 32% obtiveram seus PhDs nas Top Twenty e 19% de outras universidades dos EUA (Maryland, Boston College, Georgetown, George Washington, NYU etc.). As universidades europeias tiveram uma participação de 45%.[359]

Nos anos 1980 houve uma tentativa de contratar economistas de países em desenvolvimento, mas o processo foi pouco frutífero. O Fundo alegava que os departamentos de economia destas universidades não viam a organização como uma carreira promissora para seus alunos. O resultado não poderia ser outro. Pelo menos 75% dos economistas contratados pelo "Programa Economistas" na década de 1980 estudaram nos EUA. A organização também tentou contratar funcionários não economistas sob a categoria de Special Appointees com o objetivo de diversificar os conhecimentos da organização, mas houve poucos resultados. Nos anos 1990 a tendência de concentração de economistas de educação estadunidense e europeia continuou (Momani, 2005:175-178). Em 2003 continuava muito alta a porcentagem de economistas vindos dos EUA e Europa. A quadro 1 mostra os números.

Já na questão da diversidade nacional o fundo tem tentado promover algumas reformas. Em meados dos anos 1990 a organização criou um programa (Action Plan to Promote Staff Diversity and Address Discrimination) e criou um cargo chamado de Special Advisor on Diversity com o objetivo de promover a diversidade nacional dos funcionários.[360] Desde 1996 é editado um *Diversity Annual Report* que compila todos os resultados das políticas de promoção da diversidade. A questão central a ser enfrentada por estes esforços é a alta concentração de economistas de países desenvolvidos, principalmente dos EUA, nos quadros da organização.

---

[359] Em entrevista, um membro de Senior Management do fundo utilizou a expressão "PhD-League" em referência ao fato de a escolha ser concentrada nas universidades chamadas *Ivy League* dos EUA com extensão a Stanford, LSE, Cambridge, Universidade de Chicago e MIT. Entrevista concedida em 4 de maio de 2009.
[360] Ver "IMF 2003 The role of diversity in the fund's human resource strategy", p. 4.

Os burocratas das organizações financeiras internacionais

Quadro 1
Origem educacional dos economistas por tipo de recrutamento

Profile of Fund Economists	Profile of Fund Specialized Career Streams
Hiring Mechanism	
• Hired as EPs - 39 percent	**Hiring Mechanism**
• Hired as experienced economists - 61 percent	• Hired as entry-level professionals (with less than three years of experience) - 16 percent
Academic Background	
• Doctorate - 62 percent	
• Marter's level degree - 36 percent	• HIred as experienced professionals (with three years of experience or more) - 84 percent
* Advanced degree in a field other than economics - 14 percent	
* Advanced degree in political sciences - 1 percent	**Academic Background**
• Highest degree received from North America - 59 percent	• Doctorate - 10 percent
	• Marter's level degree - 57 percent
• Highest degree received from Europe - 36 percent (of which 14 percent from U.K.)	• Bachelor's level degree - 28 percent
	• Associate's or High School - 2 percent
• Highest degree received from Africa, Asia, Latin America, and Middle East - 4 percent	• Specialized training - 3 percent
	• Highest degree received from North America - 68 percent
Work Experience of Experienced Recruits	
Type of Experience	• Highest degree received from Europoe - 19 percent
• Public sector (central banks and ministries) - 43 percent	
• Academia - 19 percent	• Highest degree received from Africa, Asia, Latin America, and Middle East - 13 percent
• Other international organizations - 18 percent	
• Private financial sextor - 10 percent	**Region of Prior Work Experience**
• Other sectors - 8 percent	• North America - 74 percent
Region of Prior Work Experience	• Other Western Hemisphere - 4 percent
• North America - 44 percent	• Europe - 14 percent (of which 4 percent worked in the U.K.)
• Europe - 28 percent (of which 7 percent worked in the U.K.)	
	• Asia - 5 percent
• Asia - 9 percent (of which 2 percent worked in Japan)	• Africa - 1 percent
• Africa - 5 percent	• The Middle-East - 1 percent
• Middle-East - 3 percent	• Information not available - 1 percent

Fonte: "IMF 2003 The role of diversity in the fund's human resource strategy", p. 30.

No *Diversity Report* de 2000 há uma lista dos 20 países com alta ou baixa representação de funcionários em relação ao tamanho das cotas. Os mais representados eram EUA, Índia, Reino Unido e Peru, ao passo que os menos representados eram Japão, Arábia Saudita, Rússia e Suíça. O interessante é que os EUA têm a maior participação em cotas (18,2%) e ainda assim são superrepresentados no corpo burocrático. Entre os economistas de alto nível (A9 a A15), os EUA correspondiam a 42% do *staff*.[361,362] Já a figura 7 mostra a concentração por classes de economistas:

---
[361] Ver "IMF 2000 Diversity Report", p. 15-16.
[362] Os economistas são classificados por classes de A a B.

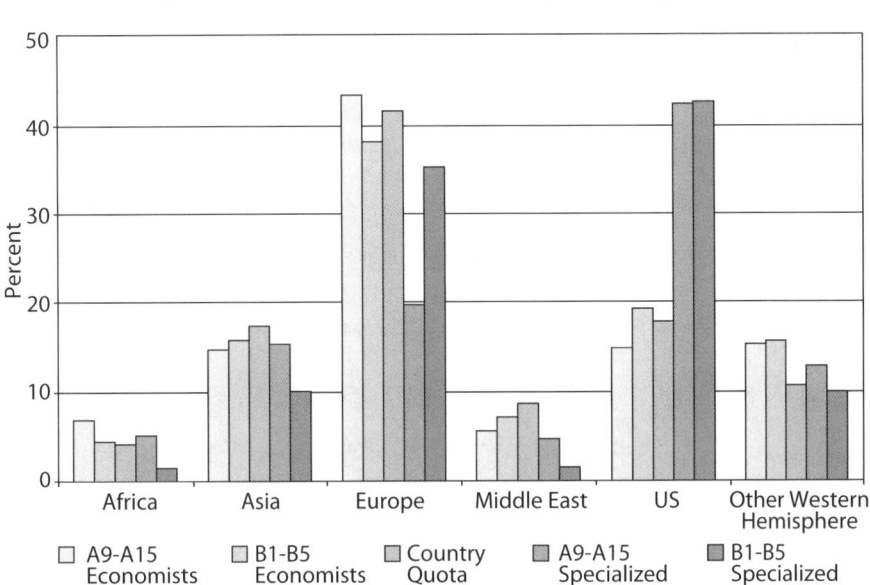

Figura 7
Concentração de economistas dos EUA por categoria em 2000

[Gráfico de barras mostrando percentuais por região: Africa, Asia, Europe, Middle East, US, Other Western Hemisphere, com as categorias A9-A15 Economists, B1-B5 Economists, Country Quota, A9-A15 Specialized, B1-B5 Specialized]

Fonte: "IMF 2000 IMF diversity report attachments", p. 10.

Em 2003 o fundo encomendou um estudo ao Departamento de Recursos Humanos para avaliar os resultados preliminares de quase uma década de esforços para promover a diversidade nacional. Os resultados apontaram certa desconcentração de economistas de países industrializados nas principais carreiras, embora os americanos continuassem super-representados. A região chamada de Western Hemisphere correspondia em 2002 a 28% das cotas totais e a 42,2% dos economistas. Sendo que EUA e Canadá possuíam 21,09% das cotas e 28,2% dos economistas. No entanto, dada a sub-representação do Japão os países industrializados tinham uma participação em economistas próxima ao tamanho de suas cotas (61,5% das cotas e 56,5% do *staff*). A tabela 4 mostra a desconcentração ocorrida entre 1996 e 2002:

Tabela 4
Indicadores de diversidade FMI — 1996-2002

Region 1	A1-A8 1996	A1-A8 2002	A9-A15 1966	A9-A15 2002	A09-B05 1966	A09-B05 2002	B01-B05 1966	B01-B05 2002	Total 1966	Total 2002	Finacial Quota
					In Percent						
Africa	5.5	9.0	5.6	5.8	5.2	5.4	3.7	3.7	5.4	6.4	4.2
Asia	19.6	19.5	15.2	16.1	15.0	15.6	14.0	13.8	16.5	16.7	18.0
Of which developing countries	16.9	17.3	10.6	12.2	10.0	11.6	7.7	9.0	12.3	13.2	9.8
Europe	17.2	18.5	30.7	33.8	32.7	34.5	40.8	37.6	27.7	30.0	41.3
Of which developing and transition countries	1.6	5.0	4.0	6.2	3.5	5.4	1.3	1.7	2.8	5.3	8.6
Middle East	3.7	3.4	5.4	4.5	5.3	4.8	5.0	6.5	4.8	4.4	8.5
Western Hemisphere	53.7	49.6	43.1	39.9	41.8	39.6	36.4	38.5	45.6	42.4	28.0
Of which developing countries	22.9	21.1	12.3	11.8	11.6	11.5	8.7	10.1	15.2	14.2	7.5
Industrial countries	49.1	44.2	62.0	59.6	64.4	61.4	73.6	69.1	59.5	56.5	61.5
Developing and transition countries	50.8	55.8	38.0	40.4	35.6	38.6	26.4	30.9	40.5	43.5	38.5
Women	84.9	84.5	32.2	34.8	28.1	31.9	9.0	15.2	46.1	46.4	-
Men	15.1	15.5	67.8	65.2	71.9	68.1	91.0	84.8	53.9	53.6	-
					In numbers						
Total	704	763	1,176	1,562	1,475	1,918	299	356	2,179	2,681	-

1 The countries in each continent are based on the area department groupings.
Transition countries (WEO definition) comprise 28 countries: Albania, Armenia, Azerbaijan, Belarus, Bosnia & Herzagoniva, Bulgaria, Croatia, Czech Republic, Estonia, Georgia, Humgary, Kazakhstan, Kyrgyz Republic, Latvia, Lithuania, Macedonia, former Yugoslav Republic of, Moldova, Mongolia, Poland, Romania, Russia, Serbia and Montenegro, Slovak Republic, Slovenia, Taijikistan, Turkmenistan, Ukarine, and Uzbekistan.
Fonte: "IMF 2003 The role of diversity in the fund's human resource strategy", p. 20.

A desconcentração promovida pelas políticas de diversidade não significou, contudo, que os economistas americanos e europeus deixassem de ocupar cargos-chave na organização. Entre os economistas de mais alto nível (B1-B5) a participação dos países industriais se manteve estável

O FMI e o controle dos *principals*

na casa dos 60% entre 1998 e 2002.[363] Para uma cota reajustada para 17,5% em 2004 os EUA correspondiam a 27,2% dos economistas A1-A8, 23,7% dos A9-A15 e 24,8% dos B1-B5, perfazendo 24,8% do total dos economistas da organização. Os países mais próximos eram o Reino Unido, com 5,8% para 5,0% das cotas, e a Índia com 4,7% para 2,0% das cotas.[364] Estes números são os reflexos óbvios de um recrutamento que privilegia economistas formados nas universidades dos EUA e Europa.[365] A tabela 5 mostra esta predominância por programa de recrutamento:

Tabela 5
Participação dos economistas por programa de recrutamento
1996-2002

	Financial Quota	1996	1997	1998	1999	2000	2001	2002	1996-2002 Share
Experienced economists		(In percent)							
Africa	4.2	8.8	5.6	7.9	14.9	7.0	10.3	7.3	8.9
Asia	18.0	17.7	17.0	22.2	11.9	17.4	19.2	21.8	18.1
Europe	41.3	32.4	34.0	36.5	43.3	46.5	37.2	30.9	38.2
Middle East	8.5	0.0	9.4	3.2	4.5	2.3	2.6	1.8	3.4
Western Hemisphere	28.0	41.2	34.0	30.2	25.4	26.7	30.8	38.2	31.2
Industrial countries	61.5	73.5	66.0	61.9	56.7	66.3	56.4	54.6	61.5
Developing and transition countries	38.5	26.5	34.0	38.1	43.3	33.7	43.6	45.5	38.5
Women	-	26.5	30.2	15.9	20.9	20.9	20.5	25.5	22.2
Men	-	73.5	69.8	84.1	79.1	79.1	79.5	74.6	77.8
	(In numbers)								
Total number of appointments	-	34	53	63	67	86	78	55	436
Economist Program		(In percent)							
Africa	4.2	-	9.7	7.3	2.7	2.1	0.0	2.0	3.2

▼

---

[363] Ver "IMF 2002 Diversity Report", p. 42.
[364] Ver "IMF 2004 Diversity Report", p. 56-60.
[365] Além disso, se controlado por língua a participação de economistas anglófonos chegava a 48,1% dos economistas A9-A15 e 56,6% dos economistas de mais alto nível B1-B5. Ver "IMF 2003 Diversity Report", p. 55.

	Financial Quota	1996	1997	1998	1999	2000	2001	2002	1996-2002 Share
Asia	18.	14.7	12.9	14.6	18.9	14.6	24.3	16.0	16.5
Europe	41.3	47.1	58.1	61.0	56.8	52.1	59.5	56.0	55.8
Middle East	8.5	2.9	3.2	2.4	2.7	8.3	2.7	4.0	4.0
Western Hemisphere	28.0	35.3	16.1	14.6	18.9	22.9	13.5	22.0	20.5
Industrial countries	61.5	64.7	58.1	61.0	64.9	45.8	48.7	48.0	55.0
Developing and transition countries	38.5	35.3	41.9	39.0	35.1	54.2	51.4	52.0	45.0
Women	-	17.7	16.1	39.0	20.9	20.9	32.4	24.0	30.2
Men	-	82.4	83.9	61.0	79.1	79.1	67.6	76.0	69.8
(In numbers)									
Total number of appointments	-	34	31	41	37	48	37	50	278
Specialized Career Streams (In percent)									
Africa	4.2	5.0	5.0	8.0	14.0	8.0	4.0	8.0	6.6
Asia	18.0	23.0	23.0	19.0	4.0	11.0	21.0	39.0	19.3
Europe	41.3	14.0	14.0	19.0	21.0	47.0	36.0	25.0	28.9
Middle East	8.5	5.0	5.0	15.0	0.0	3.0	0.0	0.0	4.4
Western Hemisphere	28.0	55.0	55.0	38.0	61.0	32.0	39.0	28.0	40.8
Industrial countries	61.5	32.0	32.0	69.0	18.0	18.0	64.0	53.0	44.3
Developing and transition countries	38.5	68.0	68.0	31.0	82.0	82.0	36.0	47.0	55.7
Women	-	36.0	36.0	50.0	36.0	42.0	57.0	53.0	45.6
Men	-	64.0	64.0	50.0	64.0	58.0	43.0	47.0	54.4
(In numbers)									
Total number of appointments	-	22	26	28	38	28	36	50	228

Fonte: "IMF 2003 The role of diversity in the fund's human resource strategy", p. 21.

No entanto, ao analisarmos os diversos *Diversity Reports* do fundo, o que mais chamou nossa atenção foi a inexistência de qualquer preocupação oficial quanto à origem educacional dos economistas.[366] Pelo contrário, o recrutamento que privilegia economistas formados nas melhores universidades dos EUA e Europa parece ser motivo de orgulho da

---

[366] Foram analisados os seguintes relatórios: "IMF Diversity Report 2000, 2001, 2002, 2003, 2004 e 2007".

O FMI e o controle dos *principals*

organização.[367] Se, por um lado, a questão da origem dos funcionários é debatida a ponto de políticas oficiais serem construídas para solucionar o problema, por outro, reformar a forma de pensar da organização não é algo a ser oficialmente discutido. Como não há consenso entre os diretores do Executive Board sobre como reformar o processo de recrutamento da organização, o Senior Management continua a impor sua visão (Momani, 2005:178).[368] Assim, ao contrário do que ocorreu no Banco Mundial desde a implementação do *Strategic compact*, a visão do Senior Management, e por extensão dos países do G-7, de recrutar apenas economistas formados em um número reduzido de universidades fortaleceu a coesão epistêmica da organização.[369,370] Não há outras *expertises* (sociólogos, ambientalistas, especialistas em terceiro setor etc.) em competição com os economistas.

Contudo, não há consenso sobre diversos temas entre os economistas do fundo, principalmente quando crises financeiras exigem decisões rápidas e planos incertos de ajuda. Há vários indícios de subculturas e conflitos internos em torno das melhores medidas a serem adotadas

---

[367] As entrevistas com a diretora de Recursos Humanos e com um membro do Senior Management deixaram isto claro. Entrevistas concedidas em 4 de maio de 2009 e 14 de maio de 2009.

[368] Em relatório independente sobre a qualidade da pesquisa realizada pela organização, diretores do Executive Board apenas mostraram preocupação com a contratação de economistas que tinham forte histórico de pesquisador. Não houve nenhuma referência à escola onde estes economistas estudaram. Ver "IMF 1999 External evaluation of IMF economic research vol. 2", p. 12.

[369] Um estudo independente financiado pelo fundo em 1999 mostrou que as políticas de recrutamento tinham como objetivo produzir uma burocracia homegênea na medida em que buscavam doutores formados das melhores universidades estadunidenses e europeias. Além disso, o tipo de *expertise* mais valorizado dentro da organização sempre esteve relacionado a políticas macroeconômicas, sendo qualquer outro tipo de conhecimento pouco valorizado, dificultando assim o recrutamento e a manutenção de burocratas que porventura o possuíssem. Dado que a maioria dos funcionários faz toda sua carreira dentro da organização, o relatório recomenda ao fundo abrir suas contratações em outras áreas de conhecimento e de profissionais com experiência externa, sob pena de aumentarem os problemas relacionados ao insulamento e à falta de conhecimento externo. Ver "IMF 1999 External evaluation of IMF surveillance: report by a group of independent experts", p. 32 e 72.

[370] A mídia também reconhece a coesão epistemológica da burocracia do FMI. Burocratas do Banco Mundial se dizem impressionados com a coesão do fundo. Ver "At the IMF, a struggle shrouded in secrecy", *WPost*, 30-3-1988.

Os burocratas das organizações financeiras internacionais

nos países em crise.[371,372] No entanto, o Senior Management permite dissenso apenas dentro dos padrões neoclássicos. Diversas abordagens não são sequer debatidas pelo *staff* (substituição das importações, apoio às indústrias estratégicas, *infant industries*, controle de capitais perenes etc.). Essas ideias não são bem-vindas e são inteiramente descartáveis. O neoclassicismo não é vendido internamente como uma forma de ideologia, mas como pensamento econômico correto, neutro e o melhor que a ciência econômica pode oferecer (Momani, 2005:182).[373]

É certo que o predomínio dos neoclássicos dentro da organização reflete, em grande medida, a ascensão deste grupo dentro da profissão de economista desde os anos 1980. Em meados daquela década os economistas que haviam entrado na organização nos anos 1940 e 1950 começaram a se aposentar em massa. Estes indivíduos começaram a ser substituídos por economistas treinados nos parâmetros neoclássicos que foram contratados nos anos 1960 e 1970 (De Vries, 1986:55-56). Este realinhamento facilitou o crescimento deste grupo dentro do fundo. Chwieroth analisou 472 economistas contratados por departamentos entre 1970 e 1998.[374] Os dados mostraram o aumento e consolidação dos neoclássicos com o passar do tempo em departamentos-chave (PDR e RES).

---

[371] Chwieroth (2008:131) mostra que, embora todos os economistas do fundo compartilhem a visão segundo a qual a liberalização da conta de capitais é algo desejado para qualquer país, há um forte debate interno entre gradualistas e os apoiadores do *big bang* sobre sequenciamento e controles temporários na conta de capitais. O autor argumenta que este dissenso reflete um debate entre os próprios economistas neoclássicos como um todo.

[372] Se os conflitos se exacerbarem o First Deputy resolve a questão internamente. Ver "At the IMF, a struggle shrouded in secrecy", *WPost*, 30-3-1988.

[373] Stiglitz (2002) argumenta que o "fundamentalismo de mercado" é absolutamente dominante na organização, o que na visão do economista tem levado a inúmeros erros de avaliação exatamente por não permitir dissensos e discussões que levem em conta outros tipos de conhecimentos. Esta crítica de Stiglitz não passou despercebida pela organização, que respondeu com artigo do economista-chefe Kenneth Rogoff (2002). As críticas de Stiglitz ao fundamentalismo vinham desde sua atuação como economista-chefe do Banco Mundial, período em que colecionou desafetos na administração americana. Ver "Economist in a China shop", *WPost*, 3-10-1999.

[374] Chwieroth (2007:11) analisou as teses de doutorado (Proquest's Digital Database) dos mais de 400 economistas contratados no período para identificar quais poderiam ser classificados como neoclássicos.

Figura 8
Participação de economistas neoclássicos por departamento

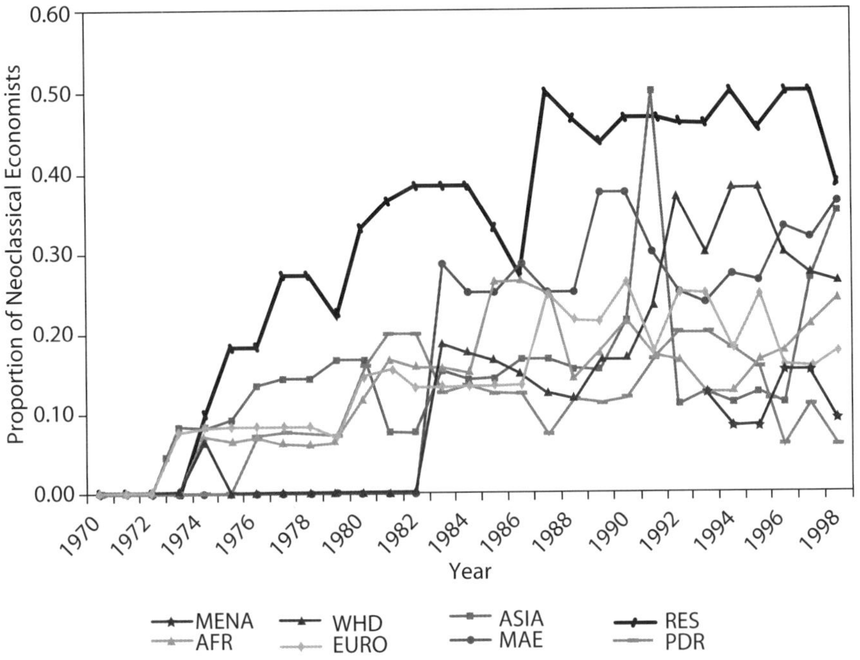

[Gráfico: Proportion of Neoclassical Economists vs Year (1970-1998), com séries MENA, AFR, WHD, EURO, ASIA, MAE, RES, PDR]

Fonte: Chwieroth (2008:146).[375]

Esta coesão é bem representada pelos Policy Development and Review Department (PDR) e Research Department (RES). Ambos os departamentos estão sob a autoridade do economista chefe (Economic Counsellor).[376] O PDR é conhecido dentro da organização como *"the thought Police"*. O órgão é responsável pela adequação dos programas de ajuda aos países às normas e padrões macroeconômicos da organização.

---

[375] As siglas correspondem aos seguintes departamentos: Mena (Middle Eastern and North African Department), AFR (African Department), WMD (Western Hemisphere Department), Euro (European Department), Asia (Asian Department), MAE (Monetary and Exchange Affairs), RES (Research Department) e PDR (Policy Development and Review Department). Chwieroth (2007:10).
[376] Os economistas chefes do FMI foram: Jacques Polak (1958-1979), William C. Hood (1979-1986), Jacob A. Frenkel (1987-1991), Michael Mussa (1991-2001), Kenneth Rogoff (2001-2003), Raghuram G. Rajan (2003-2006), Simon Johnson (2007-2008) e Olivier Blanchard (2008-presente).

O PDR alega que esta é uma forma de evitar favorecimentos a determinado país no processo de negociação dos pacotes de ajuda. Isto obviamente gera conflitos com os demais departamentos especializados por áreas (Ásia, África, América Latina etc.), mas os Managing Directors promovem o entendimento entre os departamentos para que a mensagem da organização seja única. O PDR tem papel relevante na construção desta mensagem externa (Blustein, 2001:27-28).[377] Já o Research Department é um departamento com grande influência interna. Diversos economistas dos RES estão lotados em outros departamentos e produzem pesquisa para aquele setor.[378] Em 2009-2010, dos 54 economistas dedicados à pesquisa todos fizeram seus PhDs em universidades dos países industrializados e pelo menos 40 obtiveram seus doutorados nas Top Twenty reconhecidas pelo Senior Management. Embora suas origens nacionais sejam as mais diversas, a educação dos economistas (PhD) é restrita aos EUA e alguns países europeus.[379]

O fato de a origem educacional destes funcionários ser reduzida acaba por diminuir o nível de dissenso dentro da organização por dois motivos. Primeiro porque elimina a contratação dos chamados economistas heterodoxos, ainda que estes sejam minoria dentro da profissão, e segundo porque elimina a contratação de pessoal com outros tipos de conhecimentos (ambiental, sociológico etc.). As reformas implementadas pelo Banco Mundial para promover a diversificação de conhecimentos da organização nunca ocorreram no fundo. Pelo contrário, o Senior Management do FMI sempre controlou de perto os processos de recrutamento e os limites dos debates epistemológicos. Como veremos adiante, a falta de diversidade

---

[377] Stiglitz (2002:34) é crítico feroz desta política "*one-size-fits-all*", em grande medida controlada pelo PDR.

[378] Em relatório independente solicitado pelo Senior Management para avaliar a qualidade da pesquisa da organização não houve nenhuma menção sobre mudanças na forma de contratar os economistas e muito menos sobre a predominância de pesquisa entre os parâmetros neoclássicos. A impressão que se tem é a de que esta não é de fato uma preocupação a ser levada em conta nem pelos economistas contratados para avaliar as pesquisas do fundo. Ver "IMF 1999 External evaluation of IMF economic research (vol. 1, 2 and 3)".

[379] Disponível em: <www.imf.org/external/research/index.aspx>. Acesso em: mar. 2010.

de *expertise* afetou diretamente o relacionamento FMI-ONGs. Aquelas alianças com o terceiro setor verificadas no caso do Banco Mundial nunca puderam acontecer no FMI. A falta de diversidade isolou a organização e a deixou mais suscetível à pressão do G-7, notadamente dos EUA.

A revisão das cotas e as críticas das ONGs

A relação do FMI com as ONGs é esporádica e pouco profunda se comparada à do Banco Mundial. Entre os anos 1940 e 1970 o fundo não era objeto da atenção da sociedade civil. A situação começou a mudar a partir dos anos 1980 com o maior envolvimento da organização nas crises macroeconômicas dos países em desenvolvimento e pobres por meio dos programas de ajuste estrutural (Scholte, 2002:8). As primeiras manifestações contra a organização aconteceram nos anos 1980. No início daquela década a Swiss Coalition of Development Organization e o Overseas Development Institute expressaram suas preocupações quanto aos efeitos dos programas de ajuda financeira do FMI sobre os mais pobres. Algumas manifestações contrárias ao fundo ocorreram em países receptores de recursos (Jamaica, Zâmbia e Bolívia). Grandes passeatas só foram acontecer no Annual Meeting de 1988. A partir de 1989 algumas ONGs estadunidenses da área ambiental (Friends of the Earth e Environmental Policy Institute) começaram a monitorar sistematicamente as operações do fundo. No entanto, até meados dos anos 1990 o FMI atraía pouca atenção das ONGs. A situação começou a mudar em meados daquela década com a eclosão da crise asiática em 1997. O papel do fundo na administração da crise levou diversas ONGs a criticarem ferozmente a organização (Dawson e Bhatt, 2001:2-7).

Em 1989 o FMI criou o Public Affairs Division (PAD) dentro do External Relations Department (EXR) com o objetivo de melhorar a imagem pública do fundo. Uma das atribuições da divisão era incrementar o relacionamento com as associações civis. Em meio às crises dos anos 1990 o PAD dobrou de tamanho (12 pessoas) com apenas um funcionário designado para tratar exclusivamente das ONGs (Scholte, 2002:20). Durante aquela década as reuniões do Senior Management com as ONGs aconteciam ora como reação às críticas que o fundo sofria na mídia internacional, ora como uma tentativa de atrair algumas ONGs para discutir temas específicos de interesse da organização, tais como o HIPC e os PRSPs.[380] Em 2003 o PAD lançou um guia sobre como o *staff* deveria se relacionar com a sociedade civil (*Guide for staff relations with NGO's*). O guia tinha a intenção de criar um ambiente positivo de relacionamento com as ONGs, embora sustentasse que esta relação deveria ser complementar ao relacionamento do fundo com os países-membros.[381]

Ao contrário do Banco Mundial, o FMI tem um relacionamento mais profundo com a academia, *think tanks* e associações de negócios. A organização prefere promover seminários acadêmicos para difundir suas ideias do que reuniões periódicas com representantes da sociedade civil. Em meados dos anos 1980 foi lançada uma série de seminários chamados de IMF Economic Forum. Nestes seminários prestigiados economistas e *policymakers* são convidados para debater as *policies* do fundo. Além disso, o Senior Management e o Research Department promovem encontros acadêmicos com alguns poucos *think tanks* localizados em Washington (Cato Institute, Brookings Institute e The Peterson Institute for International Economics). Talvez a única associação civil que consiga submeter relatórios e *position papers* que eventualmente influenciam as *policies* do fundo seja o Institute of International Finance (IIF). Esta associação reúne 320 instituições financeiras de mais de 60 países. O IIF se especializou em acompanhar as negociações dos pacotes de ajuda e demais *policies* do fundo e tem acesso considerável aos principais funcionários da organização. É comum membros do Senior Management participarem de cafés da manhã promovidos pelo IIF (Scholte, 2002:24-25).

---

[380] Em maio de 2000 o Senior Management teve uma reunião com os diretores das Jubilee 2000, Oxfam UK e Oxfam USA para discutir perdão da dívida (HIPC) e redução da pobreza (PRSPs). Dawson e Bhatt (2001:10).

[381] Ver "IMF 2003 Guide for staff relations with NGO's", p. 3.

Por outro lado, um esforço mais sistemático no sentido de aproximar a organização do terceiro setor acontece com os sindicatos (International Confederation of Free Trade Unions). Desde 1992, o FMI financia diversos seminários sobre questões trabalhistas. Delegações de líderes trabalhistas de todo o mundo visitam regularmente as dependências do fundo. Além disso, o Senior Management definiu que os funcionários do FMI lotados em escritórios regionais visitem regularmente as confederações trabalhistas. Desde 1996, o diretor-geral do FMI participa do World Conference of Labor. No entanto, até que ponto este tipo de relacionamento influencia a opinião pública de alguns países a favor de posições da burocracia ainda é incerto (Scholte, 1998:44).

Como podemos notar, não há no FMI um fórum institucionalizado de relacionamento com as ONGs nos mesmos moldes daqueles existentes no Banco Mundial. As reuniões acontecem sem periodicidade e refletem agendas temporárias da organização (Scholte, 1998:44).[382] Não há nenhuma política deliberada de relacionamento perene FMI-ONGs. O próprio PAD é visto como uma estrutura totalmente periférica e sem capacidade de influenciar as *policies* do fundo. Além disso, as ONGs locais não têm nenhuma participação na formulação de *policies*. O Country Ownership no FMI não tem semelhança com o mesmo programa do Banco Mundial, uma vez que não envolve a sociedade civil dos países receptores, mas apenas o governo receptor dos recursos. Reuniões mais constantes com o terceiro setor ocorrem apenas nos Annual Meetings e somente ONGs localizadas em Washington participam do diálogo (Scholte, 2002:21-22).[383] Um alto funcionário do FMI sugeriu em entrevista que não há

---

[382] O fundo realiza seminários com ONGs de forma esparsa e não sistemática. Em 1999-2000 seminários foram realizados em Camarões, Zâmbia e Nigéria. Em 2001-2002 reuniões foram realizadas com ONGs americanas em torno da necessidade de financiamento da organização. No mesmo período outros seminários foram realizados no Reino Unido, França, países nórdicos, Suíça e Sudeste Asiático. Dawson e Bhatt (2001:11).

[383] Em 2008 o IEO fez uma avaliação sobre os problemas de governança do fundo. Uma abertura maior com as ONGs não foi nenhuma vez mencionada como algo que deveria ser discutido pelo Senior Management e Executive Board. Ver "IMF 2008 IEO — Governance of the IMF — an evaluation".

nenhuma tentativa deliberada da organização de se abrir para a sociedade civil. Pelo contrário, o objetivo é melhorar as relações do fundo com os governos dos países.[384,385]

Com efeito, a coesão epistêmica e a consequente falta de institucionalização do relacionamento FMI-ONGs facilitam o controle da organização pelos *principals*, notadamente pelos EUA. A falta de diversidade de *expertise* da burocracia impede uma relação mais densa da organização com um número amplo de ONGs (ambientais, direitos humanos, área social etc.). Não há no fundo outras comunidades epistêmicas que poderiam eventualmente construir alianças com ONGs em torno de *policies* de interesse da organização ou com o objetivo de barrar o controle dos *principals*. Por conseguinte, a burocracia do FMI fica isolada na defesa de seus interesses, diminuindo assim os custos de controle para os *principals*.

Podemos verificar esta lógica durante os processos de revisão de cotas do fundo (General Review of Quotas). Como afirmado anteriormente, estas revisões ocorrem a cada cinco anos junto ao Congresso dos países-membros e são os principais mecanismos de financiamento da organização. A tabela 6 mostra todas as revisões que ocorreram desde a fundação da organização.

Conforme afirmamos anteriormente, os EUA correspondem a 17% dos votos e qualquer mudança na distribuição das cotas precisa de 85% dos votos e a negociação no Congresso estadunidense é pivotal.[386,387]

---

[384] Entrevista concedida por membro do Senior Management em 4 de maio de 2009.

[385] Nesse sentido, a tentativa mais deliberada da burocracia do fundo de fazer suas ideias repercutirem fora da organização é o programa chamado Policy Dialogue. No entanto, o programa visa convencer apenas os *policymakers* dos países-membros acerca das ideias do fundo e não um público mais amplo que envolva o terceiro setor. Chwieroth (2007:21).

[386] Antes de ser apreciado pelo Congresso, o acordo de revisão das cotas deve ser aprovado pelo Board of Governors do FMI. Só então o acordo firmado é enviado ao Congresso pelo Executivo. Ver "IMF 1993 IMF Board adopts quota and voice reforms by a large margin. IMF Press Release n. 08/93"; e na mídia sobre os bastidores das revisões, ver "Surge in resources for IMF", *NYT*, 26-9-1989.

[387] A mídia registra as críticas mais contundentes que o Congresso dos EUA faz nos períodos de revisão das cotas. O *The New York Times* registra a crítica de alguns republicanos aos altos salários dos burocratas do FMI e da necessidade de diminuir o tamanho do *staff*. Ver "Talk in American Congress over IMF bureaucracy", *NYT*, 15-4-1998; "Annus panicus for the IMF", *WPost*, 4-10-1998.

Nunca houve um amento de cotas sem a aprovação do Congresso dos EUA. Nesse sentido, um Congresso recalcitrante aumenta a influência dos EUA na revisão das cotas do FMI.[388] Woods (2003:98) argumenta:

Tabela 6
Revisão das cotas FMI 1950-2003

1 Review of quotas	2 Board of Governors adaption of resolution	3 Equiproportional increase in quotas (percent)	4 Overall increase in quotas (percent)	5 Entry into effect
First Quinquennial (1950)	No increase proposed	-	-	
Second Quinquennial (1955)	No increase proposed	-	-	
1958-59	2 February 1959; 6 April 1959	50%	60.7%	6 April 1959
Third Quinquennial (1960)	No increase proposed	-	-	
Fourth Quinquennial	31 March 1965	25%	30.7%	23 February 1966
Fifth General	9 February 1970	25%	35.4%	30 October 1970
Sixth General	22 March 1976	*	33.6%	1 April 1978
Seventh General	11 December 1978	50%	50.9%	29 November 1980
Eighth General	31 March 1983	19%	47.5%	30 November 1983
Ninth General	28 June 1990	30%	50.0	11 November 1992
Tenth General (1995)	No increase proposed	-	-	
Eleventh General	30 January 1998	33.75%	45.0%	22 January 1999
Twelfth General (2003)	No increase proposed	-	-	

Note: * Increases determined on the basis of different groups of countries. The IMF conducts general quota reviews about every five years. Quota increases comprise an equiproportional percentage increase for all members and a selective increase, which adjusts certain members' quota shares in order to align them with their relative ecoonomic size. Column 4 is the sun of the equiproportional increase and the selective increases.
Fonte: Broz e Hawes (2006:372).

---

[388] Boughton (2001:858-872) demonstra diversos casos de influência do Congresso nas revisões.

Each time an increase in IMF quotas or a replenishment of the Bank's IDA has been negotiated, the Congress has used the opportunity to threaten to reduce or withhold the funds, being yet more prepared than even the executive agencies- -Treasury and State Departments-to set down special preconditions for U.S. contributions. As a result, other shareholders and officials within the institutions have grown used to placating not just the powerful Departments of State and Treasury, but also the feisty U.S. Congress. The overall result seems to have enhanced the capacity of the United States unilaterally to determine aspects of policy and structure within both the IMF and the World Bank.

Como observamos no capítulo 4, o subcomitê de Política Internacional Monetária e Comercial do comitê de Serviços Financeiros da Câmara dos EUA (The International Monetary Policy and Trade Subcommitte of the House Committe on Financial Services) tem debates constantes em torno das negociações da IDA do Banco Mundial. Já no caso das revisões de cotas do FMI um conjunto de comitês (House International Relations Committe, Senate Foreign Relations Committee, Appropriations Committee, Budget Committee, House Committe on Financial Services e o Joint Economic Committee) tem debates esporádicos e não sistemáticos. Além disso, quase não há sessões em que se debatem exclusivamente a revisão das cotas. Normalmente a revisão está inserida em diversos outros debates da área financeira e orçamentária (Locke, 2000:57). No entanto, para a nossa tese a diferença maior destas discussões em relação àquelas que acontecem no caso do Banco Mundial não é o número de comitês que se envolvem, mas o fato de as ONGs não terem participação expressiva nas audiências seja para criticar e exigir reformas do fundo, seja para apoiar eventuais *policies* da organização. Os participantes mais ativos são os representantes do Departamento de Tesouro e os congressistas. Raramente se observam depoimentos de diretores de ONGs.[389] Outro ator que aparece nos debates da renovação de cotas é o próprio Senior

---

[389] Sobre o padrão de votação dos congressistas para as renovações das cotas, ver Broz e Hawes (2006); Broz (2005).

Management do FMI, que faz *lobby* por mais recursos, embora isso se dê mais via mídia e raramente nas sessões do Congresso.[390]

Na documentação a que tivemos acesso há diversas evidências da presença pouco expressiva das ONGs nas audiências da Câmara e do Senado dos EUA para discutir as revisões das cotas. Na sessão de fevereiro de 1998 sobre a condução da política monetária dos EUA e do FMI apenas o presidente do Federal Reserve, Alan Greespan, e os congressistas opinaram.[391] Na sessão sobre o estado das finanças internacionais de 2001, na qual também se discutiu a revisão das cotas, apenas o secretário do Tesouro, Paul H. O'Neill, testemunhou para os congressistas.[392] Em 2003, na audiência sobre a reforma do FMI e o *compliance* das regras da organização pelos países-membros, mais uma vez apenas o secretário do Tesouro, John Snow, teceu comentários.[393] O mesmo ocorreu na sessão de 2007 sobre o estado do sistema financeiro internacional.[394]

Nas audiências que constam depoimentos de ONGs não há indícios de que houvesse qualquer tipo de aliança burocracia-ONGs, tal qual encontrado nas sessões sobre o reabastecimento da IDA. Pelo contrário, na sessão de 1998 do Subcomitê de Revisão e Investigação (Subcommitte of General Oversight and Investigation) e do Comitê de Finanças da Câmara voltada à revisão das operações do FMI, as críticas das ONGs à burocracia do fundo foram duras. O contexto de crise asiática ajudava. O presidente da The Heritage Foundation fez fortes críticas à burocracia do fundo chamando-a de ineficiente e pouco transparente, inclusive soli-

---

[390] Sobre o *lobby* do FMI junto ao Congresso há diversos artigos na mídia, mas os mais relevantes seriam "Under sense of unease, IMF wrestles with quotas and crises fund", *WPost*, 6-9-1982, "IMF to seek increase in funds", *WPost*, 19-3-1989; "IMF director asks again for higher quotas", *WPost*, 29-9-1989; "IMF director suggests broad changes", *WPost*, 19-5-1995.

[391] Ver "U.S. House of Representatives 1998, hearings Subcommittee on Domestic and International Monetary Policy on the conduct of monetary policy".

[392] Ver "U.S. House of Representatives 2001, hearings Subcommittee on Domestic and International Monetary Policy on the state of the international financial system and reform".

[393] Ver "U.S. House of Representatives 2003, hearings Subcommittee on Domestic and International Monetary Policy on IMF reform and compliance with IMF agreements".

[394] Ver "U.S. House of Representatives 2007, hearings Subcommittee on Domestic and International Monetary Policy on the state of the international financial system".

citando aos congressistas que postergassem qualquer votação de aumento de recursos (revisão das cotas) enquanto a organização não acatasse todas as demandas do comitê.[395] O diretor do Cato Institute, por sua vez, fez críticas à atuação do fundo na crise asiática e demandou maior transparência nas decisões da organização. O diretor também demandou que os congressistas não votassem por mais recursos para a organização enquanto o fundo não se tornasse mais transparente. Citou o Banco Mundial como exemplo a ser seguido nesta área.[396]

A fragilidade política do FMI em face do Congresso dos EUA no período era patente. Em meio à aprovação de recursos adicionais de US$ 18 bilhões pelo Congresso dos EUA, em novembro de 1998 foi criada uma comissão independente de revisão das atividades das organizações financeiras multilaterais na crise asiática (International Financial Institution Advisory Commission). No relatório publicado em 2000 (*Meltzer Report*) defendeu-se que o FMI deveria diminuir totalmente suas atividades e tamanho. Os empréstimos deveriam ser voltados a prover liquidez financeira no curto prazo e não mais ajustes estruturais de longo prazo.[397,398]

Na documentação do Senado a que tivemos acesso, o padrão de relacionamento burocracia-ONGs não era diferente daquele encontrado na Câmara. Em 2004, durante audiência no Comitê de Bancos, Moradia e Assuntos Urbanos (Committee on Banking, Housing and Urban Affairs) sobre o FMI e as taxas cambiais o diretor do Peterson Institute for International Economics, C. Fred Bergstein, fez duras críticas às políticas cambiais do fundo e do Departamento de Tesouro dos EUA. O diretor acusou o fundo de infligir suas próprias regras neste tema.[399]

---

[395] Ver "U.S. House of Representatives 1998, hearings Subcommittee on General Oversight and Investigations", p. 58-60.
[396] Ibid., p. 77-80.
[397] Ver "U.S. House of Representatives 2000, report of the International Financial Institution Advisory Commission, chairman Allan H. Meltzer", p. 6.
[398] Paul Krugman teceu fortes críticas ao relatório, acusando-o de muito partidário (republicano). Ver "Errors of comission", *NYT*, 8-4-2000.
[399] Ver "U.S. Senate 2004, hearings Committee on Banking, Housing and Urban Affairs, testimony C. Fred Bergstein, IIE on the IMF and exchange rates", p. 2-5.

O diretor do IIE é convidado para uma nova audiência perante o mesmo comitê do Senado em 2005 sobre o tema das reformas do FMI. Bergstein critica a falta de ação do FMI para pressionar a China a corrigir sua política cambial e a má condução da crise argentina.[400] O diretor inclusive demanda que os PRSPs sob responsabilidade do fundo fossem transferidos para o Banco Mundial. Na visão do IIE o banco é mais eficiente que o FMI na redução da pobreza.[401]

Já na audiência em 2007 a respeito das reformas das organizações financeiras internacionais, a representante da ONG Revenue Watch Institute criticou ambas as organizações no tocante ao processo de escolha de seus presidentes, à falta de transparência das decisões e à distribuição injusta das cotas. Criticou também a receita econômica do FMI para as crises macroeconômicas. Por fim, exigiu que o Congresso pressionasse as organizações a realizarem as reformas. Em nenhum momento se observou alguma formulação mais positiva em relação ao fundo. Pelo contrário, a tendência era criticar duramente a organização.[402]

Mais recentemente, o Senior Management tem tido discussões frequentes com as ONGs. Por conta da crise financeira global o G-20 recriou um comitê informal chamado de FSB (Financial Stability Board), criado ainda na crise asiática, cujo objetivo é facilitar a comunicação e coordenação entre os ministros de Finanças dos países em crise, além de promover novas regras de regulação financeira global. Desta vez o FSB foi ampliado de 12 para 24 países-membros e aumentou o poder de decisão do órgão, além de se constituir um secretariado para organizar as decisões e deliberações. O comitê exigiu que o FMI ouvisse mais as ONGs na questão das reformas da organização. Em 2010 o FSB publicou um relatório síntese das demandas das ONGs tanto na questão da governança interna

---

[400] Ver "U.S. Senate 2004, hearings Committee on Banking, Housing and Urban Affairs, testimony C. Fred Bergstein, IIE on the IMF and exchange rates", p. 2-5.
[401] Ver "U.S. Senate 2005, hearings Committee on Banking, Housing and Urban Affairs, testimony C. Fred Bergstein, IIE on Reform of the IMF", p. 7.
[402] Ver "U.S. Senate 2007, hearings Committee on Banking, Housing and Urban Affairs, testimony Karin Lissakers on reforming key international financial institutions for the 21st century".

Os burocratas das organizações financeiras internacionais

do fundo quanto na discussão sobre mudanças nos modelos de análise econômica da organização. Ainda é incerto como o Senior Management reagirá ao relatório, porém a força do FSB e a exigência de inclusão das ONGs no debate são um sintoma de que o fundo reage às exigências dos *principals*, desta vez personificados no G-20. Não encontramos nenhum indício de que o FMI coordenou com as ONGs as discussões sobre as reformas. Pelo contrário, um tema recorrente no relatório é exatamente o insulamento da organização em relação ao terceiro setor.[403] Isto não significa que o Fundo não tem uma voz ativa nas discussões, mas apenas que a organização está isolada e sem o auxílio das ONGs.

Em suma, podemos notar que durante as audiências no Congresso dos EUA a que tivemos acesso as ONGs tendem a criticar duramente o fundo, mantendo padrões semelhantes àqueles observados durante os anos 1980 e início de 1990 em relação ao Banco Mundial. Não conseguimos identificar nenhum padrão de comportamento que apontasse para alguma forma de aliança estratégica entre FMI e ONGs, conforme observado no Banco Mundial após a reforma promovida pelo *Strategic compact*. Em nossa opinião, a falta deste tipo de aliança enfraquece a posição da burocracia do fundo em face de eventuais controles exercidos pelos *principals*, notadamente os EUA. Os sintomas disto são o *Meltzer Report* comandado pelo Congresso dos EUA e a reação do Fundo às discussões sobre as reformas do sistema financeiro internacional pós-crise.

***

Neste capítulo buscamos demonstrar que o FMI é uma OI controlada pelos *principals* em um grau maior do que o Banco Mundial. Notamos que o mais importante mecanismo de controle da burocracia utilizado pelos EUA é o recrutamento (*screening*) dos membros do Senior Management. A alta hierarquia, por sua vez, mantém forte controle sobre o recrutamento

---

[403] Ver "New rules for global finance coalition 2010, report on the civil society consultations with the IMF". Sobre informações a respeito do FSB e seu papel na regulação financeira global, ver <www.new-rules.org/index.htm>.

da burocracia média. O tipo de recrutamento promovido pela alta hierarquia privilegia a consolidação de apenas um tipo de *expertise* dentro da organização — a dos economistas. Não houve tentativas consistentes de contratar outros tipos de profissionais (sociólogos, ambientalistas etc.) que pudessem diversificar os conhecimentos da burocracia. Também nunca houve tentativas de diversificar a própria origem educacional e epistêmica destes economistas na medida em que só se contratou recém-doutores oriundos de poucas universidades americanas e europeias. Assim, a existência de apenas uma comunidade epistêmica dentro da organização — a comunidade de economistas neoclássicos — dificultou a construção de alianças amplas com ONGs. Soma-se a isso a falta de interesse do Senior Management de construir as pontes com o terceiro setor. O mecanismo de controle razoavelmente utilizado pelos EUA no caso do FMI é o *fire alarm oversight*, ou seja, a convocação de ONGs para fiscalizarem a burocracia, o que pudemos notar durante as sessões no Congresso. Sugerimos que o insulamento criado por este processo de controle promovido pelos EUA diminuiu a autonomia burocrática do FMI. Desta forma, ficaram limitadas as possibilidades de a burocracia impor custos aos *principals*. A ausência de aliados externos pode ter isolado e enfraquecido a organização diante do interesse dos Estados mais poderosos.

Conclusão

The requirements of technocratic and democratic decision-making are very different. The most important requirement of an expert's decision is that it be correct. The most important requirement of a democratic decision is that it be acceptable to those affected by it.

Jeane Kirkpatrick
(*The Washington Post*, 20 Apr. 1992)

O vício de tachar alguém de tecnocrata vem da ditadura, que construiu dois perfis: o técnico é correto e capaz; o político é subversivo ou corrupto. Não acho correto o Brasil herdar essa visão sem saber a que ela serviu. Já me aconselharam: "Deixe que falem, o povo associa político a safadeza e separa você do bolo". Não posso compactuar com essa ideia. É impossível ser boa ministra se não tiver uma ampla visão política sobre o meu país. É sandice achar que todo político é mau.

Dilma Rousseff (17 abr. 2009)

Esta conclusão é dividida em três partes. Na primeira resumimos os resultados alcançados no estudo comparado entre Banco Mundial e FMI em torno da questão da autonomia burocrática. Discutimos também uma possível agenda de pesquisa sobre autonomia burocrática das OIs. Em um segundo momento discorremos sobre as implicações teóricas dos resultados alcançados. Mais precisamente, demonstramos como a maior autonomia burocrática alcançada pelo Banco Mundial traz importantes perspectivas conceituais tanto para o institucionalismo em relações internacionais quanto para a teoria agente-principal. Por fim, fazemos uma breve discussão sobre as implicações normativas dos resultados. Isto é, como a construção de uma burocracia internacional mais autônoma precisa ser pensada à luz das discussões normativas sobre as reformas das organizações financeiras internacionais e da democracia cosmopolita.

Os resultados e uma agenda de pesquisa

Neste livro procuramos demonstrar como o Banco Mundial se tornou uma burocracia mais autônoma que o FMI. Nossa hipótese sugere que a diversificação de *expertise* ocorrida no Banco Mundial abriu espaço para que a organização criasse alianças com ONGs em torno de *policies* de interesse comum. Esta aliança aumentou os custos de intervenção e controle para os *principals*, aumentando a autonomia burocrática da organização. Os custos eram mais altos para os Estados porque as ONGs aliadas mobilizavam a opinião pública nas audiências nos Legislativos. Esta hipótese foi explicitada ao longo de dois capítulos.

No capítulo 3, demonstramos que a diversificação de *expertise* promovida pelo Banco Mundial após a implementação do *Strategic compact* permitiu que a burocracia constituísse comunidades epistêmicas dentro da organização nas áreas social (Social Development Network) e ambiental (Network of Environment and Socially Sustentainable Development). Estas comunidades epistêmicas, por sua vez, constituíram um núcleo (Civil Society Thematic Team) de relacionamento da burocracia com as ONGs. No capítulo seguinte

Conclusão

mostramos que esse grupo de profissionais especializados no relacionamento e funcionamento das ONGs foi importante para criar alianças com o terceiro setor em torno de *policies* de interesse comum (HIPC, PRSP, Country Ownership etc.). Entrementes, observamos que o Banco Mundial criou mecanismos institucionais de consulta constante às ONGs (Country Ownership e Annual Meetings). Estes mecanismos reforçaram ainda mais o intercâmbio e a aproximação da burocracia com o terceiro setor.

Além disso, demonstramos que um mecanismo tradicional de controle da burocracia utilizado pelos *principals* — o *screening* — não foi muito marcante no Banco Mundial, principalmente após o início da administração Wolfensohn. A escolha dos funcionários para o Senior Management e, consequentemente, para as carreiras médias deixou de refletir o peso das preferências dos países do G-7. O presidente tinha mais margem de manobra para indicar os nomes de sua preferência. Esse processo aconteceu em negociação com a burocracia, respeitando a ascensão de burocratas da casa às posições de destaque do alto escalão.

No capítulo 4 notamos que um mecanismo de controle sobre o Banco Mundial frequentemente utilizado pelos EUA ao longo dos anos 1980 e meados de 1990 era o *police patrol oversight*, ou seja, convocar terceiras partes para fiscalizar as atividades da burocracia quando esta entrava em conflito com os interesses do governo dos EUA. Esta fiscalização tomava forma nas audiências para o reabastecimento dos recursos da IDA no Comitê de Finanças da Câmara estadunidense. No entanto, esta estratégia de controle começou a perder eficiência após a construção de alianças burocracia-ONGs promovida pela administração Wolfensohn. A partir das negociações da IDA 11th as ONGs deixaram de ser críticas contundentes do Banco Mundial e começaram, paulatinamente, a fazer críticas mais construtivas à organização. Com o passar do tempo (IDA 12th e IDA 13th), as audiências no Comitê de Finanças deixaram de refletir aquela atitude agressiva das ONGs em relação ao banco. As ONGs começaram a defender diversas *policies* de interesse comum, diminuindo a capacidade do Executivo e Legislativo de utilizar críticas externas para isolar e enfraquecer a organização.

Desta forma, a estratégia das ONGs de exigir que os congressistas americanos não renovassem os recursos da IDA caso reformas não fossem promovidas deixou de existir e foi substituída por declarações de apoio e/ou por críticas pontuais, conforme observamos nas IDA 14th e IDA 15th. Isso não significa que as ONGs deixaram de criticar e exigir reformas em temas dissonantes. Pelo contrário, a audiência sobre o *Doing Business Report* editado pelo banco demonstrou como esta aliança era frágil. Contudo, um aspecto parece certo: as ONGs se tornaram coformuladoras das *policies* após institucionalização dos fóruns de consulta, diminuindo a possibilidade de isolamento da burocracia na mídia internacional e nas audiências do Congresso.

Em contraste, a burocracia do FMI nunca conseguiu criar alianças com ONGs. Observamos no capítulo 5 que o fundo não propôs reformas internas que promovessem a diversificação de *expertise*. Pelo contrário, o objetivo do Senior Management sempre foi construir um corpo burocrático coeso ideologicamente. Nunca houve ações no sentido de contratar pessoal de outras áreas epistêmicas que não a economia. Além disso, a contratação dos economistas sempre esteve restrita a um número reduzido de universidades americanas e europeias, o que diminuiu ainda mais a diversidade dos burocratas. Desta forma, o FMI não construiu comunidades epistêmicas em áreas sensíveis em um número maior de ONGs, como fez o Banco Mundial nas áreas ambiental e social. As ONGs que têm alguma forma de interlocução com os funcionários do alto escalão do fundo — Peterson Institute for International Economics, Cato Institute, Brookings Institute e Institute of International Finance — não têm a mesma capacidade de mobilização pública que as centenas de ONGs vinculadas ao Banco Mundial exatamente por serem restritas à área financeira.

Observamos também que o *screening* é largamente utilizado pelos EUA na construção do corpo burocrático do FMI. É claro o peso das preferências do governo americano na escolha do Senior Management. O alto escalão, por sua vez, mantém forte controle sobre os processos de seleção da burocracia média (Senior Review Committee). Assim, os eco-

Conclusão

nomistas escolhidos para trabalhar na organização têm preferências muito próximas àquelas dos *principals*, notadamente dos EUA. A consequência é o custo baixo para os EUA controlarem a burocracia.

Desta forma, no caso do FMI, a existência de uma burocracia coesa ideologicamente possivelmente resultou em isolamento institucional. Isto é, a falta de diversidade de *expertises* impediu a criação de outras comunidades epistêmicas dentro do corpo burocrático, o que impossibilitou a criação de amplas alianças com ONGs. Isto ficou claro durante a renovação das cotas em sessões do Senado e Câmara dos EUA a que tivemos acesso. As ONGs não tiveram participação relevante ou repetiram o padrão de comportamento do *police patrol oversight*, ou seja, criticaram e exigiram mudanças no FMI, isolando politicamente a organização. O *Metlzer Report* e a forma como o fundo reage às negociações da reforma do sistema financeiro internacional liderada pelo G-20 são indicativos deste isolamento. Assim, a falta de alianças com ONGs que vocalizassem a seu favor diminuiu a autonomia burocrática do FMI.

Em suma, neste livro procuramos demonstrar, por um lado, como o Banco Mundial diversificou a *expertise* e alcançou uma maior autonomia burocrática e, por outro, como o FMI se isolou politicamente afetando negativamente sua autonomia. É neste sentido que o método comparativo se mostrou importante. Como a ideia de autonomia depende de uma gradação era necessário ter o mínimo de variabilidade para podermos averiguar diferentes graus de autonomia burocrática. Não poderíamos sustentar que o Banco Mundial é uma organização autônoma sem compará-la a outra organização. Com os resultados deste trabalho, contudo, buscamos sustentar que o Banco Mundial é mais autônomo que o FMI.

Por outro lado, se ampliássemos o número de casos estudados poderíamos eventualmente argumentar que o FMI tem mais autonomia que outra OI. Nesse sentido, este trabalho pode ser visto como o início de uma agenda de pesquisa mais ampla. Isto é, acreditamos que a comparação entre Banco Mundial e FMI abre um campo de pesquisa mais amplo em torno do tema da autonomia burocrática. Quais outras OIs poderiam ser inseridas na análise? Mais precisamente, quais outras OIs também diversificaram a *expertise* e criaram pontes com as ONGs aumentando sua autonomia? A princípio poderíamos adicionar as demais organizações financeiras internacionais (Banco Interamericano de Desenvolvimento, Banco Africano de Desenvolvimento, Banco Asiático de Desenvolvimento, Banco Europeu de Desenvolvimento e o Bank for International Settlements) com o objetivo de aumentar a variabilidade dos índices de autonomia. Assim, ampliar o número de casos possibilitaria não só esta maior variabilidade, mas também contemplar toda a população das organizações financeiras internacionais.

As implicações teóricas

O primeiro aspecto teórico que este livro ressalta é a possibilidade de alterações na distribuição de ganhos e informações das instituições internacionais não apenas pela ação dos Estados, mas também pela ação dos burocratas. Observamos que a burocracia internacional pode criar interesses autônomos e agir no sentido de sua consecução. Como um ator gerador de interesses próprios e passível de construir estratégias que aumentem seu poder, as burocracias internacionais podem e devem ser consideradas, sob certas circunstâncias específicas, atores autônomos da ordem internacional. Mais do que isso, as burocracias devem ser consideradas atores com capacidade de regular a ação entre os Estados e não apenas um ator que é regulado por eles.

Em relação à teoria agente-principal, este livro demonstra que alguns mecanismos de controle da burocracia (*screening* e *police control oversight*) dependem de um ambiente no qual inexista a ação estratégica da agência com o intuito de construir uma organização com *expertise* diversificada para terem efeito. Os casos estudados mostram que estes mecanismos perdem o efeito previsto pelos *principals* se a agência construir alianças com ONGs em torno de *policies* comuns. Neste sentido, a teoria agente-principal precisa dar mais ênfase às ações estratégicas das agências para ter uma concepção mais completa do complexo relacionamento entre *principals* e agentes.

Conclusão

Neste contexto, demonstramos que os autores que utilizam a teoria agente-principal para analisar as OIs poderiam ter ganhos analíticos importantes em torno do tema da ação da agência caso inserissem alguns conceitos de relações internacionais: comunidade epistêmica e estratégia bumerangue. Os casos estudados reforçaram a importância e atualidade do conceito de comunidade epistêmica e como ele é valioso para a compreensão das estratégias disponíveis aos agentes para evitar os controles dos *principals*. Já a estratégia bumerangue modificada mostrou como estas estratégias podem ser efetivamente concretizadas. A possibilidade de as burocracias internacionais agirem contra os *principals* que procuram controlá-las também reforça a ideia segundo a qual as burocracias internacionais são agentes de decisão da ordem internacional que constituem interesses próprios.

Por fim, o conceito de autonomia burocrática que utilizamos reforça a importância dos chamados conceitos nômades. Isto é, um conceito criado para analisar outro contexto — as burocracias nacionais — que pode ser utilizado para analisar um contexto de peculiaridades distintas. Como afirmamos, o conceito de autonomia adotado neste trabalho deriva de Carpenter. A ideia de que burocracias podem constituir *constituencies* de apoio — neste trabalho chamadas de alianças burocracia-ONGs — abre um campo interessante para se pensar não apenas as ações estratégicas de agentes, mas também como agentes considerados de menor importância da ordem internacional — OIs e ONGs — podem agir em conjunto para rivalizar com os Estados nacionais em termos de importância e sucesso de suas ações.

As implicações normativas

A questão da autonomia burocrática não se restringe apenas às análises explicativas. Temos uma preocupação normativa com o tema. Nesse sentido, alguns autores têm se perguntado sobre o possível caráter antidemocrático das OIs. Para Dahl (1999:19-36), as organizações não podem ser consideradas democráticas porque, ao incorporarem vários domínios geográficos e estarem muito longe do eleitorado, não conseguem manter deliberações e *decision-making* de representação direta. Vaubel (1996:195, 2006) tem visão semelhante ao afirmar que as OIs, notadamente o Banco Mundial e o FMI, estão mais longe dos controles democráticos que as burocracias nacionais. Outros argumentam que algumas OIs sofrem com déficit democrático, mas isso não significa que todas padecem do mesmo problema. Aquelas organizações que têm desempenhos parecidos com os atuais sistemas democráticos nacionais merecem o benefício da dúvida (Moravcsik, 2005:2).[404] Assim, se as OIs sofrem algum tipo de déficit democrático seria necessário reformá-las?

Com efeito, a atual crise global (2008-2010) reforçou a necessidade de reformar as organizações financeiras internacionais. O teor destas reformas é constantemente debatido pela literatura e por *policymakers*. No entanto, só há dois consensos entre os debatedores: é necessário reformar a representação dos países-membros no tocante às cotas e é preciso melhorar a transparência das decisões das organizações. O problema é encontrar, por um lado, uma fórmula consensual para a redivisão das cotas e, por outro, mecanismos de transparência que sejam aceitos pelo Senior Management e Executive Board.[405]

Contudo, estes debates não discutem diretamente o tema da autonomia burocrática das organizações financeiras internacionais.[406] Isto é,

---

[404] Mesmo no caso da União Europeia, onde o debate sobre o déficit parece estar mais avançado, não se chegou a uma conclusão se a organização sofre com o problema e, sobretudo, quais reformas devem ser feitas para debelá-lo. Sobre a razão por que a UE não sofre com déficit, ver Moravcsik (2002). Sobre a razão por que a UE sofre com o déficit, ver Crombez (2003).

[405] Sobre crises de representação das OIs financeiras e reformas nas cotas, ver Scholte (1998); "US Treasury Department, Summers, L. The right kind of IMF for a stable global financial system" (1999); Pincus e Winters (2002); Buira (2003); Momani (2007); Batista Jr. (2009); Woods (2000 e 2001).

[406] É necessário lembrarmos que a discussão sobre a autonomia das burocracias é tema importante para a ciência política americana interessada em pensar o papel das burocracias nacionais. De acordo com Huber e Shipan (2002:20-22), é intenso o debate nos EUA sobre o caráter positivo ou negativo de uma sociedade cada vez mais burocratizada e, principalmente, se essas burocracias ajudam ou não a democracia. Nos debates sobre a relação entre as burocracias domésticas e a

Conclusão

a questão da autonomia do FMI e do Banco Mundial aparece inserida de forma indireta e marginal nas discussões sobre crises de representação e transparência. Não há uma preocupação exclusiva sobre os possíveis efeitos de uma organização autônoma nos problemas da representação e transparência. Assim, se a burocracia manterá a autonomia a despeito de reformas ocorridas no sistema de cotas, de que adianta toda a discussão em torno destas cotas se os burocratas manterão o controle?

Além disso, as implicações normativas de OIs autônomas também não são um tema para duas literaturas importantes em relações internacionais: a literatura da democracia cosmopolita e a literatura das reformas das instituições internacionais. Pelo contrário, a preocupação dos autores da democracia cosmopolita está mais voltada para a questão da autonomia do Estado-nação em face da globalização do que de uma possível autonomia das OIs (Held, 2003 e 2004; Archibugi, 2004; Villa e Tostes, 2006). Já os autores em relações internacionais que tratam das reformas das instituições internacionais voltam suas atenções mais para os problemas de representatividade e *accountability* do que para as consequências das burocracias autônomas.[407,408] Nesse sentido, se os mecanismos de representação global precisam de reformas, como desejam os adeptos da democracia cosmopolita, acreditamos que a discussão destas reformas deve passar pelos problemas gerados por burocratas capazes de fugir ao controle dos representantes.

Em artigo influente, Keohane vai direto ao ponto: uma OI presta contas a quem? Para o autor, se acreditarmos que não há como existir *accountability* no cenário global porque não existe uma estrutura política nos mesmos moldes das democracias nacionais ou porque não se

---

democracia alguns autores defendem a ampliação do poder burocrático porque as decisões mais técnicas devem ser deixadas para os *experts* e não para os políticos (Aberbach e Rochman, 1988; Lapalombara, 1958; Moe e Caldwell, 1994). Outros autores pensam o contrário. A delegação de autoridade favorecerá grupos de interesse entrincheirados na burocracia, ameaçando a integridade do sistema democrático (Lowi, 1979; Robinson, 1991).

[407] Sobre a literatura em relações internacionais que trabalha a questão das reformas das OIs, ver Hurrell (2001); Milner (2005); Pogge (1994, 2005); Beitz (1979).
[408] Sobre a falta de *accountability* das OIs, ver Keohane (2003, 2006).

compartilha de uma mesma "comunidade política imaginada", então não resta alternativa senão concordar com Dahl. Agora, se acreditarmos que não há como viver em um mundo interdependente sem a existência de organizações internacionais e que essas organizações precisam prestar contas, então é necessário pensarmos mecanismos viáveis de *accountability* a despeito da falta de uma sociedade global politicamente unificada (Keohane, 2003 e 2006). O que nos parece óbvio é que isso deve passar pela compreensão do funcionamento, da influência e da autonomia das burocracias internacionais.

Assim, se no plano doméstico são intensas as discussões acerca do papel da burocracia na democracia, na arena internacional esta questão se torna cada vez mais premente. Desta forma, o entendimento da autonomia burocrática das OIs como um fenômeno político passa a ser importante não apenas quando se debate suas causas e consequências (análise explicativa), mas também quando se discute o caráter da representação política dos países e povos no cenário internacional e seus controles sobre poderosas burocracias internacionais (análise normativa).

Referências

ABERBACH, J.; ROCHMAN, B. Mandates or mandarins? Control and discretion in the modern administrative state. *Public Administration Review*, n. 48, p. 606-612, 1988.

ADCOCK, R; COLLIER, D. Measurement validity: a shared standard for qualitative and quantitative research. *APSR*, v. 93, n. 3, p. 529-546, 2001.

ADLER, E. The emergence of cooperation: national epistemic communities and the international evolution of the idea of nuclear arms control. *International Organization*, v. 26, n. 1, p. 101-145, 1992.

ALCHIAN, A. Uncertainty, evolution, and economic theory. *Journal of Political Economy*, v. 58, n. 3, p. 211-221, 1950.

ARCHIBUGI, D. Cosmopolitan democracy and its critics: a review. *European Journal of International Relations*, v. 10, n. 3, p. 437-473, 2004.

ASCHER, W. New development approaches and the adaptability of international Agencies: the case of the World Bank. *International Organization*, v. 37, n. 3, p. 415-439, 1983.

_____. The World Bank and U.S. control. In: KARNS, Margaret; MINGST, Karen (Ed.). *The United States and the multilateral institutions*: patterns of changing instrumentality and influence. Boston: Unwin Hyman, 1990. p. 115-140.

AXELROD, R.; KEOHANE, R. Achieving cooperation under anarchy: strategies and institutions. *World Politics*, v. 38, n. 1, p. 226-254, 1985.

AYRES, R. *Banking on the poor*. Cambridge: MIT Press, 1983.

BABB, S. The IMF in sociological perspective: a tale of organizational slippage. *Studies in Comparative International Development*, v. 38, n. 2, p. 3-27, 2003.

_____; BURIA, A. *Mission creep, mission push and discretion in sociological perspective*: the case of IMF conditionality. In: G24 TECHNICAL GROUP MEETING, XVIII, 2004. Paper.

BARNETT, M.; COLEMAN, L. Designing police: Interpol and the study of change in international organizations. *International Studies Quarterly*, v. 49, n. 4, p. 593-620, 2005.

_____; FINNEMORE, M. The politics and pathologies of international organizations. *International Organization*, v. 53, n. 4, p. 699-732, 1999.

_____; _____. *Rules of the world*: international organizations in global politics. Ithaca: Cornell University Press, 2004.

_____; _____. Design police: Interpol and the study of change in international organization. *International Studies Quarterly*, v. 49, n. 4, p. 593-619, 2005.

BEBBINGTON, A. et al. Exploring social capital debates at the World Bank. *Journal of Development Studies*, v. 40, n. 5, p. 33-69, 2004.

BEITZ, C. *Political theory and international relations*. Princeton: Princeton University Press, 1979.

BENDOR, J. et al. Theories of delegation. *ARPS*, v. 4, n. 1, p. 235-269, 2001.

BENNETT, A.; GEORGE, A. *Case studies and theory development in social science*. Cambridge: MIT Press, 2005.

BETSILL, M.; CORELL, E. NGO Influence in international environmental negotiations: a framework for analysis. *Global Environmental Politics*, v. 1, n. 4, p. 65-85, 2001.

BHAGWATI, J. The capital myth. *Foreign Affairs*, v. 77, n. 3, p. 7-12, 1998.

BIRD, G. *IMF lending to developing countries*: issues and evidence. London: Routledge, 1995.

_____; ROWLANDS, D. IMF quotas: constructing an IO using inferior building blocks. *Review of International Organization*, v. 1, n. 2, p. 153-171, 2006.

BIRDSALL, N. *Why it matters who runs the IMF and the World Bank*. Washington, DC: Center for Global Development, 2002. (Working Paper, 22).

BLUSTEIN, P. *The chastening*: inside the crisis that rocked the global financial system. New York: PublicAffairs, 2001.

BOUGHTON, J. *The silent revolution*: the IMF 1979-1989. Washington, DC: IMF Press, 2001.

BRAMBLE, B.; PORTER, G. Non-governmental Organizations and the making of US international enviromental policy. In: HURRELL, A.; KINGSBURY, B. (Ed.). *The international politics of environment*. Oxford: Clanderon Press, 1992. p. 313-353.

BROZ, J. *Changing IMF quotas*: the role of the United States Congress. In: INTERNATIONAL ECONOMIC COOPERATION FOR A BALANCED WORLD ECONOMY CONFERENCE, 2005. Paper.

_____; HAWES, M. Congressional politics of financing the IMF. *International Organization*, v. 60, n. 2, p. 367-399, 2006.

BUIRA, A. *A new voting structure for the IMF*. Washington, DC: Group of 24, 2002.

_____. The governance of the IMF. In: CONCEIÇÃO, P. et al. (Org.). *Providing public goods*: managing globalization. New York: UNDP Press, 2003. p. 225-244.

BUZAN, B. Negotiating by consensus: developments in technique at U.N.: conference on the law of the sea. *American Journal of International Law*, v. 75, n. 2, p. 324-348, 1981.

CARPENTER, D. *The forging of bureaucratic autonomy*: reputations, networks, and policy innovations in executive agencies 1862-1928. Princeton: Princeton University Press, 2001a.

_____. The political foundation of bureaucratic autonomy. *Studies in American Political Development*, v. 15, n. 1, p. 113-122, 2001b.

CAUGHEY, D. et al. *Defining, mapping, and measuring bureaucratic autonomy*. In: MIDWEST POLITICAL SCIENCE CONFERENCE, 2009. Paper.

CERNEA, M. *Social organizational and development anthropology*: the 1995 Malinowski award lecture. Washington, DC: World Bank, 1995. (Environmentally Sustainable Development Studies and Monographs Series n. 6)

_____. *Transcript of interview with Michael Cernea*. The Bank's History Program. Washington, DC: World Bank, 2003.

CHAYES, A.; CHAYES, A. On compliance. *International Organization*, v. 47, n. 2, p. 175-205, 1993.

CHWIEROTH, J. Testing and measuring the role ideas: the case of neoliberalism and the IMF. *International Studies Quarterly*, v. 51, n. 1, p. 5-30, 2007.

_____. Normative change from within: the IMF's approach to capital account liberalization. *International Studies Quarterly*, v. 52, n. 1, p. 129-158, 2008.

CLARK, A. Non-Governmental Organizations and their influence on international society. *Journal of International Affairs*, n. 48, p. 507-525, 1995.

CLARK, J. Policy influence, lobbying and advocacy. In: EDWARDS, M.; HULME, D. (Ed.) *Making a difference*: NGOs and development in a changing world. London: Earthscan, 1992. p. 191-203.

_____. The State, popular participation, and voluntary sector. *World Development*, v. 23, n. 4, p. 593-602, 1995.

_____. The World Bank and civil society: an evolving experience. In: SCHOLTE, J.; SCHNABEL, A. (Ed.). *Civil society and global finance*. London: Routledge, 2002. p. 111-127.

COLLIER, P. *The bottom billion*: why the poorest countries are failing and what can be done. Oxford: Oxford University Press, 2007.

CORTELL, A.; PETERSON, S. Dutiful agents, rougue actors, or both? Staffing, voting, rules, and slack in the WHO and WTO. In: HAWKINS, Darren G. et al. (Org.). *Delegation and agency in international organizations*. Cambridge: Cambridge University Press, 2006. p. 255-280.

COVEY, J. Critical cooperation? Influencing the World Bank through policy dialogue and operational cooperation. In: FOX, J.; BROWN, L.D. (Ed.). *The struggle for accountability*. Massachusetts: MIT Press, 1998. p. 81-119.

COX, R.; JACOBSON, H. *The anatomy of influence*: the decision making in international organizations. New Haven: Yale University Press, 1974.

CROMBEZ, C. The democratic deficit in the European Union. *European Union Politics*, v. 4, n. 1, p. 101-120, 2003.

DAHL, R. Can international organizations be democratic? In: SHAPIRO, I.; HACKER-CORDON, C. (Eds.). *Democracy's edges*. Cambridge: Cambridge University Press, 1999. p. 19-36.

DAVIS, G. *A history of the social development network in the World Bank (1973-2000)*. Washington, DC: World Bank, 2004.

DAWSON, T.; BHATT, G. *The IMF and civil society organizations*: striking balance. 2001. (IMF Policy Discussion Paper, PDP/01/2).

DE GREGORIO, J. et al. *An independent and acoountable IMF*. Geneve: ICMB International Center for Monetary and Banking Studies, 1999.

DE VRIES, M. *The IMF in a changing world (1945-1985)*. Washington, DC: IMF Press, 1986.

DODD, L.; SCHOTT, R. *Congress and administrative State*. New York: John Wiley and Sons, 1979.

DREHER, A.; STURM, J.; VREELAND, J. Development aid and international politics: does membership on the UN Security Council influence World Bank decisions? *Journal of Political Economics*, n. 88, p. 1-18, 2009a.

_____; _____; _____. Global horse trading: IMF loans for votes in the UN Security Council. *European Economic Review*, n. 3, p. 742-757, 2009b.

EASTERLY, W. *The elusive quest for growth*: economists' adventures and misadventures in the tropics. Cambridge: MIT Press, 2001.

EBRAHIM, A.; HERTZ, S. *Accountability in complex organizations*: World Bank reponses to civil society. 2007. (KSG Faculty Research Working Paper Series, RWP07-060).

EICHENGREEN, B. *Globalizing capital*: a history of the international monetary system. Princeton: Princeton University Press, 1996.

_____. *Toward a new international financing architecture*. Washington, DC: Institute for International Economics, 1999.

ELSIG, M. *Agency theory and the WTO*: complex agency and missing delegation? 2009. Paper apresentado na ISA.

ELSTER, J. A plea for mechanisms. In: HEDSTRÖM, Peter; SWEDBERG, Richard. *Social mechanisms*: an analytical approach to social theory. Cambridge: Cambridge University Press, 1998. p. 45-73.

ENGELEN, K. The Köhler episode. *International Economy*, Spring, 2004.

ETZIONI-HALEVY, E. *Bureaucracy and democracy*: a political dilema. London: Routledge, 1983.

EVANS, P.; FINNEMORE, M. *Organizational reform and the expansion of the South's voice at the Fund*. 2001. (G24 Discussion Paper, n. 15).

FELDSTEIN, M. Refocusing the IMF. *Foreign Affaris*, v. 77, n. 2, p. 20-33, 1998.

FISCHER, S. *On the Need for an international lender of last resort*. In: AMERICAN ECONOMIC ASSOCIATION AND AMERICAN FINANCE ASSOCIATION MEETING, 1999. Paper.

FOX, J.; BROWN, D. Introduction. In: FOX, J.; BROWN, D. (Ed.). *The strugle for accountability*: the World Bank, NGO's, and grassroots movements. Cambridge: MIT Press, 1998a. p. 1-27.

_____; _____. Accountability within transnational coalitions. In: FOX, J.; BROWN, D. (Ed.). *The struggle for accountability*: the World Bank, NGO's, and grassroots movements. Cambridge: MIT Press, 1998b. p. 439-484.

_____; _____. Assessing the impact of NGO advocacy campaigns on World Bank projetcs and policies. In: FOX, J.; BROWN, D. (Ed.). *The struggle for accountability*: the World Bank, NGO's, and grassroots movements. Cambridge: MIT Press, 1998c. p. 485-552.

FREY, B. Consensus and dissensus among economists: an empirical inquiry. *American Economic Review*, v. 74, n. 1, p. 986-994, 1984.

GEDDES, B. How the cases you choose affect the answers you get: selection bias in comparative politics. *Political Analysis*, v. 2, n. 1, p. 131-150, 1990.

GERTH, H.; MILLS, W. (Ed.). *From Max Weber*. Oxford: Oxford University Press, 1946.

GOLD, J. *The stand-by arrengements of the IMF*: a commentary on their formal, legal, and financial aspects. Washington, DC: IMF Press, 1970.

GOULD, E. *When IOs influence each other*: has the World Bank expanded Fund conditionality? 2003a. Paper presented at the APSA.

_____. Money talks: supplementary financiers and IMF conditionality. *International Organization*, v. 57, n. 3, p. 551-586, 2003b.

GRIECO, J. Anarchy and the limits of cooperation: a realist critique of the newest liberal institutionalism. *International Organization*, v. 42, n. 3, p. 485-507, 1988.

GULRAJANI, N. The art of fine balances: the challenge of institutionalizing the CDF inside the World Bank. In: STONE, D.; WRIGHT, C. *The World Bank governance*. London: Routledge, 2007.

GUTNER, T. Explaining the gaps between mandate and performance: agency and the World Bank environment reform. *Global Environment Politics*, v. 5, n. 2, p. 10-37, 2005.

HAAS, E. *Beyond the nation-State*: functionalism and international organization. Stanford: Stanford University Press, 1964.

_____. *When knowledge is power*: three models of change in international organizations. Berkeley: University of California Press, 1990.

HAAS, P. Introduction: epistemic communities and international policy coordination. *International Organization*, v. 46, n. 1, p. 1-35, 1992a.

_____. Banning chlorofluorocarbons: epistemic community efforts to protect stratospheric ozone. *International Organization*, 46, n. 1, p. 187-224, 1992b.

HASENCLEVER, A.; MAYER, P.; RITTBERGER, V. *Theories of international regimes*. Cambridge: Cambridge University Press, 1997.

HAYTER, T. *Aid as imperialism*. MD: Penguim Books, 1971.

HAWKINS, D.; JACOBY, W. How agents matter. In: _____ et al. (Org.). *Delegation and agency in international organizations*. Cambridge: Cambridge University Press, 2006. p. 199-228.

_____; et al. Delegation under Anarchy: states, international organizations, and principal-agent theory. In: _____ et al. (Org.). *Delegation and agency in international organizations*. Cambridge: Cambridge University Press, 2006. p. 3-38.

HELD, D. From Executive to cosmopolitan multilateralism. In: _____; KOENIG-ARCHIBUGI, M. (Ed). *Taming globalization*: frontiers of governance. London: Polity Press, 2003. p. 160-186.

_____. *Global covenant*: the social democratic alternative to the Washington Consensus. London: Polity Press, 2004.

HELLEINER, E. *States and the remergence of global finance*: from Bretton Woods to the 1990s. Ithaca: Cornel University Press, 1994.

HIGGOTT, R.; UNDERHILL, G.; BIELER, A. *Non-State actors and authority in the global system*. New York: Routledge, 2000.

HOOKE, J. *The dinosaur among us*: the World Bank and its path to extinction. Virginia: BookSurge, 2007.

HUBER, G. *The craft of bureaucratic neutrality*: interests and influence in governmental regulation of occupational safety. Cambridge: Cambridge University Press, 2007.

HUBER, J.; SHIPAN, C. *Deliberate discretion?* The institutional foundations of bureaucratic autonomy. Cambridge: Cambridge University Press, 2002.

HURRELL, A. Global inequality and international institutions. In: POGGE, T. (Ed.). *Global justice*. Oxford: Blackwell Publishing, 2001. p. 163-182.

KAHLER, M. The US and the IMF — declining influence or declining interest. In: KARNS, M.; MINGST, K. (Org.). *The US and multilateral institutions*: patters of changing instrumentality. London: Routledge, 1992. p. 91-114.

_____. *Leadership selection in the major multilaterals*. Washington, DC: Institute for International Economics, 2002.

KAJA, A.; WERKER, E. *Corporate misgovernance at the World Bank*. 2009. (Harvard Business School Working Paper, 108).

KAPUR, D. The changing anatomy of governance of the World Bank. In: PINCUS, J.; WINTERS, J. *Reinventing the World Bank*. Ithaca: Cornell University Press, 2002. p. 54-75.

_____, LEWIS, J.; WEBB, R. *The World Bank:* its first half century. v. 1: History. Washington, DC: Brookings Institute Press, 1997a.

_____; _____; _____. *The World Bank:* its first half century. v. 2: Perspectives. Washington, DC: Brookings Institute Press, 1997b.

KARDAM, N. Development approaches and the role of policy advocacy: the case of the World Bank. *World Development*, v. 21, n. 11, p. 160-168, 1993.

KECK, M. Planaforo in Rondônia: the limits of leverage. In: FOX, J.; BROWN, D. (Ed.). *The struggle for accountability*: the World Bank, NGO's, and grassroots movements. Cambridge: MIT Press, 1998. p. 181-218.

_____; SIKKINK, K. *Activists beyond borders*: advocacy networks in international politics. Ithaca: Cornell University Press, 1998.

KELKAR, V.; YADAV, V.; CHAUDRY, P. Reforming the governance of the IMF. *The World Economy*, v. 27, n. 5, p. 727-743, 2004.

KEOHANE, R. *After hegemony*: cooperation and discord in the world politics. Princeton: Princeton University Press, 1984.

_____. *Neorealism and its critics*. New York: Columbia University Press, 1986.

_____. *International institutions and State power*: essays in international relations theory. Boulder: Westview Press, 1989.

_____. *Power and governance in a partially globalized world*. London: Routledge, 2002.

_____. Global governance and democratic accountability. In: HELD, D.; KOENIG-ARCHIBUGI, M. (Ed.). *Taming globalization*: frontiers of governance. London: Polity Press, 2003. p. 71-107.

_____. Accountability in world politics. *Scandinavian Political Studies*, v. 29, n. 2, p. 75-87, 2006.

_____; BUCHANAN, A. The Legitimacy of Global Governance Institutions. *Ethics & International Affairs*, v. 20, n. 4, p. 1-21, 2006.

_____; KING, G.; VERBA, S. *Designing social inquiry*: scientific inference in qualitative research. Princeton: Princeton University Press, 1994.

_____; MARTIN, L. The promise of institutionalist theory. *International Security*, v. 20, n. 1, p. 39-51, 1995.

_____; _____. Institutional theory. In: ELMAN, C.; ELMAN, M. F. (Ed.). *Progress in international relations theory*: appraising the field. New York: MIT Press, 2003. p. 71-108.

_____ et al. (2001). The concept of legalization. In: GOLDSTEIN, J. et al. *Legalization and world politics*. Cambridge: MIT Press, 2001. p. 17-36.

KIEWIET, R.; MCCUBBINS, M. *The logic of delegation*: congressional parties and appropriations process. Chicago: The Chicago University Press, 1991.

KIM, D. Political control and bureaucratic autonomy revisited: a multi-institutional analysis of OSHA enforcement. *Journal of Public Administration Research and Theory*, v. 18, n. 1, p. 33-55, 2008.

KOTOWITZ, Y. Moral hazard. In: DURLAUF, Steven N.; BLUME, Lawrence E. (Ed.). *The new Palgrave dictionary of economics*. 2nd ed. New York: Palgrave Macmillan, 2008.

KRASKE, J. *Bankers with a mission*: the presidents of the World Bank, 1946-1991. Oxford: Oxford University Press, 1996.

KRASNER, S. Structural causes and regime consequences: regimes as intervening variables. In: KRASNER, S. (Ed.). *International regimes*. Ithaca: Cornell University Press, 1983. p. 1-21.

KRUEGER, A. The political economy of the rent seeking society. *American Economic Review*, v. 64, n. 3, p. 291-303, 1974.

KUZIEMKO, I.; WERKER, E. How much is a seat on the Security Council worth? Foreign aid and bribery at the United Nations. *Journal of Political Economy*, v. 114, p. 905-930, 2006.

LAFFONT, J. Externalities. In: DURLAUF, Steven N.; BLUME, Lawrence E. (Ed.). *The new Palgrave dictionary of economics*. 2nd ed. New York: Palgrave Macmillan, 2008.

LAKE, D.; MCCUBBINS, M. The logic of delegation to international organizations. In: HAWKINS, D. G. et al. (Org.). *Delegation and agency in international organizations*. Cambridge: Cambridge University Press, 2006. p. 341-368.

LAPALOMBARA, J. Political party systems and crisis government: French and Italian comparisons. *Midwest Journal of Political Science*, v. 2, n. 2, p. 117-142, 1958.

LEECH, D. *Power relations in the IMF*: an analysis of a priori voting power using the theory of simple games. Warwick: Centre for the Study of Globalization and Regionalization, University of Warwick, 2000. (CSGR Working Paper, n. 6).

LOCKE, M. Funding the IMF: the debate in the U.S. Congress. *Finance and Development*, v. 37, n. 3, 2000.

LOWI, T. *The end of liberalism*: ideology, policy, and the crisis of public authority. New York: W.W. Norton, 1979.

LYNE, M. et al. Who delegates? Alternative models of principal in development aid. In: HAWKINS, Darren G. et al. (Org.). *Delegation and agency in international organizations*. Cambridge: Cambridge University Press, 2006. p. 41-76.

MALABY, S. *The world's banker*. Sidney: University of South Wales Press, 2004.

MARKOFF, J.; MONTECINOS, V. The ubiquitous rise of economists. *Journal of Public Policy*, v. 13, n. 1, 1993.

MARTIN, L. Distribution, information, and delegation to IO's: the case of IMF conditionality. In: HAWKINS, D. G. et al. (Org.). *Delegation and agency in international organizations*. Cambridge: Cambridge University Press, 2006. p. 140-164.

_____; BOTCHEVA, L. Institutional effects on state behavior: convergence and divergence. *International Studies Quarterly*, v. 45, n. 1, 2001.

_____; SIMMONS, B. Theories and empirical studies of international institutions. *International Organization*, v. 52, n. 4, 1998.

_____; _____. International organizations and institutions. In: CARLSNAES, W. et al. (Ed.). *The handbook of international relations*. London: Sage, 2002. p. 192-211.

MCCUBBINS, M. et al. Administrative procedures as instruments of political control. *Journal of Law, Economics and Organization*, n. 3, p. 243-277, 1987.

MEARSHEIMER, J. The false promise of international institutions. *International Security*, v. 19, n. 3, p. 5-49, 1995.

MILGROM, P.; ROBERTS, J. Bargaining costs, influence costs, and the organization of economic activity. In: ALT, J.; SHEPSLE, K. (Ed.). *Perspectives on political economy*. Cambridge: Cambridge University Press, 1990. p. 57-89.

MILL, J. *A system of logic*. [S.l.: s.n.], 1843.

MILLER-ADAMS, M. *The World Bank*: new agendas in a changing world. London: Routledge, 1999.

MILNER, H. International theories of cooperation among nations: strengths and weakness. *World Politics*, n. 44, p. 466-496, 1992.

_____. Globalization, development, and international institutions: normative and positive perspectives. *Perspective on Politics*, v. 3, n. 1, p. 833-854, 2005.

MOE, T. The politics of structural choice: theory of public bureaucracy. In: WILLIAMSON, O. (Ed.). *Organization theory*. Oxford: Oxford University Press, 1987. p. 116-153.

_____; CALDWELL, M. The institutional foundations of democratic government: a comparison of presidential and parliamentary systems. *Journal of Institutional and Theoretical Economics*, n. 150/1, p. 171-195, 1994.

MOMANI, B. American politicization of the IMF. *Review of International Political Economy*, v. 11, n. 5, p. 880-904, 2004.

_____. Recruiting and diversifying IMF technocrats. *Global Society*, v. 19, n. 2, p. 167-187, 2005.

_____. IMF staff: the missing link in the IMF reform proposals. *The Review of International Organizations*, v. 2, n. 1, p. 39-57, 2007.

MORAVCSIK, A. Reassessing legitimacy in the European Union. *Journal of Common Market Studies*, v. 40, n. 4, p. 603-624, 2002.

_____. Is there a democratic deficit in world politics? In: HELD, D.; KOENIG-ARCHIBUGI, M. *Global governance and public accountability*. Oxford: Blackwell, 2005. p. 21-239.

MOSLEY, P. The IMF after the Asian crisis: merits and limitations of the "long-term development partner" role. *The World Economy*, v. 24, n. 5, p. 597-629, 2002.

NAIM, M. *World Bank: its role, governance and organizational culture*. Washington, DC: Carnegie, 1994.

NIELSON, D.; TIERNEY, M. Delegation to organizations: agency theory and World Bank environmental reform. *International Organization*, v. 57, p. 241-276, 2003.

_____. et al. Bridging the rationalist-constructivist divide: re-engineering the culture of the World Bank. *Journal of International Relations and Development*, v. 9, n. 2, p. 107-139, 2006.

NIELSON, P. *The World Bank and non-governmental organizations*. London: MacMillan, 1995.

NISKANEN, W. *Bureaucracy and representative government*. Chicago: Aldine, 2007.

NORTH, D. *Institutions, institutional change and economic performance*. Cambridge: Cambridge University Press, 1990.

OATLEY, T.; YACKEE, J. *Political determinants of IMF balance of payments lending*. University of North Carolina at Chapel Hill. 2004. ms.

OSTRY, J.; ZETTELMEYER, J. *Strengthening IMF crisis prevention*. Washington, DC: IMF Press, 2005. (IMF Working Paper).

PAYER, C. *The debt trap*. Harmondsworth; Penguim Books, 1974.

PETERSON, M. Whalers, cetologists, environmentalists, and the international management of whaling. *International Organization*, v. 46, n. 1, p. 147-186, 1992.

PINCUS, J.; WINTERS, J. Reinventing the World Bank. In: PINCUS, J.; WINTERS, J. (Ed.) *Reinventing the World Bank*. Ithaca: Cornell University Press, 2002. p. 1-25.

POGGE, T. Uma proposta de reforma: um dividendo global de recursos. *Lua Nova*, São Paulo, n. 34, p. 135-161, 1994.

_____. World poverty and human rights. *Ethics and International Affairs*, v. 19, n. 1, p. 1-7, 2005.

POLACK, J. The changing nature of IMF conditionality. *Essay in International Finance*, n. 184, 1991.

POLLACK, M. Delegation, agency, and agenda setting in the European Union. *International Organization*, v. 51, n. 1, p. 99-134, 1997.

_____. *Delegation and discretion in the European Union*. In: HAWKINS, Darren G. et al. (Org.). *Delegation and agency in international organizations*. Cambridge: Cambridge University Press, 2006. p. 165-196.

PRICE, R. Transnational civil society and advocacy in world politics. *World Politics*, v. 55, n. 4, p. 579-606, 2003.

PRZEWORSKI, A. Is the science of comparative politics possible? In: BOIX, C.; STOKES, S. (Ed.). *Oxford handbook of comparative politics*. Oxford: Oxford University Press, 2007. p. 147-171.

_____; VREELAND, J. The effect of the IMF programs on economic groth. *Journal of Development Economics*, v. 62, n. 2, p. 385-421, 2000.

RAO, V.; WOOLCOCK, M. The disciplinary monopoly in development research at the World Bank. *Global Governance*, v. 13, n. 4, p. 479-484, 2007.

RAPKIN, D.; STRAND, J. The US and Japan in the Bretton Woods Institutions: sharing or contesting leadership? *International Journal*, v. 52, n. 2, p. 265-296, 1997.

REINALDA, B. Organization theory and the autonomy of the international labor organization: two classic studies still going strong. In: _____; VERBEEK, B. *Autonomus policy making by international organizations*. London: Routledge, 1998. p. 42-61.

_____; VERBEEK, B. Autonomus policy making by international organizations: purpose, outline and results. In: _____; _____. *Autonomus policy making by international organizations*. London: Routledge, 1998. p. 1-8.

_____; _____. The issue of decision making within international organization. In: _____; _____ (Ed.). *Decision making within international organizations*. London: Routledge, 2004, p. 9-41.

RICH, B. *Mortgaging the Earth*: the World Bank, environmental impoverishment, and the crises of development. Boston: Beacon Press, 1994.

_____. The World Bank under James Wolfensohn. In: PINCUS, J.; WINTERS, J. *Reinventing the World Bank*. Ithaca: Cornell University Press, 2002. p. 26-53.

ROBINSON, G. *American bureaucracy*: public choice and public law. Ann Arbor: The University of Michigan Press, 1991.

ROGOFF, K. *An open letter*. Washington, DC: IMF Press, 2002.

ROURKE, F. *Bureaucracy, politics, and public policy*. Boston: Little Brown and Company, 1984.

RUGGIE, J. *Multilateralism matters*: the theory and practice of an institutional form. New York: Columbia University Press, 1993.

SAPPINGTON, D. Incentives in principal-agent relationships. *Journal of Economic Perspectives*, v. 5, n. 2, p. 45-66, 1991.

SEAWRIGHT, J.; GERRING, J. *Selecting cases in case study research*: a menu of options. Department of Political Science, Boston University, 2005. ms.

SEN, A. *Desenvolvimento como liberdade*. São Paulo: Cia. das Letras, 1999.

SCHOLTE, J. The IMF meets civil society. *Finance and Development*, v. 35, n. 3, p. 42-45, 1998.

_____. Civil society voices and the IMF. The North-South Institute. Ottawa, Canadá, 2002. (Discussion Paper)

SHANKS, C.; JACOBSON, H.; KAPLAN, J. Inertia and change in the constellation of IGO's. *International Organization*, v. 50, n. 4, p. 593-627, 1996.

SIMMONS, B. International law and state behaviour: commitment and compliance in international monetary affairs. *APSR*, v. 94, n. 4, p. 819-835, 2000.

SLAUGHTER, A.; RAUSTIALA, K. International law, international relations and compliance. In: CARLSNAES, W. et al. (Ed.). *The handbook of international relations*. London: Sage, 2002. p. 538-558.

SQUIRE, L. Why the World Bank should be involved in development research. In: GILBERT, C.; VINES, D. (Ed.). *The World Bank:* structure and policies. New York: Cambridge University Press, 2000. p. 108-131.

STEIN, A. Coordination and collaboration: regimes in an anarchic world. In: KRASNER, S. (Ed.). *International regimes*. Ithaca: Cornell University Press, 1983. p. 115-140.

STEINBERG, R. In the shadow of law or power? Consensus-based bargaining and outcomes in the GATT/WTO. *International Organization*, v. 56, n. 2, p. 339-374, 2002.

STERN, N.; FERREIRA, F. The WB as an "intelectual actor". In: KAPUR, D. et al. (Ed.) *The World Bank:* its first half century. v. 2: Perspectives. Washington, DC: The Brookings Institutions, 1997. p. 523-609.

STIGLITZ, J. Principal-agent. In: EATWELL, J. et al. (Ed.). *The new Palgrave dictionary of economics*. New York: Stockton Press, 1989.

_____. *Whither socialism?* Cambridge: The MIT Press, 1997.

_____. *More instruments and broader goals*: moving toward the post-Washington Consensus. Henlsink: Wider Annual Lecture, 1998a.

_____. *Towards a new paradigm for development*: strategies, policies, and processes. Genebra: Pebrisch Lecture at Unctad, 1998b.

_____. *A globalização e seus malefícios*: a promessa não cumprida de benefícios globais. São Paulo: Siciliano, 2002.

STONE, R. *Lending credibility*: the IMF and the post-communist transition. Princeton: Princeton University Press, 2002.

STONE, D.; WRIGHT, C. (Ed.). *The World Bank and governance*: a decade of reform and reaction. New York: Routledge, 2007.

SWEDBERG, R. The doctrine of economic neutrality of the IMF and the World Bank. *Journal of Peace Research*, v. 23, n. 4, p. 377-390, 1986.

TAN, C. *Who's free riding?* A critique of the World Bank's approach to non--concessional borrowing in low-income countries. 2006. (CSGR Working Paper, n. 209).

THACKER, S. The high politics of IMF lending. *World Politics*, v. 52, n. 1, p. 38-75, 1999.

TULLOCK, G.; BUCHANAN, J.; TOLLISON, R. *Toward a theory of rent--seeking society*. Galveston, TX: A&M University Press, 1980.

UDALL, L. World Bank and publica accountability. In: FOX, J.; BROWN, D. (Ed.). *The struggle for accountability*: the World Bank, NGO's, and grassroots movements. Cambridge: MIT Press, 1998. p. 391-436.

VAN HOUTEN, L. *Governance of the IMF*: decision making, institutional oversight, transparency and accountability. Washington, DC: The IMF Press, 2002. (Pamphlet Series n. 53).

VAUBEL, R. Bureaucracy at the IMF and the World Bank: a comparison of the evidence. *The World Economy*, v. 19, n. 2, p. 195-210, 1996.

_____. Principal-agent problems in international organization. *Review of International Organizations*, n. 1, p. 125-138, 2006.

VERBEEK, B. International organization: the ugly duckling of IR theory? In: REINALDA, B.; VERBEEK, B. *Autonomus policy making by international organizations*. London: Routledge, 1998.

VERHOEST, K. et al. The study of organizational autonomy: a conceptual review. *Public Administration and Development*, v. 2, n. 2, 2004.

VETTERLEIN, A. Change in international organization: innovation or adaptation? A comparison of the World Bank and the IMF. In: STONE, D.; WRIGHT, C. *The World Bank governance*. London: Routledge, 2007. p. 125-144.

VILLA, R. Formas de Influência das ONGs na política internacional contemporânea. *Revista de Sociologia e Política*, n. 12, p. 21-33, 1999.

_____; TOSTES, A. Democracia cosmopolita versus política internacional. *Lua Nova*, São Paulo, 66, p. 69-107, 2006.

VREELAND, J. *The IMF and economic development*. Cambridge: Cambridge University Press, 2003.

_____. The international and domestic politics of IMF programs. 2005. Unpublished paper (Artigo não publicado).

_____. *The International Monetary Fund*: politics of conditional lending. New York: Routledge, 2007.

WADE, R. Japan, the World Bank, and the art of paradigm maintenance: the East Asian miracle in political perspective. *New Left Review*, n. 217, p. 3-36, 1996.

_____. Greening the Bank: the struggle over the environment 1970-1995. In: KAPUR, D. et al. (Ed.) *The World Bank*: its first half century. v. 2: Perspectives. Washington, DC: The Brookings Institutions, 1997. p. 611-734.

_____. U.S. hegemony and the World Bank: the fight over people and ideas. *Review of International Political Economy*, v. 9, n. 2, p. 201-229, 2002.

WALLACE, L. How should the IMF be reshaped? *Finance and Development*, v. 41, n. 3, 2004.

WALTZ, K. *Teoria das relações internacionais*. Lisboa: Gradiva, 2002.

WEAVER, C. *Hypocrisy trap*: the World Bank and the poverty reform. Princeton: Princeton University Press, 2008.

_____; LEITERITZ, R. *Our poverty is a world full of dreams*: reforming the World Bank. 2005. ms.

WILLET, T. *Understanding the IMF debate*. 2000. (Claremont College Working Papers).

_____. Upping the ante for political economy analysis of the international financial institutions. *The World Economy*, v. 24, n. 5, p. 317-332, 2001.

WILLIAMSON, J. *IMF conditionality*. Washington, DC: Institute for International Economics, 1983.

WILSON, C. Adverse selection. In: DURLAUF, S. N.; BLUME, L. E. (Ed.). *The new Palgrave dictionary of economics*. 2nd ed. Palgrave Macmillan, 2008.

WIRTH, D. Partnership advocacy in World Bank enviroment reform. In: FOX, J.; BROWN, D. (Ed.). *The struggle for accountability*: the World Bank, NGO's, and grassroots movements. Cambridge: MIT Press, 1998. p. 51-80.

WOODS, N. The challenge of good governance in the IMF and the World Bank themselves. *World Development*, v. 28, n. 5, p. 823-841, 2000.

_____. Making the IMF and the World Bank more accountable. *International Affairs*, v. 77, n. 1, p. 83-100, 2001.

_____. The United States and the international financial institutions: power and influence within the World Bank and the IMF. In: FOOT, R. et al. (Ed.) *U.S. hegemony and international organizations*: the United States and multilateral institutions. London: Oxford University Press, 2003. p. 92-114.

_____. *The globalizers*: the IMF, the WB and their borrowers. Ithaca: Cornell University Press, 2006.

WOSLEY, P. The IMF after the Asian crisis: merits and limitations of the "long--term development partner". *The World Economy*, v. 24, n. 5, p. 597-629, 2001.

YOUNG, O. *International governance: protecting the environment in a stateless society*. Ithaca, NY: Cornell University Press, 1994.

_____ et al. *Analyzing international environmental regimes*: from case study to database. Cambridge: MIT Press, 2006.

Artigos de jornais

The New York Times

UNVEILING a secretive agency, 10-6-1986.
ECOLOGISTS press lending groups, 30-10-1986.
IMF and WB seen swapping roles, 9-4-1987.

JAPAN is seeking a larger role in world's financial system and debt crisis, 27-9-1988.
WB and IMF in a conflict over roles, 28-2-1989.
IMF and WB harmony sought, 11-3-1989.
ACCORD seems near on roles of IMF and WB, 30-3-1989.
JAPAN takes a leading role in the third world debt crisis, 17-4-1989.
SURGE in resources for IMF, 26-9-1989.
U.S. backs easier terms for Russian AID, 19-6-1992.
RUSSIA and IMF fail at an accord, 20-6-1992.
IMF hopes to lend Russians a quick $1 billion, 25-6-1992.
IMF and Russia reach accord on loan aid and spending limits, 6-7-1992.
TALK in American Congress over IMF bureaucracy, 15-4-1998.
A MORE open IMF, 22-11-1999.
REPORT seeks big changes in IMF and WB, 8-3-2000.
ERRORS of comission, 8-4-2000.
LOAN agencies under storm, 16-4-2000.
MOVEMENT; growing up and getting practical since Seattle, 24-9-2000.
INTERNATIONAL lenders new image: a human face, 26-9-2000.
Nº 2 official of the IMF to step down as year's end, 9-5-2001.
WORLD Bank presses inquiry on economist who dissents, 7-11-2001.
WITH few protests, main action is inside the Monetary Fund, 4-10-2004.
IMF faces a question of identity, 28-9-2007.
THE WORLD Bank, the little-noticed big money manager, 17-10-2007.
SELLING gold at IMF to rebuild its finances, 26-2-2008.
IMF may profit from bailout, 10-3-2009.
HOW did economists get it so wrong?, 2-9-2009.
THE WORLD Bank, the little-noticed big money manager, 17-10-2009.

The Washington Post

UNDER sense of unease, IMF wrestles with quotas and crises fund, 6-9-1982.
SHUFFLING at the World Bank, 10-5-1987.
AT THE IMF, a struggle shrouded in secrecy, 30-3-1988.

CAMDESSUS speaks out, 2-10-1988.
WB to expand crisis role, 6-10-1988.
WB turns up criticism of the IMF, 3-12-1988.
IMF to seek increase in Funds, 19-3-1989.
IMF and WB reach a truce, 1-4-1989.
IMF director asks again for higher quotas, 29-9-1989.
NEW agendas for the IMF and WB, 24-11-1989.
THE CONABLE years, 14-3-1991.
PRESTON facing a big job as head of World Bank, 17-3-1991.
LEWIS Preston aims to ax World Bank's arrogance, 24-5-1992.
SHULTZ urges IMF and WB merger, 7-1-1995.
IMF director suggests brad changes, 19-5-1995.
THE WB personified, James Wolfensohn seeks to create a human touch, 10-10-1995.
WORLD Bank chief hints at staff shifts, 11-10-1995.
ANNUS panicus for the IMF, 4-10-1998.
ECONOMIST in a China shop, 3-10-1999.
GERMANY taps new nominee to head IMF, previous candidate withdrawing following pressure from US, 8-3-2000.
WB rethinks poverty, report finds traditional approach fails, 13-9-2000.
MAJOR changes signaled at IMF, appointees include conservative Stanford economist to n. 2 post, 8-6-2001.
CRITICS get WB to ease disclosure policy, 6-9-2001.
IMF to offer buyouts to about 500 employees, 30-4-2008.
SMALL nations, big test for IMF, 14-10-2008.

The Financial Times

CONTEST for New IMF chief widens, 24-2-2000.
CLINTON backs Kohler's bid move seen as gesture to ease tension between US and Germany rather than enthusiastic endorsement, 14-3-2000.
CHANGING of the guard puts IMF at crossroads, 21-5-2001.
TOP US woman comes with a robust reputation IMF appointments, 8-6-2001.
CAMPAIGNERS offer moral integrity for influence, 17-7-2001.

WORLD Bank feeling the pressure, 30-11-2001.
NGOs pressed to back US grant scheme WB move to replace loans, 7-1-2002.
CAMPAIGNERS offer moral integrity for influence, 17-7-2002.
THE FUND should end its backroom deals, 5-3-2004.
MF and WB advance debt-relief pact, 25-9-2005.
ZOELLICK names top deputy in World Bank revamp, 5-10-2007.

The Wall Street Journal

FISHER may succeed Erb in n. 2 position at IMF, 24-5-1994.
EU selects Koch-Weser to head IMF, Clinton Labels him as unfit to serve, 29-2-2000.
THE IMF Needs more than a new Boss, 2-3-2000.
IMF to name Krueger as n. 2 official, Bush to withdraw her CEA nomination, 7-6-2001.
WORLD Bank nears rate reduction, 25-8-2007.
ZOELLICK fights for relevance of WB, 9-10-2007.
WORLD Bank nears rate reduction, 25-9-2007.
WORLD Bank weary, 19-10-2007.
BRITAIN tops US at WB, 15-12-2007.

Demais jornais brasileiros e internacionais

BATISTA JR., Paulo Nogueira. Países emergentes não podem baixar a guarda após avanços (entrevista). *Folha de S.Paulo*, 27-4-2009.
BATISTA JR., Paulo Nogueira. A emissão de notas pelo FMI. *Folha de S.Paulo*, 9-7-2009.
NGOs debate IDA issues, *BWP*, 15-4-1998.
WILL Grants kill IDA? *BWP*, 10-9-2001.
TAKEN for granted? US proposals to reform the World Bank's IDA examined. *BWP*, 25-3-2002.
SPLIT highlights growing call to rethink conditionality. *BWP*, 22-11-2006.
LESS carrot more stick. *BWP*, 4-12-2007.

ANALYSIS of the IDA-12 agreement. *BIC*, 2-1999.

ZOELLICK overhauls to management. *BIC*, 5-10-2007.

EXODUS at the IMF. *BIC*, 1-5-2008.

HOUSE Committee on Financial Services examines transparency at the World Bank. *BIC*, 17-9-2009.

SPRING Meetings 2007 life beyond the wolfogate crisis. *Eurodad*, 26-4-2007.

Documentos do Banco Mundial

WB 1987 Office Memorandum Bank-NGO. Washington, DC: The World Bank, 9-11-1987.

WB 1988 Nongovernmental Organization and local development. Michael Cernea. World Bank Discussion Paper n.40, Washington, DC: The World Bank.

WB 1989 Manual transmittal memorandum — Operational directive 14.70: involving nongovernmental organizations in bank-supported activities. Washington, DC: The World Bank, 28-8-1989.

WB 1989 Meeting of the World Bank-NGO Committe and recent progress in Bank-NGO cooperation. Washington, DC: The World Bank.

WB 1990 Office memorandum — The World Bank and NGOs: a review of operational experience. Washington, DC: The World Bank.

WB 1992 Effective implementation: key to development impact, report of the portfolio management task force (Wappenhans Report). Washington, DC: The World Bank.

WB 1992 Morse, Sardar Sarovar: report of the independent review (Morse Report). Washington, DC: The World Bank.

WB 1992 World development report: development and environment. Washington, DC: The World Bank.

WB 1993 Executive Board Resolution n. 93-10, Resolution nº IDA 93-6. Washington, DC: The World Bank, 22-9-1993.

WB 1994 Shihata, The World Bank Inspection Panel. Washington, DC: The World Bank.

WB 1994 Policy Research department annual report. Washington, DC: The World Bank.

WB 1995 FY1995 Annual report. Washington, DC: The World Bank.

WB 1996 The strategic compact: renewing the Bank's effectiveness to fight poverty. Washington, DC: The World Bank.

WB 1996 Office memorandum, interaction between the Bank and NGOs. Washington, DC: The World Bank, 24-1-1996.

WB 1996 NGO's and the World Bank: incorporating FY95 Progress report on cooperation between the World Bank and NGO's. Washington, DC: The World Bank.

WB 1996 Policy Research Department Annual Report. Washington, DC: The World Bank.

WB 1996 DEC notes — some thoughts for World Bank economists. Washington, DC: The World Bank.

WB 1996 DEC notes — economists and economic work in the World Bank. Washington, DC: The World Bank.

WB 1997 Cooperation between the World Bank and NGOs FY96 Progress report. Washington, DC: The World Bank.

WB 1997 The strategic compact: renewing the bank's effectiveness to fight poverty. Washington, DC: The World Bank.

WB 1998 Annual report. Washington, DC: The World Bank.

WB 1998 Discussion draft — the bank's relations with NGOs: issues and directions. SecM98-150. Washington, DC: The World Bank.

WB 1998 The bank's relations with NGOs — issues and directions. Washington, DC: The World Bank.

WB 1998 Filmer, et al., Pay and grade differentials at the World Bank. Washington, DC: The World Bank. (Policy Research Working Paper).

WB 1998 Ibrahim, S. Nurturing civil society at the World Bank — as assessment of staff attitudes toward civil society. Washington, DC: The World Bank. (Working Paper n. 24).

WB 1998 President memorandum to the Executive Board. Washington, DC: The World Bank, 27-2-1998.

WB 1998 President's memorandum SECM98-150. Washington, DC: The World Bank, 2-3-1998.

WB 1998 Cooperation between the World Bank and NGOs FY97 Progress report. Washington, DC: The World Bank.

WB 1999 Annual report. Washington, DC: The World Bank.

Referências

WB 1999 CDF Progress report to the Executive Board. Washington, DC: The World Bank.

WB 1999 Comprehensive development framework progress report to the Executive Board. Washington, DC: The World Bank.

WB 1999 World Bank — Civil society relations: fiscal 1999 progress report. Washington, DC: The World Bank.

WB 2000 Annual report. Washington, DC: The World Bank.

WB 2000 Planning on change: World Bank strategy and resource management FY2000. Washington, DC: The World Bank.

WB 2000 The NGO-World Bank Committee and the NGO Working Group on the World Bank — backgrounder. Washington, DC: The World Bank, 8-11-2000.

WB 2000 Joint resolution between the World Bank and the NGO Working Group. Washington, DC: The World Bank, 4-12-2000.

WB 2001 Annual report. Washington, DC: The World Bank.

WB 2001 Operation Evaluation Department. Washington, DC: The World Bank.

WB 2001 Facilitating, consulting and partnering with civil society: issues for the World Bank. Washington, DC: The World Bank.

WB 2001 Strategic directions for FY02-FY04 — implementing the World Bank's strategic framework. Washington, DC: The World Bank.

WB 2001 The IDA deputies: an historical perspective. Washington, DC: The World Bank.

WB 2001 OED IDA review — Review of aid coordination in an era of poverty reduction strategies IDA 10-12. Washington, DC: The World Bank.

WB 2001 WB-Civil society collaboration — progress report for FY2000 and FY2001. Washington, DC: The World Bank.

WB 2001 Assessment of the strategic compact. Washington, DC: The World Bank.

WB 2001 Human resources vice presidency. Washington, DC: The World Bank.

WB 2002 Consulting services manual: a comprehensive guide to selection of consultants. Washington, DC: The World Bank.

WB 2002 The World Bank and civil society development — exploring two courses of action. Washington, DC: The World Bank.

WB 2002 The World Bank and civil society: a framework for improving engagement. Washington, DC: The World Bank, 4-3-2002.

WB 2002 *IDA's partnership for poverty reduction: an independent evaluation of fiscal years 1994-2000*. Washington, DC: The World Bank.
WB 2002 *IDA 13th — Comments reeceived from NGOs on Draft 13th Report*. Washington, DC: The World Bank.
WB 2002 *IDA 13th additions to IDA resources: thirteenth replenishment. IDA/ SecM2002-0488*. Washington, DC: The World Bank.
WB 2003 *Egan et al., Enhancing inclusion at the World Bank Group: solutions & diagnosis*. Washington, DC: The World Bank.
WB 2003 *Policy Research report*. Washington, DC: The World Bank.
WB 2004 *IDA 14th World Bank president meets with CSOs*. Washington, DC: The World Bank, 20-10-2004.
WB 2004 *OED review of social development in bank activities*. Washington, DC: The World Bank.
WB 2004 *World Bank-civil society engagement — review of FY2002-FY2004*. Washington, DC: The World Bank.
WB 2005 *Comments received from NGOs on Draft IDA14 Report*. Washington, DC: The World Bank.
WB 2005 *Banerjee et al., An evaluation of World Bank research*. Washington, DC: The World Bank.
WB 2005 *FY2005 Budget: trends and recommendations to FY06*. Washington, DC: The World Bank.
WB 2005 *Issues and options for improving engagement between the World Bank and civil society organizations*. Washington, DC: The World Bank.
WB 2005 *Research highlights: publications of the development research group*. Washington, DC: The World Bank.
WB 2005 *Report on the World Bank Group research program, fiscal years 2005-2006, and future directions*. Washington, DC: The World Bank.
WB 2006 *Deaton et al., An evaluation of World Bank Research*. Washington, DC: The World Bank.
WB 2006 *IRDB Financial statement FY2006*. Washington, DC: The World Bank.
WB 2006 *World Bank annual report*. Washington, DC: The World Bank.
WB 2007 *Executive directors voters status FY2007*. Washington, DC: The World Bank.

Referências

WB 2007 CSO IDA 15th response. Washington, DC: The World Bank.
WB 2007 World Bank annual report. Washington, DC: The World Bank.
WB 2008 Annual report. Washington, DC: The World Bank.
WB 2008 IDA Articles of agreement. Washington, DC: The World Bank.
WB 2008 IDA Resource allocation índex. Washington, DC: The World Bank.
WB 2008 The World Bank's budget: trends and recommendation for FY09. Washington, DC: The World Bank.
WB 2009 How IRDB is financed. Washington, DC: The World Bank. Disponível em: <www.worldbank.org>. Acesso em: jul. 2009.
WB 2009 List of Northern NGOs invited to the spring meetings 2009. Washington, DC: The World Bank.
WB 2009 World Bank-civil society engagement — review of fiscal years 2007-2009. Washington, DC: The World Bank.
WB 2009 World Bank organizational chart. Washington, DC: The World Bank.

Documentos do FMI

IMF 1944 Articles of agreement. Washington, DC: The IMF.
IMF 1968 Annual report. Washington, DC: The IMF.
IMF 1993 "IMF board adopts quota and voice reforms by a large margin". IMF Press Release n. 08/93. Washington, DC: The IMF.
IMF 1996 AR FY1996 Administrative and budget, staffing and organization. Washington, DC: The IMF.
IMF 1999 External evaluation of IMF surveillance: report by a group of independent experts. Washington, DC: The IMF.
IMF 1999 External evaluation of IMF economic research (vol. 1, 2 and 3). Washington, DC: The IMF.
IMF 2000 Diversity annual report 2000 (vol. 1 and 2). Washington, DC: The IMF.
IMF 2000 Informal board meeting on the selection of the managing director statement by mr. Santos. Washington, DC: The IMF, 29-2-2000.
IMF 2001 Diversity annual report 2001 (vol. 1 and 2). Washington, DC: The IMF.

IMF 2003 Guide for staff relations with NGO's. Washington, DC: The IMF.
IMF 2003 Diversity annual report 2003. Washington, DC: The IMF.
IMF 2003 The role of diversity in the Fund's Human Resource Strategy. Washington, DC: The IMF.
IMF 2004 Executive Board approves the FY 2005 administrative and capital budgets. Washington, DC: The IMF, 16-6-2004.
IMF 2004 Diversity annual report 2004. Washington, DC: The IMF.
IMF 2006 Annual report FY2006. Washington, DC: The IMF.
IMF 2006 IMF Budget and the medium-term budgetary framework. Washington, DC: The IMF.
IMF 2007 Diversity annual report 2007. Washington, DC: The IMF.
IMF 2007 FY2007-FY2008 Medium-term administrative and capital budget. Washington, DC: The IMF.
IMF 2008 AR FY2008 Administrative and budget, staffing and organization. Washington, DC: The IMF.
IMF 2008 Statement by the managing director on strategic directions in the medium--term budget. Washington, DC: The IMF, 12-4-2008.
IMF 2008 IEO — Governance of the IMF — an evaluation. Washington, DC: The IMF.
IMF 2009 Press report, IMF signs $100 billions borrowing agreement with Japan. Washington, DC: The IMF, 13-2-2009.
IMF 2009 FY2009-FY2011 Medium-term administrative, restructuring, and capital budgets. Washington, DC: The IMF.
IMF 2009 IMFC Definition. Washington, DC: The IMF.
IMF 2009 Economists program. Washington, DC: The IMF.

Outros documentos

IBRD Articles of Agreement, 1947.
New Rules for Global Finance Coalition 2010, Report on the civil society consultations with the IMF. Washington, DC. Disponível em: <http://thefourthpillar.ning.com/>.
U.S. House of Representatives 1998, Hearings Subcommittee on Domestic and International Monetary Policy on the Conduct of Monetary Policy. Washington, DC.

Referências

U.S. House of Representatives 1998, Hearings Subcommittee on General Oversight and Investigations. Washington, DC.

U.S. House of Representatives 2000, Report of the International Financial Institution Advisory Commission, Chairman Allan H. Meltzer. Washington, DC.

U.S. House of Representatives 2001, Hearings Subcommittee on Domestic and International Monetary Policy on the state of the international financial system and reform. Washington, DC.

U.S. House of Representatives 2001, Hearings Subcommittee International Monetary Policy and trade on "World Bank and IMF activities in Africa: poverty alleviation, debt relief and HIV/Aids" — Testimony Nancy Birdsall, Senior Associate, Carnegie Endowment for International Peace. Washington, DC.

U.S. House of Representatives 2002, Hearings Subcommittee International Monetary Policy and Trade on Debt and Development on IDA 13th Replenishment — Opening Statement Congressman Doug Bereuter. Washington, DC.

U.S. House of Representative 2002, Hearings Subcommittee International Monetary Policy and Trade on Debt and Development on IDA 13th Replenishment — Testimony James Orr, Director The Bretton Woods Committee. Washington, DC.

U.S. House of Representatives 2002, Hearings Subcommittee International Monetary Policy and Trade on Debt and Development on IDA 13th Replenishment — Testimony Raymond Offenheiser, President Oxfam America. Washington, DC.

U.S. House of Representatives 2003, Hearings Subcommittee on Domestic and International Monetary Policy on IMF reform and compliance with IMF agreements. Washington, DC.

U.S. House of Representatives 2005, Hearings Subcommittee International Monetary Policy and Trade on Debt and Development — how to provide efficient assistance to the world's poorest. Washington, DC.

U.S. House of Representatives 2005, Hearings Subcommittee International Monetary Policy and Trade on IDA 14th Replenishment. Washington, DC.

U.S. House of Representatives 2005, Hearings Subcommittee International Monetary Policy and Trade on IDA 14th Replenishment — Support Reform of the Multilateral Development Banks. Washington, DC.

U.S. House of Representatives 2007, Hearings Subcommittee on Domestic and International Monetary Policy on the state of the international financial system. Washington, DC.

U.S. House of Representatives 2007, Hearings Subcommittee International Monetary Policy and Trade on The World Bank approach to core labor standards and employment creation — Testimony Thea Mei Lee Policy Director AFL-CIO. Washington, DC.

U.S. House of Representatives 2007, Hearings Subcommittee International Monetary Policy and Trade on The World Bank approach to core labor standards and employment creation — Testimony Sandra Polaski Director Carnegie Endowment for International Peace. Washington, DC.

U.S. House of Representatives 2007, Hearings Subcommittee International Monetary Policy and Trade on The World Bank approach to core labor standards and employment creation — Testimony Peter Bakvins Director ITUC. Washington, DC.

U.S. House of Representatives 2008, Hearings Subcommittee International Monetary Policy and Trade on IDA 15th Replenishment. Washington, DC.

U.S. House of Representatives 2008, Hearings Subcommittee International Monetary Policy and Trade on IDA 15th Replenishment — Statement Clay Lowery Assistant Secretary for International Affairs Department of the Treasury. Washington, DC.

U.S. House of Representatives 2008, Hearings Subcommittee International Monetary Policy and Trade on IDA 15th Replenishment — Testimony David Beckman President Bread for the World Institute. Washington, DC.

U.S. House of Representatives 2008, Hearings Subcommittee International Monetary Policy and Trade on IDA 15th Replenishment — Testimony Nuria Molina-Gallart, Policy and Advocacy Officer, European Network on Debt and Development. Washington, DC.

U.S. House of Representatives 2008, Hearings Subcommittee International Monetary Policy and Trade on IDA 15th Replenishment — Testimony Edward Bell, Senior Program Advisor, International Alert. Washington, DC.

U.S. House of Representatives 2008, Hearings Subcommittee International Monetary Policy and Trade on IDA 15th Replenishment — Testimony Lori Udall, Senior Adviser, BIC, with endorsement of Center for International Environmental Law, Environmental Defense Fund, International Accountability Project, National Wildlife Federation, Oxfam America and World Wildlife Fund. Washington, DC.

U.S. House of Representatives 2009, Hearings Committee of Financial Services on The World Bank's disclosure policy — Testimony Vijaya Ramachandran, Senior Fellow, Center for Global Development. Washington, DC.

U.S. House of Representatives 2009, Hearings Committee of Financial Services on The World Bank's disclosure policy — Testimony Richard E. Bissell on behalf of Bank Information Center, The Carter Center, Center for International Environmental Law, Oxfam America, Revenue Watch Institute and World Wildlife Fund. Washington, DC.

U.S. Senate 2004, Hearings Committee on Banking, Housing and Urban Affairs, Testimony C. Fred Bergstein, IIE on The IMF and Exchange Rates. Washington, DC.

U.S. Senate 2005, Hearings Committee on Banking, Housing and Urban Affairs, Testimony C. Fred Bergstein, IIE on Reform of the IMF. Washington, DC.

U.S. Senate 2007, Hearings Committee on Banking, Housing and Urban Affairs, Testimony Karin Lissakers on reforming key international financial institutions for the 21st century. Washington, DC.

U.S. Treasury Department, Summers, L., The Right Kind of IMF for a stable global financial system. Press Release LS-294. US Department of Treasury, 1999.

U.K. House of Commons 2002, Committee on International Development Disclosure Policy Memorandum submitted by Oxfam. London.

U.K. House of Commons 2007, DFID and the World Bank Report. London.

U.K. House of Commons 2007, DFID and the World Bank Report vol. 2 oral and written evidence, London.

WORLD BANK CAMPAIGN. Manifesto "Put your money where your mouth is". Washington, DC. Disponível em: <www.worldbankcampaign.org>.

Entrevistas

Sr. Murilo Portugal — Managing director, FMI (4-5-2009).

Sr. Sérgio Portugal — Diretor executivo Brasil, IDB (4-5-2009).

Sr. Roberto Vellutini — Vice-presidente de Países, IDB (7-5-2009).

Sr. Otaviano Canuto — Vice-presidente de Redução de Pobreza, Banco Mundial (11-5-209).

Sr. Rogério Studart — Diretor executivo Brasil, Banco Mundial (12-5-2009).

Sr. Carlos Braga — Diretor de Política Econômica, Banco Mundial (12-5-2009).

Sr. Francisco Ferreira — Lead Economist Research Department, Banco Mundial (12-5-2009).

Sra. Shirley Siegel — Diretora de Recursos Humanos, FMI (14-5-2009).

Sr. John Garrison — Senior Specialist Civil Society, Banco Mundial (14-5-2009 e 19-11-2009).

Sr. Jeff Thindwa — Senior Social Development Specialist, Banco Mundial (17-11-2009).